国 会 法

白井　誠

国 会 法

法律学講座

信 山 社

はじめに

「国会法」と題する本書は，国会法（昭22年法79号）だけでなく，憲法を核心とする，国会法，各議院規則等の実定法規と先例の，複合的な規範の体系（以下「国会の法」という）を考察の対象としています。単なる法規の集合体ではない「国会の法」こそが，——議院内閣制と二院制による——政治の法としての「国会法」だと考えるからです。

「国会の法」が，議院の自律作用として生成する先例に多くを負うものであり，また特に，先例によって，会派を受容し，政党政治を受容し，更には先例の変奏によって大政翼賛の時を過ごした，帝国憲法議院法体系の衣鉢を継いだものである以上，「国会の法」の見え難さは，半ば宿命的なものと考えます。

また，「国会の法」の運用が，国会の機能の発揮に直結するものであることを思えば，議院の自律の内外を問わず，他の法と同様，「国会の法」とその運用は，広く錬磨の対象となるべきものと考えます。

筆者は2011年8月末（177回国会終了）まで，衆議院事務局に在職し，その大半を，本会議，議院運営委員会を中心とする議院の運営に関わって過ごしました。その間，職務の一環として衆議院先例集の改訂（平成6年，15年版）にも携わり，補佐機関の一員として，生きた「国会の法」に向き合い，難しい局面にも向き合ったことについては，ささやかな自負もありますが，もちろん，良き運営を十分に補佐し得なかったという思いもまた，倍して去来することは言うまでもありません。

こうしたことを踏まえて，「国会の法」を，その来し方を往還しつつ，主に衆議院の事例による点描も交えて，読み直してみたものが本書です。取り上げたものは断片にとどまりますが，それぞれが孤立したものというわけではありません。「国会の法」と運用の作法は，一つひとつの事柄が，そして，偶然と偶然，あるいは，偶然と必然が，波紋の重なりのように影響しあって形成されてきたものでもあるので，相互の関係性と全体性にはできるだけ意を用いたつもりです。また，全編，筆者個人の見解によって

はじめに

構成されていることも，念のためお断りしておきます。はたして的確に表現できているか。もとより及ぶところではありませんが，共感いただけるところが少しでもあれば，これに過ぎる幸せはありません。

　生来，怠惰の身に復習の機会を勧め，また，どうにか肩の荷を降ろすことができるまで，温かく的確に導いてくださった，信山社の袖山貴さん・稲葉文子さん・今井守さんに，心から感謝の思いを捧げます。

　また，議員，そして事務局の先輩方と同僚は言うまでもありませんが，世代，立場，組織を問わず，時を同じくした多くの方々に感謝の思いを捧げます。

　『議会政治研究』の編集者：故大久保昭三さんを通じた，赤坂幸一九州大学准教授，奈良岡聰智京都大学准教授との出会い等を機に，大石眞京都大学教授，原田一明横浜国立大学教授を初め，多くの方から多くのことを，学ばせていただきました。

　折に触れて議論を交えてきた同僚の皆さんからは，原稿執筆の上でも，多くの示唆に富む指摘を頂戴しました。

　拙いながらも，考えてきたことをまとめることができたのは，まさに，全ての方々との関係性の融合ともいうべきものの賜物です。

　　2013年10月

　　　　　　　　　　　　　　　　　　　　　　　　　　白井　　誠

凡　例

　本書は,「はじめに」で記したとおり,衆議院の事例を中心に考察するものです。筆者の所属が衆議院であったためですが,衆参両院の通則として国会法が存在することなどもあって,両院の議事運営は基本的に同じものです。両院の流儀の差にも配慮しつつ,「国会の法」を読み進めることとします。

　本書では,衆議院先例集,衆議院委員会先例集（ともに平成15年版）,衆議院先例彙纂（昭和17年版）を,それぞれ「先例集」,「委員会先例集」,「先例彙纂」と記し,参議院先例録,参議院委員会先例録（ともに平成25年版）を,それぞれ「参先例録」,「参委員会先例録」と記します。

　また,衆議院の「本会議」,「議院運営委員会」は,「本会議」,「議院運営委員会」と記し,参議院の「本会議」,「議院運営委員会」は,「参議院本会議」,「参議院議院運営委員会」と記します。備考（注書きや脚注）の「先」,「委先」,「参先」,「参委先」等も同様の用法によります。

　なお,各種国会会議録の頁番号は,117回国会（平成2年1月24日解散）までは,会期毎の通し番号でしたが,これらも,国立国会図書館の「国会会議録検索システム（詳細検索）」と同様,各号毎の頁番号を優先して用います。

◇略語表◇

先例集【先】	衆議院先例集（平成15年版）
委員会先例集【委先】	衆議院委員会先例集（平成15年版）
先例彙纂【先委】	衆議院先例彙纂（平成17年版）
参先例録【参先】	参議院先例録（平成25年版）
参委員会先例録【参委先】	参議院委員会先例録（平成25年版）
本会議	衆議院本会議
議院運営委員会	衆議院議院運営委員会
参議院本会議	
参議院議員運営委員会	

目　次

はじめに

第Ⅰ章　導入:「国会の法」————3

1 議院法伝統，会派による運営と先例 (*3*)
2 議長の権限と会派による運営（先例による運営）との関係 (*9*)
3 現　在　へ (*13*)
4 先例という言葉の曖昧さ (*14*)
5 55年体制が指向したもの (*17*)
6 委員会制度の変容：国対と議院運営委員会と他の各委員会 (*18*)
7 二院制の一院制的運用 (*21*)
8 小　　括 (*22*)

第Ⅱ章　会派による運営：法規と先例の関わり————25

◆ 会派による運営 ……………………25

1 国会の動態を決定づけているもの (*27*)
2 会派の自治・所属議員の管理 (*29*)
　　イ　会派とその異動 (*29*)
　　ロ　議員の欠席 (*30*)
　　ハ　議員の請暇 (*30*)
　　ニ　常任委員，特別委員の選任／委員の任期 (*31*)
　　ホ　委員の辞任・補欠（委員の任期の例外）(*31*)
　　ヘ　議案提出の賛成者要件 (*33*)
3 議院の構成への会派の反映 (*33*)
　　イ　議長，副議長の選挙 (*33*)
　　ロ　仮議長 (*36*)

目　　次

　　　　ハ　常任委員及び特別委員の選任（*37*）
　　　　ニ　常任委員長の選挙（*37*）
　　　　ホ　特別委員会の設置（*38*）
　　　　ヘ　特別委員長の互選（*40*）
　　　　ト　委員会の理事（理事会の構成）（*40*）
　　4　会派の協議（*42*）
　　（a）協議の場（議院運営委員会の理事会と他の委員会の理事会）（*42*）
　　（b）協議の対象（会議の設定，議案の審議等）（*44*）
　　　　イ　本会議日時の設定（*44*）
　　　　ロ　議事日程とその順序変更又は追加（*47*）
　　　　ハ　対案・同一議案の議決（*51*）
　　　　ニ　再質疑（*51*）
　　　　ホ　決議案 A（一般規定・一般原則）（*52*）
　　　　ヘ　決議案 B（不信任あるいは解任決議案）（*54*）
　　（c）議員の権能の調整（*57*）
　　　　　①議案提出（発議）権／②発言権／③表決権（*57*）
　　　　【発言者の数と順位／発言時間】（*60*）
　　5　会派の協議が及ばないもの（*64*）
　　　　イ　定足数（*64*）
　　　　ロ　議長の決裁権（*64*）
　　　　ハ　議員の辞職（*64*）
　　　　ニ　両院間手続と先例（会期の不継続と国会法 83 条の 4
　　　　　（現行 83 条の 5））（*66*）
　　　　　〈a　前段：2 回国会，国会法 68 条ただし書付加の理由〉（*67*）
　　　　　〈b　2 回国会，国会法 68 条ただし書付加の審議過程〉（*69*）
　　　　　〈c　上記がもたらした影響：議案の審議過程の不継続
　　　　　　（衆議院）〉（*71*）
　　　　　〈d　昭 30 年改正，国会法 83 条の 4（現行 83 条の 5）の
　　　　　　もととなった先例〉（*75*）
　　　　　〈e　会期不継続の原則と両議院関係〉（*76*）

　　　　〈f　参議院の準立法期への配慮〉（77）
　　6　両議院関係制度について（79）
　　7　内閣との関係について（82）
　　8　会派による運営の変容との関係（84）

第Ⅲ章　事例からの考察―――――――――――――――――97

❶ 内閣総理大臣の指名　　　　　　　　　　　　　　　　　　97

　　1　内閣の総辞職（97）
　　2　「議決」の意味（98）
　　3　「国会の議決」の意味（100）
　　4　憲法56条をめぐる学説への影響（100）
　　5　帝国憲法46・47条と「選挙」／憲法56条と「選挙」（101）
　　6　議決と選挙：それぞれの運用（104）
　　7　総理指名の両議院関係（108）
　　8　先議・後議の関係にない意味（109）
　　9　参議院による両院協議会の請求（109）
　　10　両院協議会の議題（111）

❷ 衆議院の解散　　　　　　　　　　　　　　　　　　　　　113

　　事例（113）
　　1　内閣不信任決議案その他，解散の本会議からみる7条解散（113）
　　　　(イ)　会議中の伝達〈内閣不信任決議案の議事中又は可決後〉（116）
　　　　(ロ)　会議中の伝達〈その他〉（116）
　　　　(ハ)　会議の開かれない日の伝達（117）
　　2　7条解散の様相（118）
　　【事例の補足：162回国会平17.8.8郵政解散当日の流れ】（121）

❸ 臨時会及び特別会の会期，会期の延長　　　　　　　　　　123

　　事例（123）
　　〈法規と先例の概要〉（123）

ix

目　次

　　　　1　会期（延長）協議のスタート（*123*）
　　　　2　会期及び会期延長決定の基本形（*125*）
　　　　3　衆議院の議決の優越とその意味（*126*）
　　　　4　会期の召集日議決（*128*）
　　　　【事例の背景と補足】（*130*）

4　議案提出の機関承認 …………………………………………… *132*
　　　事例（*132*）
　　　〈法規と先例の概要〉（*132*）
　　　1　会派による議案提出（*133*）
　　　2　賛成者要件と機関承認の分離／「確立された先例」の意味
　　　　の変容（*134*）
　　　　【事例の背景：国民投票法案】（*137*）
　　　　　追記(1)（*137*）　　追記(2)（*140*）

5　議案の本会議趣旨説明 ………………………………………… *142*
　　　事例1　事例2　（*142*）
　　　1　制度の成立ち（*142*）
　　　2　制度の変容（*145*）
　　　3　本会議趣旨説明要求と委員会付託（*148*）
　　　　【事例の背景と補足】（*151*）

6　議長の決裁権 …………………………………………………… *155*
　　　事例（*155*）
　　　〈法規と先例の概要〉（*155*）
　　　1　消極に解することの先例集上の変化（*155*）
　　　2　消極に解してきたことの意味（*157*）
　　　3　議長決裁権の現在（*158*）
　　　　【事例の補足】（*159*）

7　一事不再議 ……………………………………………………… *161*
　　　事例1（*161*）

　　　　　　　　　　　　　　　　　　　　　　　　　目　次

　　　1　一事不再議とは（*161*）
　　　2　回付案，両院協議会成案の審議（*162*）
　　　3　複数の修正案の採決（*164*）
　　　4　議決不要（*165*）
　　　事例2　（*165*）
　　　5　対案の処理（*168*）
　　　6　一事不再議と議長不信任決議案等，そして内閣不信任決議
　　　　案の場合（*171*）
　　　【事例の背景と補足】（*175*）

8　国 政 調 査 ………………………………………………………………*179*
　　　事例　補足　（*179*）
　　　1　議案審査の特別委員会と調査の特別委員会（*180*）
　　　2　国政調査の意味とその変化（*182*）
　　　3　国会に置かれた原発事故調査委員会（*186*）
　　　【委員会活動の概略】（*189*）

9　国家公務員等の国会同意人事………………………………………*190*
　　　1　国会同意人事とは（*190*）
　　　2　国会同意人事に関する規定の生成と変遷（*192*）
　　　3　不同意による欠員の事態をめぐって（*195*）
　　　4　両議院の同意の意味（*197*）
　　　【事例：日本銀行総裁同意人事をめぐる問題とその影響】（*199*）

10　議案の送付と受理 …………………………………………………*206*
　　　事例　（*206*）
　　　1　両議院関係制度を繋ぐ手続（*206*）
　　　2　政治判断の意味と限界（*208*）
　　　【事例の背景と補足】（*208*）

11　両議院関係制度（1）：生成と変遷から現在を読む ……………*212*
　　◇第Ⅰ期　憲法，国会法制定時の両議院関係規定の審議（*212*）

目　　次

　　　　1　憲法改正案 59 条の貴族院修正（*212*）
　　　　2　国会法案の立案と制定（*213*）
　　　　3　曖昧さの始まり（*215*）
　　　　4　二つの副作用（*216*）
　　　　5　国会法 92 条 1 項の意味（*217*）
　　　　6　旧憲法 38 条・39 条と議院法 55 条の関係（*220*）
　　◇第Ⅱ期　昭和 30 年改正国会法（*221*）
　　　　1　返付規定の創設（*221*）
　　　　2　挫　　折（*223*）
　　◇第Ⅲ期　ねじれ下の現象（*225*）
　　　　1　憲法 59 条と国会法 56 条の 4 をめぐって（*225*）
　　　　2　対立と論争（*226*）
　　　　3　対案が「同一の議案」ではないということの意味（*227*）
　　　　4　国会法 56 条の 4 は一事不再議の問題なのか（*228*）
　　　　5　返付規定の波紋（*230*）
　　　　6　お わ り に（*230*）

12　両議院関係制度(2)：再議決 ……………………………………*232*
　　　事例（*232*）
　　　【背景と補足】（*233*）

13　両議院関係制度(3)：両院協議会 ………………………………*238*
　　　　1　両院協議会協議委員選任の先例（*238*）
　　　　2　衆議院の議決の優越と両院協議会の関係（*241*）
　　　【事例とその補足】（*243*）
　　　【参考：両院協議会のモデルケース】（*245*）

　事項索引（*247*）
　法令索引（*251*）
　先例索引（*255*）

目　次

〈参考目次〉

参考Ⅰ- 1　部属と委員の選任 (5)
　　Ⅰ- 2　先例による会派受容の例：議席指定 (6)
　　Ⅰ- 3　議院法改正の挫折：常置委員会 (7)
　　Ⅰ- 4　各派交渉会 (8)
　　Ⅰ- 5　国会法46条1項：委員選任規定の経緯 (9)
　　Ⅰ- 6　各派交渉会と議院運営委員会 (10)
　　Ⅰ- 7　議長斡旋，議長裁定 (13)
　　Ⅰ- 8　憲法解釈を確定する先例 (15)
　　Ⅰ- 9　与野党筆頭理事間協議 (19)
　　Ⅰ-10　予算の提出・付託と政府の演説 (20)
　　Ⅰ-11　一院制的運用 (22)
参考Ⅱ- 1　国会法56条の2の源流①（1回国会の混乱）(28)
　　Ⅱ- 2　緊急質問 (58)
　　Ⅱ- 3　質問主意書 (58)
　　Ⅱ- 4　議案の審議過程の不継続をめぐる問題 (72)
　　Ⅱ- 5　懲罰事犯の継続 (73)
　　Ⅱ- 6　国会審議活性化法 (81)
　　Ⅱ- 7　先例の法規化 (86)
　　Ⅱ- 8　先例集上の「議院運営委員会」と「議院運営委員会理事会」(92)
参考Ⅲ- 1　内閣総理大臣が「辞表を提出したとき」（国会法64条）(98)
　　Ⅲ- 2　帝国議会から国会への継続 (103)
　　Ⅲ- 3　解散の効果 (113)
　　Ⅲ- 4　会期延長の回数制限 (126)
　　Ⅲ- 5　「確立された先例」という表現のルーツ (136)
　　Ⅲ- 6　議案の賛成者要件と存続要件 (139)
　　Ⅲ- 7　国会法56条の2の源流② (144)
　　Ⅲ- 8　重要広範議案 (150)
　　Ⅲ- 9　議長が消極に決した例（帝国議会）(156)
　　Ⅲ-10　内閣総理大臣問責決議案（参議院）(174)
　　Ⅲ-11　予算と予算関連法案（特に歳入法案）の一体性 (210)

xiii

国会法

第 I 章　導入：「国会の法」

　「国会の法」とは，我が国議会制度を構築している法体系であり，「はじめに」で「憲法を核心とする，国会法，各議院規則等の実定法規と先例の，複合的な規範の体系」と記したことに尽きるが，見え難さ，分かり難さが拭いがたく付きまとう。ここでは，導入として，我が国議会制度の歴史的特性から「国会の法」を考えることとする。

1　議院法伝統，会派による運営と先例

　憲法が規定する原則の下で，「各々その会議その他の手続及び内部の規律に関する規則」の定め方，つまり下位の実定法規は，国会法と議院規則の二層となった。議院の自律権を国会法という法の形式によって自傷していることは「議院法伝統」[1]の弊害として夙に指摘されるところである。帝国議会衆議院，政府，貴族院の三者，そしてGHQ，この微妙な四角関係の中で議院法伝統が国会に継承されたのであるが，注1に掲げる議院法伝統の「成文化・法典化への著しい指向」性の一方で，「議院法」の時代の最大の特色は，「議院における政党の活動単位である会派（以下「会派」と略す）」による運営の規律を，もっぱら先例が担ってきたことにあると

1　大石眞『議会法』18頁：有斐閣2001は，比較議会法的な視点から議院手続準則の形式に着目して，「議院法伝統」というべき特色を指摘し，「①議院手続準則は，憲法典・法律・議院規則という三種類の法源の中に見出されること，つまり憲法典・法律・議院規則という成文規則によって議事準則が規律されていること（三元体制），②両議院の組織・構成は大きく異なるのに，その議事運営は必ず足並みをそろえるべきだという考え方が強いこと，つまり，強い両議院同一準則観，その反面として弱い議院自律権の観念があること，そして，③成文化・法典化への著しい指向が認められること」の三点に要約する。

第Ⅰ章　導入：「国会の法」

考える（このことを，以下「帝国憲法議院法体系」と称す）。

　帝国議会（統治権を総覧する天皇の協賛機関）を規律する議院法及び貴衆両院の議院規則は，会派の伸張，そして政党政治の伸張によっても，会派を規定として容れることはあり得なかった。不磨の大典の同格的な付属法であり続けたのである。

　議員個々を無作為に振り分ける「部属」の制度（議院法4，旧衆規16以下，貴規5以下）が，会派による運営によって実際上の意味を失っても，形式を保ち続けたことはその象徴である。

　政党の伸張と歩を揃えて，議員個々を唯一絶対の単位とする議院法及び議院規則は，その無窮性の故に，会派による運営に合致するように，変換，拡張，限定あるいは穴埋めを施され，ひたすら，不文の規範である先例の体系として蓄積されていった[2]。会派による運営，つまり議院の運営を，先例領域（実定法規から遮断された運用の体系）が担ったという法規と先例の二面性，いわば先例領域の独歩性に，帝国憲法議院法体系の大きな特性があるということになろう。会派による運営は，この特性によって，先例による運営といっても過言ではないものとなったのである。時勢により，先例の変奏によって大政翼賛の議会へと衣替えをし，また，敗戦とともにそこから速やかに脱し得たのは，帝国憲法議院法体系の特性のしからしむるところという外はない。

　政党内閣から挙国一致内閣への移行の中では，議院法が政党政治に，よく対応し得るよう，議会の権限・機能の強化が図られもしたが，やがて，議院法の革新は，未完の理念型として意識されることとなる。制定国会法は，失われた理念型の体現を目指すものでもあったのである[3]。そして，

2　(1)　先例集を通観すれば，その多くが会派による運営に関わるものであることを理解できる（第Ⅱ章参照）。また，ともに昭和17年編纂の『先例彙纂』と『議事解説』帝国議会衆議院事務局編：信山社2011からは，過ぎた時代への憧憬も読み取ることができよう（原田一明「『議事解説』解題」も参照）。
　　(2)　議院法及び各議院規則の改正は，大石眞『議院自律権の構造』271-276頁：成文堂1988，先例彙纂610，611，『議会制度百年史　議会制度編』第2部：衆議院・参議院編1990参照。

3　(1)　『議会制度百年史　議会制度編』94-103頁，今野或男「国会閉会中の委員会

1　議院法伝統，会派による運営と先例

「国会の法」がどのように形成されていくか，このことはもちろん，新たな憲法による議院内閣制がどのように運用されていくかということと表裏一体のことでもあった。

参考Ⅰ-1　部属と委員の選任
　(1)　『議院法義解』（伊東巳代治／議院法草案第11）は，同法4条［各議院ハ抽籤法ニ依リ総議員ヲ数部ニ分割シ毎部部長1名ヲ部員中ニ於テ互選スヘシ］について「議院ニ部ヲ設ケルノ要ハ第一ニ議案ヲ会議ニ付スルノ前，各部ニ配付シ各部ニオイテ討議ノ準備ヲナサシメ，以テ会議ノ紛雑ヲ省カントナリ。第二ニ各部ニ部長ヲ置キ，以テ多衆ヲ統理スルノ便ヲトルナリ。各部ニ議員ヲ分配スルニ抽籤法ヲ用イルハ党派ノ情弊ヲ避ケルナリ」と説明している。
　(2)　常任委員の選任（議院法20条③［常任委員ハ事務ノ必要ニ依リ之ヲ数科ニ分割シ負担ノ事件ヲ審査スル為ニ各部ニ於テ同数ノ委員ヲ総議員中ヨリ選挙シ一会期中其ノ任ニ在ルモノトス］，旧衆規44条［議院ハ毎会期ノ始ニ左ニ列記スル常任委員ヲ選挙ス］，同45条①［常任委員ハ各部ニ於テ無名投票ヲ以テ総議員中ヨリ選挙シ最多数ヲ得タル者ヲ以テ当選人トス……］）は，先例により次のとおり，会派による選任へと変換されていた。「第27回議会（明治43年12月21日）及第30回議会（大正元年12月27日）ニ於ケル各派交渉会ノ申合ニ依リ常任委員ハ25名未満ノ団体ヲ除キタル各派（交渉団体）所属議員数ニ応シ按分シテ各派ヨリ予メ候補者ヲ申出テシメ之ヲ各部ニ割当テ各部ニ於テ選挙スルコトトナリ爾来毎会期協議ノ上之ヲ例トセリ」（先例彙纂139）。
　(3)　また，法案審査の舞台となる特別委員（議28，旧衆規94）の選任（同64条［特別委員ハ議院ニ於テ無名投票ヲ以テ連記選挙シ最多数ヲ得タル者ヲ当選人トス……，②議院ハ特別委員ノ選挙ヲ議長ニ委任スルコトヲ得］）は，次のとおり変換されていた。「第12回（特別）会議以来其ノ特別委員数ヲ各派所属議員数ニ応シ按分シテ各派ニ割当テ予メ其ノ候補者ヲ申出テ

活動について——常置委員会構想の挫折と現行制度との関係」『国会運営の法理』信山社2010参照。
　(2)　常置委員会構想と国会法制定過程との関係について，西沢哲四郎（当時，衆議院法制局長・前衆議院事務次長）『国会法立案過程におけるGHQとの関係』（以下「西沢文書」と称す）中12［立案過程における委員会制度の変遷］参照（昭29.11.10占領体制研究会口述）。
4　予算委員63人，決算委員45人，請願委員45人，懲罰委員27人，其ノ他院ニ於テ必要ト認ムルモノ（建議委員27人）。なお，『議事解説』48，93-97頁参照。

第 I 章　導入：「国会の法」

シメ議長ハ之ニ依リテ指名」(先例彙纂 145)。

　(4)　昭和 7 年, 衆議院議会振粛各派委員会が決定した「議会振粛要綱 (部属の廃止 [部ハ現今殆ト其ノ効用ヲ失ヒ唯僅カニ常任委員ノ選挙母体トシテ存スルニ過キス, 故ニ寧ロ之ヲ廃止スヘシ] を含む)」につき意見を求められた貴族院は部属の廃止に同意せず。(『議会制度百年史 議会制度編』94-96 頁参照)。なお, 大正 9 年 43 回議会から貴族院においても会派別の議員控室が設けられ従来の部室をもって充当された (衆議院は明治 33 年 15 回議会から。先例彙纂 657)。しかし, 貴族院においては会派が議席に反映されることはなかった (最終形として昭和 4 年 56 回議会改正の貴族院規則 4 条及び同条に基づく「議員議席決定ニ関スル内規」参照。昭 4. 3. 20 貴議事速記録 31 号 975-977 頁,『議会制度百年史 議会制度編』88, 322, 323 頁参照)。

参考 I − 2　先例による会派受容の例：議席指定

　先例による会派の帝国憲法議院法体系への編入と戦時翼賛議会までの変遷を如実に表すものとして, 衆議院の議席指定の推移を掲げておく。「議席ハ第 1 議会以来抽籤ヲ以テ定メタルモ第 21 回議会明治 37 年 12 月 2 日衆議院規則第 15 条ヲ改正シ議席ノ指定ヲ議長ノ職権ニ属セシメテヨリ議長ハ議員ノ議席ヲ会派別ニ指定シ[5]爾来此ノ例ニ依レリ然ルニ第 76 回議会ニ於テハ府県順ニ依リ之ヲ指定シ又第 80 回 (臨時) 議会ニ於テハ原則トシテ府県順ニ依リ之ヲ指定シタルモ会派ノ役員ノ議席ハ之ヲ中央ニ, 会派ニ属セサル議員ノ議席ハ之ヲ左端後方ニ指定セリ」(先例彙纂 11)。

---

[5]　(1)　同条 1 項は「議長ハ議長席ニ着キタルノ後書記官ヲシテ抽籤セシメ総議員ノ議席及部属ヲ定ム」から,「議員ノ議席ハ毎会期ノ始ニ於テ議長之ヲ定ム但シ必要ト認ムルトキハ之ヲ変更スルコトヲ得」に改正された (部属は次条以下に規定)。

　(2)　現行衆規 14 条により議長が行う議員の議席指定も, 先 21 [議席は, 議員の会派別に指定される。召集日の仮議席もこれに準ずる] によって, 以下のように, 旧衆規と旧先例との関係をそのまま踏襲している。

　(3)　議運理事会 (総選挙後初めて召集される国会にあっては各派協議会 (先 142)) において合意した各会派の区画 (議長席より見て右側から大会派順, なお概ね左側先端の無所属議員の各議席も確認) に基づいて, 議長は, 各会派から提出された所属議員の議席届のとおりに, (仮議席を定め, 召集日仮議席のとおりに) 各議員の議席を指定する。議席の変更も会派からの申出による。議員の会派異動等に伴う会派の区画の変更も議運理事会の合意による。

　(4)　召集日の仮議席と, 議長による議席指定の関係は,「院の成立」(Ⅲ − 1 − 5 参照) という概念の消滅を越えて, 議院法 2 条による集会のための仮席次 (議長副議長候補者選挙手続心得 2「各議員ハ電鈴ニテ仮席次表ニ依リ議場ニ着席ス」先 37 参照) と, 議長による議席指定の関係をそのままを継承するものである。

1 議院法伝統，会派による運営と先例

参考Ⅰ-3　議院法改正の挫折：常置委員会
　昭和8年から10年，三度にわたり貴族院において未了となった議院法改正案（衆議院送付）の眼目は，議会振粛要綱（参考Ⅰ-1(4)参照）中「常置委員ヲ設クルコト。議会ノ開会中閉会中ヲ通シテ常置ノ委員ヲ設ケ，議会中未決議案ノ審査ヲ要スルモノハ之ヲ審査セシムルハ勿論，閉会中審査ヲ要求セラルル案件ニ付テモ亦之ヲ審査シ，会期ノ短キヲ補フト共ニ時事ノ問題ニ対シ政府ニ説明ヲ求メ質問ヲ為シ，議会ノ行政監督権ヲ発揮セシメトス」に基づくもので，議院法改正案の趣旨は「常置委員ノ組織ハ各政派ノ代表者ヲ網羅シ，議会閉会中ニ於テモ，常ニ政府ト折衝ヲナシ，国策遂行ニツイテ両者ノ間ニ意思ノ疏通ヲ図リ，次期議会ニ対スル所ノ審議ノ準備ヲナシ，之ニ由ッテ以テ議会機能ヲ完カラシメントスル所ノ基礎工作ニホカナラヌモノデゴザイマス，而シテ之ニ由ッテ議会短期ノ缺陷ヲ補ヒ，議会ト政府トノ関係ヲ円滑ナラシメ，議会政治完成ノ一階梯トイタシタイ」と謳われた（65回議会昭9.3.20本会議議事速記録26号722頁）。
　しかし，閉会中の議案審査を可能とする継続委員会（議院法25，Ⅱ：注4参照）は，政府の要求又は同意という前提要件の故に，政党内閣の時代においても非現実のままであった。そこから前提要件を取り払い，また，何よりも行政監督権を強調する常置委員会の構想が，厳格な（短期の）会期制によっても表現されている協賛機関の矩を超えるとみなされるのは明白であった。後の翼賛議会においては，貴衆両院ともに「調査会規約」（昭16.5.23貴族院各派交渉委員会決定，6.6衆議院議院打合会決定）として翻案され，「議事準備ノ為諸般ノ調査研究ヲ為シ併セテ会員相互ノ親睦ヲ図ル目的ヲ以テ」省庁別の部（貴族院6部，衆議院14部）を設け，戦時協力体制の一翼を担うこととなる（西沢文書中12［立法過程における委員会制度の変遷］参照）。

　先例集502号は，「第1回（特別）国会召集日前の昭和22年5月16日の各派交渉会において，帝国議会当時における先例の効力に関して協議した結果，新しい国会においても憲法，国会法の精神に違反しないものについては，なお効力を有することに決定し，第1回国会以来，この決定に準拠している」と説明する。しかし，時の大池書記官長の提起による各派交渉会の実際の決定は，「いまだ詳しいものが何もないので，この議会中，帝国議会における先例等で，憲法と国会法の精神に反しないものはそのまま有効として取り扱っていく」というものであった。92回帝国議会衆議

第 I 章　導入：「国会の法」

院解散の日（昭 22. 3. 31）に議決された「暫定衆議院規則」の附則 2 項「大正 14 年 3 月 24 日議決の衆議院規則の中，日本国憲法，国会法及びこの規則に反しない規定は，あらたに，衆議院規則が議決されるまで，その効力を有する」と，まさに一体のものとして語られているのである（なお，帝国議会から国会への継続について，参考Ⅲ‑2 参照）。

　普遍的な先例は継承するという宣言であるが，それは取りも直さず，憲法，国会法，これから制定する議院規則，そして先例，つまり，新しい「国会の法」の骨格は，当然のこととして，帝国憲法議院法体系をそのまま継承しているという，意識せざる宣言でもある。最後の帝国議会が制定した国会法は，参議院の制度設計を考慮することなく「強い両議院同一準則観，その反面として弱い議院自律権の観念」によって成ったのであるが，そこでは，委員の選任に関してのみ「会派」が規定された（国 46）。

　このことは，「部属」の退場後も，会派による運営が，帝国憲法議院法体系のもとにあることの証でもある。この後制定された両院の議院規則において，「会派」が規定されることももちろんなかった。帝国憲法議院法体系の特性——会派による運営を，もっぱら先例領域が担ったという二面性，先例領域の独歩性——が，国会においても，衆参両院の運営を通貫することとなったのである。

参考 I‑4　各派交渉会[6]
　21 回帝国議会明治 37 年以来，議事の運営を円滑ならしめるため，院内各会派の代表者が，議長のもと非公開で，議事その他諸般の事項にわたって，あらかじめ打ち合わせ・協議を行って来た各派協議会は，74 回帝国議会昭 14. 1. 31，自らの慣行を「各派交渉会規程」として明文化した。
　なお，これに先立ち同会は「議事進捗ニ関スル申合」を行い（1. 21），冒頭「戦時議会ノ重要性ニ鑑ミ議会ヲシテ権威アラシメ議事ノ進行ヲ敏活ニセシムカ為議院内ニ於ケル言論行動ヲ調整スルノ方途ヲ講スルコト　本会議及各委員会ニ於ケル質疑ハ質スヘキハ之ヲ質シ議会ノ機能ヲ正常ニ発揮スヘキハ勿論ナルモ質疑討論ハ国策ノ大本ニ関シ直截簡明ニ根拠アリ権威アル内容ヲ具備スル指導的論議ニ重点ヲ置ク必要アリ此ノ方針ニヨリ左記要

---

[6]　各派交渉会とその経緯は，先例彙纂 663，『議会制度百年史　議会制度編』85，86 頁参照。各派交渉会記録は衆議院事務局議事部所蔵。

領ヲ実行スルコト 一 各派交渉会ノ組織ヲ強化シ其ノ協定ニ権威アラシムルノ方途ヲ講スルコト（以下略）」と謳った（先例彙纂555参照）。

上記は、会派による運営の姿を、国家総動員下（昭13.4月国家総動員法成立）に相応しいものとして、描き直したものであろう。各派交渉会規程6条が「各派交渉会ノ議事ハ全会一致ヲ以テ之ヲ決ス」と殊更に建前を規定したのもその故と考える。なお、2回国会、各派交渉会に代わり設置する「議院運営小委員協議会」（参考Ⅰ－6参照）の規定（国旧55の2）ただし書［議長は、小委員の意見が一致しないときは、これに拘束されない］について、大池事務総長は「小委員の意見が一致した場合には、議長としてはこれに従うのが当然であろうという見解をもつておるわけであります。もし小委員が意見が違つておる場合、従来の交渉会では満場一致でない場合には、交渉会としては一応きまつたことになりませんでした関係上、一致しないときにはこれに拘束されないという、今までと同じ建前をとつておるわけであります」と説明している（2回昭23.4.1議運委会議録23号2頁参照）。各派交渉会の「全会一致原則」の意味が読み取れよう。

参考Ⅰ－5　国会法46条1項：委員選任規定の経緯

委員選任規定について、西沢は次のように述べる（注3(2)の西沢文書中7［第3次の指示］）。

「常任委員会及び特別委員会ともに各党派の所属議員数に比例して委員を選出せよ、こういうことを言って参りました。これは当然なことでありまして、たとえこの規定がなくてもわれわれの方では、昔からと言つてはなんですが、古い時代から政党の所属議員数に比例して、委員を選出しておりました[7]ので、別に痛痒は感じませんでした。原則をこれにはっきりしておく方がいいだろうというので、これも喜んで頂戴をいたしました。」

2　議長の権限と会派による運営（先例による運営）との関係

会派による運営（先例による運営）は、参考Ⅰ－2に掲げた先例彙纂11号の「議席ハ第1回議会以来抽選ヲ以テ定メタルモ第21回議会明治37年12月2日衆議院規則第15条ヲ改正シ議席ノ指定ヲ議長ノ職権ニ属セシメテヨリ議長ハ議員ノ議席ヲ会派別ニ指定シ爾来此ノ例ニ依レリ……」に端無くも見えるように、議長の権限に拠って導かれ、正当化されるものでもある。

7　参考Ⅰ－1(2)(3)参照。

第Ⅰ章　導入：「国会の法」

　制定国会法においては，会派による運営の明朗化を図るため，議長の権限（国会法 19 条の秩序保持権，議事整理権，事務監督権及び議院代表権とその他個別の権限規定）のもとの運営の協議・調整の場として，議院運営委員会が設置された。それは取りも直さず，会派による運営を，議院運営委員会によって，目に見えるものとして，明確に議長の権限のもとに置き，間接的にではあっても，実定法の体系に組み込んだということであろう[8]。会派による運営は，常任委員会という公式かつ公開の場での，議長の議院運営委員会への諮問とその答申[9]という変換を通して成り立つこととなったのである。

参考Ⅰ－6　各派交渉会と議院運営委員会
　議院運営委員会の成立ちと各派交渉会との関係について，西沢は次のように述べる（西沢文書中 11［第 2 回国会以後における改正に関する GHQ の指示］）。
　「各派交渉会についてでございます。この点については少しく古いことに触れるようでありますが，［GHQ が］第 3 次の案で常任委員会を列挙せよと言つて参りまして，列挙いたしましたときには，議院経費委員会という名前が出ております。（中略）そしてこのときの考え方では，運営面は交渉会でやはりそのまま続けてやつて行くつもりで，経費面だけは議院経費委員会へ持つて行くという考え方でありました。これはなぜかと申しますと，先刻一番初の指示にありました予備費［金］の支出等については，やはり議院経費委員会でやる方が穏当ではないかというような考え方からして，議院経費委員会としたわけであります。そして運営面は交渉会でやるという考え方で進んでいたのであります。しかるに［昭和 21 年］12 月の 4 日の［衆議院議院］法規［調査］委員会で，これは第 3 次案の確定のときでありますが，社会党からこの経費委員会を拡大して，議院運営委員会としたい。そして交渉会もこの中に入れてもらいたい。交渉会を明朗にするために，かつ，公開にする必要から言っても，議院運営委員会としたい。必要なときには委員会を秘密会となし得られるわけだからという提案がありまして，この主張が通りまして，第 3 次案の確定の際に議院運営委員会ということになつたのであります。そうしてそれが最後案までずつと続いて来たわけであります。しかしながら第 1 回国会では，議院運営委員会と交

8　衆規 92（16 号），先 141，143 備考参照。
9　諮問と答申の関係について，第Ⅱ章冒頭［会派による運営］，参考Ⅱ－8 参照。

2 議長の権限と会派による運営（先例による運営）との関係

> 渉会とは並行して開かれております。その考え方は，前者，すなわち，議運の方は基本的な，原則的なことをとり上げるという建前のもとに進んだのに対しまして，交渉会は，日々の議事運営，つまり政治的な話合いが行われるという建前で進んだのであります。もちろん議運の方は公開であり，交渉会は議長の諮問機関として秘密会で行われていたのであります。これがどうしても GHQ に気に入らなかつたのであります。議事運営というような重大なことは，ガラス張りの中でやつてもらわなければ困る。交渉会の記録というものもございませんしますから，やはり委員会でやるなり，あるいは法規に根拠のある形においてやつてもらいたい。こういうふうな強い指示がございまして，結局議院運営委員会小委員協議会というものを設けたのであります。これが今日の 55 条の 2 の規定でございまして，「議長は，議事の順序その他必要と認める事項につき，議院運営委員会が選任する小委員と協議することができる。但し，議長は，小委員の意見が一致しないときは，これに拘束されない。」という小委員協議会というものができた理由がここにあるのであります。」（議院運営委員会と各派交渉会の関係について，1 回昭 22. 6. 27 議運委会議録 1 号 12 頁も参照）

草創の試行錯誤の時を経て，昭和 30 年第 23 回（臨時）国会，自社二大政党（自由民主党，日本社会党）による国会のスタートに当たり，時の総理[10]は，「わが国の議会政治は，従来しばしば分立した幾つかの政党の間に見られた不明朗な政治的かけ引き[11]の余地を完全に遮断いたし，政策の審議にその精魂を傾けられるという正常なる道を歩むことができるからであります。民主政治は断じて力による政治であってはなりません。私は，この機会に，二つの政党はあくまでも言論によって争い，多数決によって決するという原則の上に立つよき先例を積み重ねまして，それによって動かしがたい議会政治のルールを作り，国会の品位を高めて，正しい民主政治の姿を確立しなければならないと考えております」[12]と謳った。しか

---

10 左右両派社会党の統一（昭 30. 10. 13）と保守合同（11. 15）による自社体制初の国会召集を前に，鳩山内閣が総辞職（11. 21）。23 回（臨）召集日（11. 22）に再度鳩山君が総理に指名され，第 3 次鳩山内閣が成立。
11 下線の表現から，本書では「政治的かけ引き」をキーワードとして用いることとする。
12 23 回（臨）昭 30. 12. 2 本会議録 2 号（その 2）15 頁参照。

第 I 章　導入：「国会の法」

し，時代を覆ったものは，変わることのない，政治的かけ引きの果ての力による政治であった。上記の所信演説が念頭においたのは，19回国会昭和29年，第5次吉田内閣が提出した警察法案をめぐる混乱（先444, 447, 参考Ⅱ－5参照）であり，それは戦後政治の転換を象徴するものでもあった。政治体制をめぐる熱い政治の季節は，その後も，鳩山内閣の小選挙区法案，新教育委員会法案，憲法調査会法案，岸内閣の警職法改正法案，そして，日米安保条約改定をめぐる対立と混乱を経て，34回国会昭和35年，安保条約承認をめぐる激突によって頂点に達する。

そして，60年安保を分水嶺として，熱い政治の季節の終わりに対応した，会派による運営は，会派執行部（以下「国対」という）による政治的かけ引きへの傾斜を深めていくこととなったのである。会派による運営が議長の権限と権威のもとにあること，そして議長のもとの協議の場が，議院運営委員会という公式かつ公開の場にあること，この二重の「公」の窮屈さの故に，会派による運営は，議長の権限と権威に拠るものでありながら，次第に議長の権限と権威のくびきを離れていく。

議長が関わらない非公開の場，議院運営委員会理事会[13]が，実質的に議院運営委員会の権限と機能を代替することで，国対による政治的かけ引きを議長の権限に拠る公式なものへと変換する，半導体としての機能を果たすようになる[14]。ここに至って，政治的かけ引きは制度化を果たす。これ

13　第Ⅱ章の冒頭［会派による運営］，Ⅱ－4(a)，参考Ⅱ－8参照。

14　(1)「第2回国会における国会法の改正により，各派交渉会に代わる法規上の機関として」設置された議院運営小委員協議会（参考Ⅰ－6参照）は，議運委員会との棲み分けの建前にかかわらず，既に，議長との諮問・答申の関係を獲得して定着した議運委員会と両立し得ず，また，議院運営小委員協議会に代わる，議長のもとでの会派責任者の直接協議の場と想定された「議事協議会」（国55の2-昭33年改正により追加）も，55年体制の運営システムに埋没して，機能することなく忘れ去られた（先143参照）。なお，議院運営小委員協議会記録は衆議院事務局議事部所蔵）。33年改正について，参考Ⅲ－4参照。

(2)　安保国会以降，議運委員会が，協議の場ではなく，議運理事会協議の確認的決定の場となり，形式化していったことは，議運委会議録のボリュームの減少のみならず，往事の議運委会議録を現在の同会議録と比較・通観することによって確認できる。

が，いわゆる「55年体制」の法的機能であるが，この機能の獲得過程は，正副議長選出の変遷とも相関性を持つものであろう[15]。

> **参考 I − 7　議長斡旋，議長裁定**
>
> 　議長による適宜の斡旋や裁定は，議長が，議院運営委員会での協議を含め，議院の運営に直接的に関与した時代においては，対立や紛糾打開への協議の過程として寧ろ普通のことであった。
> 　議院運営委員会理事会への実質的なシフトとともに，議院運営委員会において，議長が，質問に適宜応答する場面は絶え，やがて儀礼的発言を残すばかりとなる。与野党の擦り合わせを踏まえた，事態収拾のための斡旋や裁定も，議院運営委員会とは別の，幹事長等による政党間協議をもっぱらその相手とするものとなった。
> 　55年体制にあっては（55年体制の後も），議長の権限と権威の威光は特別に呼び戻すものとなり，議長の斡旋や裁定は，特別なものとなったのである。そこには，与野党互譲の結果だけでなく，議長の思いや力あるいは個性が投影されていることは言うまでもない。
> 　169回国会（平20.1.30／3.28），揮発油税の暫定税率をめぐる与野党対立の中で，河野・江田衆参両議長が行った，国税・地方税のつなぎ法案についての斡旋・受諾と破綻が最近のものである（Ⅲ − 5事例1及びⅢ − 12事例の背景と補足参照）。その後の自公政権時，更には民主政権時には，会派による運営の行詰りによって，そもそも，議長の斡旋や裁定を求める素地を整えること自体が，最早不可能な状況にあったと言えよう。

3　現在へ

　国対による政治的かけ引きと直結した会派による運営は，前述した「国会の法」の特性である先例領域の独歩性と親和的であり，また，次の4で述べる先例領域そのものの曖昧さと極めて親和的であった。政治的かけ引

---

　　(3)　例えば，議案の本会議趣旨説明は，前日までの議運委員会の協議決定により議事日程に掲載して行うのが本線であったが，38回国会昭和36年を境に，前日までの議運理事会で本会議趣旨説明を合意し，当日の議運委員会で（形式的に）決定するというスタイルの定着によって，日程掲載されることが寧ろ異例なものとなっていく（日程掲載されるものは，前日までの議運理事会で合意が得られないので，議運委員会の決定を前倒ししたものが大半となる）（Ⅲ − 5：注5参照）。
15　正副議長の選出経緯については，Ⅱ − 3 イ(1)参照。

第Ⅰ章　導入:「国会の法」

きの優先によって，先例による運営は，その特性との相乗によって，現在に繋がることとなる。

こうした中では，議長の権限と権威もまた曖昧なものとならざるを得ない。その下にあるべき会派あるいは議員個々の規範意識もまた，時として方向を見失うこととなる[16]。

議院と内閣の協働[17]の希薄さもまた，こうした「国会の法」の特性とは決して無縁ではないであろう。会派による運営に内閣も組み込まれている。内閣官房，各省を問わず，与党国対との連携を抜きに，委員会，本会議，その他の議院の運営に関わることは，不可能であり，また，不都合をひき起こしかねないことでもある。政府与党という括りの中では当然のことではあるが，政治的かけ引きの中にあって，内閣の主体性が埋没しかねないことも否定できない。国会初期には，内閣から議長に会期延長の申入れがしばしばなされ，その際には，議院運営委員会において，官房長官に対する質疑が行われることもあった。現在では，内閣側が会期延長の可能性に言及することが，時として，三権分立に反する国会への容喙と認識され，物議を醸すことは周知であろう。

いずれにせよ，会派による運営を規律する「国会の法」とその運用が，憲法による政治をよく体現し得るかが問われるのである。

4　先例という言葉の曖昧さ

ここでは，先例という言葉の曖昧さがもたらす，見え難さ，分かり難さについて触れておく。一般的に先例の名によって語られるものは，前例があるかないかのレベルから，憲法解釈に関わるものまで広範であるが，単純に前例の有無が問われるようなものは，その背景に目を瞑れば，立場によって，表裏の如く，都合の良い例，悪い例，双方の類似例が大概はある。先例の名によって，こうしたものに強く拘束されれば，先例は，前例

16　例えば，Ⅲ-7事例1，Ⅲ-11，Ⅲ-12に掲げる169回平20揮発油税の暫定税率をめぐる一連の混乱。なお，議長自身の権限認識に関わる問題の指摘として，高見勝利『政治の混迷と憲法』195-202頁参照：岩波書店2012。Ⅲ-10も参照。

17　Ⅱ-7参照。

踏襲による硬直と融通無碍を半ば限定なく抱え込むことになる。

　先例は，一定の規範性，方向性によって，運営の適正化・効率化・安定化や，問題解決の迅速化に資するべく存在するものであって，議事原則に関わる憲法解釈を頂点として議事法規の解釈を確定するものを除けば，より良き運営への指向の中で，必然的に不断の見直しの対象となるべきものでもある。先例の変遷もこの範疇のものであって，確立された先例[18]の体系とみえる先例集の定期的な改訂の意義もここにある。

参考Ⅰ-8　憲法解釈を確定する先例
　(1)　憲法 56 条 1 項の本会議定足数の算定基礎を「法定議員数」と解釈する先例集 222 号[19]
　　これは帝国議会以来の先例であるが，旧憲法 46 条［両議院ハ各々其ノ総議員3分ノ1以上出席スルニ非サレハ議事ヲ開キ決議ヲ為スコトヲ得ス］について，衆議院が定足数算定の基礎から欠員を除外せず，法定議員数（選挙法ニ定メタル議員ノ総数）とした運用は，「強い両議院同一準則観」によるもので，貴族院が，旧憲法 34 条によって「貴族院令[20]ノ定ムル所ニ依リ皇族華族及勅任セラレタル議員ヲ以テ組織」され，議員数の変動を内包した法定によって，言わば，法定議員数＝現在議員数であったことと，一対のものであろう。
　(2)　昭 30 年改正国会法による法定（国 133）以前の当日起算の先例
　　帝国議会衆議院予算委員会に課された審査期限（議院法 40 ①［政府ヨリ予算案ヲ衆議院ニ提出シタルトキハ予算委員ハ其ノ院ニ於テ受取リタル日ヨリ 21 日以内ニ審査ヲ終リ議院ニ報告スヘシ］）は，明治 39 年 22 回議会，衆議院議員提出の議院法改正案により，「15 日以内」が延長されたもの（政

18　「先例」が「確立された先例」と表現されることについて，Ⅲ-4 参照。
19　先例彙纂 258 を継承する先 222 は，衆規 106 ①［出席議員が総議員の3分の1に充たないときは，議長は，相当の時間を経て，これを計算させる。計算2回に及んでも，なお，この定数に充たないときは，議長は，延会しなければならない］中の「総議員」を「法定議員数」と補完している（参先 233（参規 84）も同様）。なお，蛇足であるが，当該定足数を欠く本会議も，議長が，開会に至らないまま延会の措置を採るべき場として，唯一有効な場であり，会議録としても発刊されている（2 回昭 23. 3. 3 本会議録 23 号参照）。
20　『議会制度百年史 議会制度編』29-31 頁，田中嘉彦「帝国議会の貴族院——大日本帝国憲法下の二院制の構造と機能」『レファレンス』52-56 頁：国立国会図書館 2010. 11 参照。

第 I 章　導入：「国会の法」

> 府，貴族院とも，憲法附属の議院法を改正することは好ましくないと前置きしつつ，法制定時に比して著しく膨張し複雑になった予算案を審査するには期間が不十分なことは確かとして敢えて反対せず）。この延長後最初の総予算審査となった翌 40 年 23 回議会以降「提出ノ日ヨリ起算スル」先例となった（22 回議会明 39.3.11 貴議事速記録 18 号 309,310 頁，『議事解説』214 頁参照）。その後，56 回議会昭和 2 年の改正により，審査期限のなかった後議の貴族院についても同様に規定，それぞれ 5 日間内の審査期間延長も可能とした（同条②③）（『議会制度百年史 議会制度編』93，94 頁参照）。
> 　昭和 30 年の改正は，期間計算の起点が両議院関係という，議院の自律を超えた憲法上の要件に直接関わるものであるので，帝国議会以来の先例を，国会法に明記したものである（参先 422,, 427 参照）。なお，国会法 14 条（会期の召集当日からの起算）は，議院法 5 条（議院成立後の開会・開院式，Ⅲ-1-5 参照）の反射的規定と理解されるものである。

　例えば，事例に規範性を見いだすか否か，つまり先例として認識し得るか否か，参考に留まるか，逆に参考にすべきでないか，単なる事実に過ぎないかといった取捨選択の基準は，本来，合理性・正当性の有無のみであるが，必ずしもそうはならない。どのようなレベルの集合体の政治においても，前例踏襲，つまり前例によって合理性・正当性の判断を回避・簡略化して代替する回路が多かれ少なかれ自動的に生成する。利便性の高いことでもあるが，国会がそうした回路に無条件でその運営を委ねるべき場でないことは，誰しも異論はないであろう[21]。議長の権限と権威のもとからの離脱を進めた会派による運営が，先例の名によって，先述したような前例踏襲のレベルに強く拘束され，かつ，互いを拘束し合って，国会の活動と機能の発揮そのものを著しく自縛してきたとすれば，見過ごすことのできない大きな問題がそこにはあることになる[22]。

---

[21]　規範となるべきものを峻別し，先例として整序し得るか否か。そして現実がそれを反映したものとなり得るか否か。運営の質，ひいてはその成果に直結するこうした問題に，議長の権限と権威のもとにあって，公平性・継続性・専門性をもって，見えざるものとして携わるのが議院事務局の大きな機能である。先例集の改訂・編纂を議院事務局の責任において行い得るのもこの機能の故である。

[22]　(1)　議院事務局が，連綿として，直接か否か，意識してか否かにかかわらず，「国会の法」の形成とその運用，会派による運営に強く関わってきたことを思えば，

5　55年体制が指向したもの

　55年体制とは，いわゆる国対政治と言い換えてもよいもので，自社体制によって安定し固定化された，成長の時代の効率的な運営のシステムであった。それは，与野党の対立に見合うコンパクトな活動領域の画定――それぞれが党の管理・統制（与党にあっては事前審査による政府との融合過程を含む）によって自己完結する一方で，国会の審議を，政府（与党）と野党の対立という単一構造によって画定すること――を，先例の名によって行うものであった。言い換えれば，憲法が規定した議院内閣制の運用を，意識せず（帝国憲法議院法体系下の）政党内閣制的なフレームによって再画定したのである。そこでは，政党内閣の時代がそうであったように，政局のメリハリが際立つものとなり，その物語性が国会の機能の多くを代替してきた。誰しもがそのことを大きな物語と捉え，営々として，発信し，受容し，消費してきたのである。

　成長と安定の時代を過ぎ，有限な資源の的確な使用とともに，不利益を適正に分かち合って次代の発展に繋げていくことが強く求められる時代に至っては，整合的ではない多様な意見を汲み上げ，争点提起から選択――何を決めるべきか，何を決めるべきでないか――までのオープンな議論の過程を経た，明確な政治の意思が不可欠となる。その故に，政治主導とともに国会審議の活性化が試みられてきたはずである。しかし現実は，「課題解決の困難性 →運営の困難性 →衆参選挙の振幅の激化 →更なる運営の困難性 →更なる課題解決の困難性」という連関の中で，55年体制の時代

　　議院事務局もまたそのことを，直視しなければならない。
　（2）　衆議院事務局OBのオーラル・ヒストリー（今野彧男「国会運営の裏方たち――衆議院事務局の戦後史――」，近藤誠治「立法過程と議事運営――衆議院事務局の35年――」以上，赤坂幸一・奈良岡聰智編著：信山社2011/ 谷福丸「議会政治と55年体制――衆議院事務総長の回想」赤坂幸一・中澤俊輔・牧原出編著：信山社2012）や「消費税国会の攻防 1987-1988 平野貞夫事務局日記」赤坂幸一・奈良岡聰智校訂：千倉書房2012）からも会派による運営の深化と行き詰まりの過程が読み取れよう。そこでは，議長や委員長の権限の下にある議院事務局の補佐機能が，会派との直接的な関係の色合いが濃いものとなっていく過程も読み取れるが，同時に，議院事務局の中立性の在り方が一筋縄ではいかないものであることも読み取れよう。

第Ⅰ章　導入：「国会の法」

を遠く過ぎても，55年体制的手法は増幅して微細化を遂げ，その自縛によって議論は断片化され，議院の意思決定，ひいては，国会の意思決定は連動性を喪うという悪循環に陥ったのではないだろうか。平成21年の政権交代以降の攻防の中では，政権交代に至る昨日までの他者の行為を，互いに規範の如くに語ることによって，自らの行動を補強しあった。国会の運営という共通の基盤を破壊しあう光景が広がったと言わざるを得ない[23]。

6　委員会制度の変容：国対と議院運営委員会と他の各委員会

現在に向かう過程の中で，委員会は，与野党筆頭理事間協議（参考Ⅰ－9）という手法の定着により，国対のコントロールが直接的，かつ，より微細に及ぶようになった。理事会自体がこの筆頭間協議による前捌きを不可欠とすることとなって既に久しい。委員長の立場もまた，議長のそれと類似して微妙なものとなっている。

およそすべての委員会の活動は，予算その他の重要議案をめぐって交錯する与野党双方の思惑に組み込まれる。その手始めとして，予算（参考Ⅰ－10）を除くすべての議案は，ほとんど例外なく，提出と同時に（閣法や与党提出の衆法であれば野党から，野党提出の衆法であれば与党から）本会議趣旨説明要求が付されて委員会付託が止められ，容易には委員会に付託されない状況が作られる[24]。

議案の本会議趣旨説明について協議し決定する議院運営委員会の直接の権限（国56の2）と，議院運営委員会を実質的に代替する議院運営委員会理事会の不文の権限と機能が，そのことを可能にしている。議院運営委員会理事会によって，国対による政治的かけ引きが制度化されたことは先に述べたが，議案の付託保留の制度化によって補強された，二重の不文の制度となって，政治的かけ引きのほとんど際限のない拡張もまた，制度として保証されているかの如くになっているのが現状であろう。

そこでは，議院運営委員会の与野党筆頭理事間協議[25]がとりわけ重要な

23　Ⅲ－7事例1，Ⅲ－11，Ⅲ－12参照。
24　Ⅱ－1，Ⅲ－5参照。
25　運営全般について，与野党それぞれ第1党の筆頭理事が議運理事会前だけでな

6 委員会制度の変容：国対と議院運営委員会と他の各委員会

ものとなっている。本会議趣旨説明を行うか否か，いつ行うか，この協議を名目として委員会付託，ひいては委員会活動のスケジュールがコントロールされ，会期を通じて，スケジュールをめぐる争いが集約される。一般的に言えば，それぞれ所属会派の国対の意向を背負った，現場の委員会の筆頭理事の合意と，議院運営委員会の筆頭理事の合意が揃って初めて，本会議趣旨説明を行うなり，逆に，行わずに趣旨説明の要求を取下げるなりが行われ，委員会付託の運びとなる。その後の委員会採決に至るまでの日程についても，各委員会の理事会協議は，筆頭理事の協議を踏まえたものである。そして，本会議設定を協議する議院運営委員会理事会も，また，同様である。こうして，与野党それぞれの立場から，現場の委員会，議院運営委員会それぞれの筆頭理事の協議をとおして，三位一体的に直接的コントロールが図られている。

国対のコントロールの細部への浸透がもたらしているものは，議院の活動の中核をなすべき委員会の自立の拘束に他ならない[26]。委員会の活動は限定され，身動きが取れなくなれば，直接交渉，いわゆる政党間協議に上げられて局面の打開が図られることになる。行き詰れば，ともに刹那的な対応とも無縁ではいられないことになるのである。

参考Ⅰ－9　与野党筆頭理事間協議

　与野党理事の筆頭間協議による手法は，平成6年，村山内閣の誕生により自社さ連立与党となって明確となった。その前の非自民連立与党の折，連立与党側が野党自民党との政党間協議を当初拒否したことの反動もあって，理事会協議，ひいては国会の運営が困難を窮めたことを踏まえたものであった。

　筆頭間協議は，与野党それぞれ，第1党のリーダーシップと協調を前提として行われる。それは，特に，野党の協調を促す手段となり，野党小会派の意向を反映し得る手段ともなって，与野党の対立構造に良く適合して不可欠なものとなった[27]。

　　く適宜協議している。本会議趣旨説明等議案の付託等に関しては，前段として，やはり与野党1名ずつの法案担当理事の協議がある。
26　Ⅲ－8－2参照。

第Ⅰ章　導入：「国会の法」

参考Ⅰ－10　予算の提出・付託と政府の演説
　(1)　予算は，総予算，補正予算，暫定予算の別なく，提出後直ちに付託される（Ⅲ－5：注1参照）。
　(2)　通常，1月の常会召集日に総予算が提出され（補正予算の同時提出の場合を含む），当日，衆参でそれぞれ，施政方針演説（総理），外交演説（外相），財政演説（財務相），経済演説（経済財政担当相）が行われる（いわゆる政府4演説）。そして，趣旨の説明（衆規44）は別として，（参議院も含め）演説に対する代表質疑が終了した後に，予算委員会の審査が開始する（委先131号，同付録15表参照。補正予算も同様に参照）。なお，同先例には，代表質疑に並行して総予算の審査を行ったことがある旨の説明があるが，国会当初の事例を意識したものである。委員会先例集は，総予算審査の過程と形態の説明だけでなく，その開始時期（全大臣出席による基本的質疑）を明記することで，予算委員会の特別な位置づけと機能を表現している（委先131，132参照）なお，演説と衆参代表質疑の関係について，Ⅱ－6，Ⅲ－11：注1の拙稿参照。
　(3)　1回（特別）国会（昭22.7.11）予算委員会は，活動の開始に当たり，「予算委員会運営の方針」によって「委員総会は審議が各省関係業務にわたるため，必要に応じ国政全般にわたり質疑を行うことができる」と決定している。ただし，予算委員長は，このことについて，「前の［帝国議会の］委員総会のように，原案を離れて国政の全般にわたり質疑応答をやるという審議の行き方でなくて，原案を基礎として審議を進めるという方式で進みたいのであります。併しどうしても各省にわたります関係上，一応前には国政の全般にわたり質疑も行うということでないと，全般の問題をつかむことができませんので，一応こういう規定をしておいて，こまかいことは分科会で逐条的に数字によつて審議を進める。こういうことでいきたいと思います」と説明している（予算委会議録2号1頁）。
　国会当初は，（本会議の代表質疑に続く）国政全般についての質疑応答の場というよりも，まさに予算審査をどうするかという認識が優先していたということであろう。国政を網羅する委員会制度の中の予算委員会の在り方としては当然の姿であった筈ではある。なお，その後の変化を示すものとして，7回国会（昭25.1.30）参議院の代表質疑と並行して総括質疑に入ることとなった際の，予算委員長の発言を参照（予算委会議録3号1頁）。

27　平成24年12月の総選挙の結果は，与党第1党（自民）に対する野党それぞれの距離感の相違，野党第1党（民主）と第2党（維新）の所属議員数の近接等によって，野党の糾合の不安定化，与野党の対立構造の非対称化ともいうべき状況をもたらした。

(4) 補正予算の審議先行，年末の総選挙による予算編成の遅れ等によって，総予算の提出が，常会の会期途中となる場合には，政府4演説は総予算提出の当日あるいはその直後となる。
(5) 常会や臨時会の召集日に補正予算が提出される場合は，当日，所信演説（総理），財務大臣の財政演説が行われる。会期途中に補正予算が提出される場合は，提出の当日，財政演説が行われる。暫定予算については，その性格からして，財政演説が行われることはない。
(6) 特別会，参議院議員の通常選挙後の臨時会においては，所信演説は次の国会に先送りされることが多い。平成24年の総選挙（12.16）によって復帰した自公（第2次安倍）政権最初の常会（183回国会，平成25年）において，所信演説（1.28召集日），財政演説（2.4），政府4演説（2.28）が順次行われたのは，(4)(5)(6)の複合の結果である。

7　二院制の一院制的運用

　55年体制における効率的な国会の運営は，二院制を一院制的に運用するものでもあった。選挙制度の接近はそのことの原因でもあり結果でもある。両院を横断する政党の横串によって，両院は実質的な融合を深め，一つの機関の中の二つの関所のようなものとして運用されてきた。それは，両院それぞれの，会派による運営によって成り立つ，政党による国会の運営である。ねじれの下において噴出した諸現象は，積上げてきた会派による運営の有り様の必然的な副作用に過ぎないとも言えよう。

　再議決が不可能な完璧なねじれの状態となった平成22年の通常選挙以降，24年の解散に至るまで，合意を前置きして法案の成立を担保するために政党間協議が前置きされることが日常の風景であった。ねじれによる不都合の回避のための究極的な一院制的運用とでもいうべきものである。

　大きな政治課題の協議，そして重要法案の修正や重要な議員立法は，事実上，幹事長，政調会長レベルによる政党間協議の回路によって進められ，それ以外の多くの法案についても同様に，委員会の筆頭理事間の協議あるいはそれに類する実務者協議が先行した。委員会審議の多くは，後議の議院の審議も含め，ほとんど，前置きされた合意を追認する場となった。

第Ⅰ章　導入：「国会の法」

こうした手法による成果は成果として個別に評価されるべきものではあるが，二院制の機能不全を回避するために，議論によって意思決定に至るという過程を半ば制度として短絡することが，国民の代表機関として発揮すべき目には見えない大きな機能（国民を統合する機能）を喪失させていることは否定できないであろう。

> **参考Ⅰ－11　一院制的運用**
> （1）　こうした政党間協議前置の有用性が認識される嚆矢となったものが，118回（特別）国会会期終了日（平2.6.26）に設置された「税制問題等に関する両院合同協議会」である。前年の通常選挙によるねじれの状況下，116回（臨時）国会にあっては参議院提出の消費税廃止関連法案が衆議院において否決され，逆に，118回（特別）国会において，衆議院送付の消費税見直し法案（閣法）が廃案となることが確定したことを踏まえて，両院の本会議の了承により設置されたものである（6.26の両院の議運委会議録及び本会議録参照）。120回国会（平3.4.25）には，両院合同協議会会長から両院議長に協議結果の報告がなされ，この報告を踏まえて消費税法の一部改正法案（衆法）が成立した（5.8）。
> （2）　日本国憲法の改正手続に関する法律（平19年法51号）による憲法審査会の両院合同審査会（国102の8）の規定は，各議院への憲法改正原案に関する勧告権（同条②）によって，事前に両院の意思の統合を図り得るものである。一院制的運用のルートが初めて法定されたものとして注目に値する[28]。

8　小　　括

歴史的特性によって，先例が特別な領域を占める「国会の法」にあって，制度に向き合う時々の態度あるいは姿勢の積み重ねが，「国会の法」そのものの合理性を拡散させている。それが自己拘束であるからこそ，また，日々を細部から覆い尽くすものであるからこそ，日々の運営に対する省察が徹底的に必要である。議院の自律とはそのことを，当然の前提にし

---

[28]　165回平18.11.16憲法特委，憲法改正手続法案審査小委会議録3号2，3頁，166回平19.3.22同委，憲法改正手続法案公聴会会議録1号4－8，20，21頁，以上の参考人，公述人意見陳述及び質疑応答を参照。

ているはずではないだろうか。法は，その合理的，合目的的運用を当然の前提として規定され，構築されるものである。「国会の法」にあっても，制度運用のエンジンとなるべき会派による運営が，制度そのものから目をそむけたものであってはならない。自己拘束がもたらす機能不全を制度の不全と捉えて，制度に接ぎ木を施しても，実りの少ない複雑系となるばかりであろう。

　ねじれの下の「会派による運営」が示したものは，積み重ねた「会派による運営」の限界の露呈に他ならない。既に述べたとおり，それは，旧法体系のままに，会派をめぐる曖昧な自律の体系に拠って，議院の活動を，政府（与党）対野党の対立構造に縮小均衡させ，この狭隘にして過剰な単一構造によって，議院内閣制と二院制を運用してきたことの帰結である。我が国の政治が，意識せずプロトタイプとして受け継いで来た，旧政党内閣制的フレームの限界と言い換えることもできよう。

　会派を議院の自律の体系の中に明確に位置づけ，議院の自律を，上記の対立構造を包摂する体系としてきちんと捉え直すこと，言わば，この普通のことが不可欠であることを，終わりに，強調しておきたい。

第Ⅱ章 会派による運営：法規と先例の関わり

◆ 会派による運営

　前章「導入」では,「国会の法」について以下のようなことを述べた（次頁「会派による運営の概念図」も参照）。

・帝国憲法議院法体系を継承する「国会の法」は,議員個々を単位とする実定法規の体系を,議長の権限を拠り所として,もっぱら先例により,会派による運営に合致するように,変換,拡張,限定あるいは穴埋めを施したものであること。会派による運営は,議長の権限を拠り所とした,先例による運営といっても過言ではないこと。

・国会法制定時,会派による運営の明朗化を図るため,諮問・答申の関係によって議長の権限に包括的に直属する常任委員会として,議院運営委員会が設置されたこと。

・やがて,国対による政治的かけ引きにより良く適合するものとして,議長が関与せず,かつ,国対と直結する議院運営委員会理事会の場が,上部機関である議院運営委員会を実質的に代替することとなり,国対を頂点とする,議院運営委員会理事会及び他の委員会理事会との,政治的かけ引きの三位一体的関係が,議院運営委員会理事会の機能によって,議長の権限の行使に,事実上,自動的に組み込まれることとなったこと。この政治的かけ引きの体系化によって,会派による運営は,議長の権限に拠りながら,なおかつ,議長の権限と権威のもとから離れたものとして制度化されたこと。

・政治的かけ引きへの傾斜が,「国会の法」の特性である先例領域の独歩

第Ⅱ章　会派による運営

性，更には先例という言葉の曖昧性と融合して肥大化し，制度そのものの運用の自縛に向かったこと。

会派による運営の概念図

	実定法規の体系を，先例により会派による運営の規範とする	
議長の権限 （国19）［議院法10］［秩序保持権，議事整理権，事務監督権，代表権］，その他個別の権限規定	（実定法規）⇒ 帝国憲法議院法体系を継承し，委員の選任を除き，会派を議院の活動の単位として規定せず。 ［議長と議員の関係として，委員長と委員の関係として，それぞれ規定］	（実定法規と先例の関係も継承） 議院の運営はすべて議長の権限に収斂する。この議長の権限を拠り所として，実定法規の体系は変換され，先例が，会派による運営の規範となる［委員会の運営と委員長の権限との関係も同様］
副議長の権限 （国21）議長に事故ある場合，欠けた場合の職務代行 委員長の権限 （国48）［委員会の議事整理・秩序保持］，その他個別の権限規定	議院運営委員会の設置とその変容	
	（議院運営委員会）⇒ 諮問・答申の関係による，議長権限との包括的直属関係（国41，衆規92，先141）により，会派による運営の明朗化を目指すものとして設置 ☆委員会の公開（国52，衆規63） ☆正副議長は，議運委員会に常時出席（先126）	（議院運営委員会理事会） ① 議長が関わらない議運理事会が，議運委員会の機能を次第に獲得（諮問・答申関係の希薄化）。 ② ①によって，国対・議運理事会・各委員会理事会の三位一体的関係による政治的かけ引きがシステム化され，かつ，議長の権限行使に半ば自動的に組み入れられる。 ◇会派による運営は，議長の権限に拠りながら，そのもとから離れたものとして制度化。

（備考）　委員会の理事会[1]は，委員長が委員会の運営に関し協議するために開かれるものである（委先27）。したがって，議院運営委員会におい

---

[1] 委員会の理事会は先例による機関であって，法規上は，旧衆規51を継承した衆規38によって，委員の互選によって委員会に1人又は数人の理事を置くこと及び理事は委員長に事故があるときにその職務を代行することを規定するのみである。理事会の構成については，Ⅱ－3ト参照。

ても正副議長が理事会の場に出席することはない。しかし，議院運営委員会理事会は，議院運営委員会の運営に関する協議をもっぱら行っている訳ではなく，議院の運営全般について，議院運営委員会そのものを実質的に代替していることに注意が必要である。なお，委員会の理事会の非公開は26回昭32.2.5常任委員長会議申合せによる（委先27備考）。

以上を踏まえ，衆議院先例集をベースに，法規と先例の関わりを，便宜，／1. 国会の動態を決定づけているもの／2. 会派の自治・所属議員の管理／3. 議院の構成への会派の反映／4. 会派の協議／5. 会派の協議が及ばないもの／6. 両議院関係制度について／7. 内閣との関係について／8. 会派による運営の変容との関係／によって例示し，会派による運営を概観する。

1　国会の動態を決定づけているもの

制度化された政治的かけ引きによる運営の動態を，第Ⅰ章「導入」において縷々述べてきたが，その中核にある国会法56条の2［各議院に発議又は提出された議案につき，議院運営委員会が特にその必要を認めた場合は，議院の会議において，その議案の趣旨の説明を聴取することができる］の運用に付随する同法56条2項［議案が発議又は提出されたときは，議長は，これを適当の委員会に付託し，その審査を経て会議に付する］の運用——議案の提出に際し，議院運営委員会の理事・オブザーバー会派から本会議趣旨説明要求が付されれば，実際に本会議趣旨説明が行われるか，あるいは行わないことについて一定の結論が出されるまで，議長は所管の委員会への付託を保留する——を改めて取り上げておく。この運用が，スケジュールをめぐる政治的かけ引きを保証してきたからである。

この運用の生成は，「議院運営委員会が特にその必要を認めた場合」に該当するか否かという判断には，協議のための（若干の）時間が不可欠であることを正当性の根拠とするものであった。ところで，本会議の運営に関して，議院運営委員会を，議長の権限からはみ出た固有の権限を持つものとして規定する56条の2（2回，2次改正）は，国会法の体系上，特異な

第Ⅱ章　会派による運営

ものである。このように規定された理由は，Ⅲ－5「議案の本会議趣旨説明」で触れるが，本会議趣旨説明が必要か否かの決定をめぐる争いが，本会議の混乱，延いては国会運行の停頓を招くことを回避するために，決定の場を本会議の外に置いたもので，議事手続上の配慮から出た，優れて技術的なものであった。56条の2を追加するに際し，56条2項に対する配慮は当然にあったのであるが，逆に想定しなかったことであろうが，議院運営委員会の権限とする規定が，やがて，既に述べた議院運営委員会理事会の機能と強く共鳴し，会派による運営の動態に大きな影響を与えることとなったのである。

　制度を構成する個々の規定は，制度を動かすために構築されている。国会法56条2項と56条の2との関係もその例外ではない。当然に動くべき制度を動かさないものとする運用が先例集に記載されることはない。議長の権限を通して議案の審議過程を規定する56条2項が，委員会制度の根幹的な規定であることはいうまでもない。二つの規定のあるべき関係を越えた運用によって，委員会制度そのものが著しく収縮し，変容していることを否定できないであろう。当然に節度を伴うべきものとしてこの運用が生成したことが忘れ去られることがあってはならない。

参考Ⅱ－1　国会法56条の2の源流①（1回国会の混乱）〈参考Ⅱ－7，Ⅲ－5－1，参考Ⅲ－7参照〉
　1回（特別）国会，初めて，動議により自由討議によって本会議趣旨説明聴取を行ったのが，片山内閣提出の「臨時石炭鉱業管理法案」であるが，国会法56条の2が，趣旨説明決定の場を本会議の外においたことには，同法案の本会議中間報告をめぐる混乱が影を落としている（昭22.11.21～25の各本会議録参照）。そこでは，野党が対抗して提出した直ちに散会を求める動議，与党側の総ての動議に先立ち中間報告を求める動議，委員会の審査に期限を付す動議，議長不信任決議案と議長信任決議案の競合等の一つ一つをめぐり，牛歩を始めとする激しい秩序破壊行為の応酬が繰り広げられた（先136, 242, 288, 294, 305, 395, 440, 441参照）。2回国会の国会法2次改正は，中間報告を衆規122条から国会法56条の3に移し強化する等，衆議院規則の1次改正も含め，この折の経験によるところが大きい。

2　会派の自治・所属議員の管理

イ　会派とその異動

法規の概要	先例のポイント
なし	☆議員の会派所属届は，その会派の代表者から議長に提出する。所属の異動があったときも同様とする（先98） ☆会派の結成及び存続の要件＝所属議員2名以上（先99）

(1)　所属議員の異動について，昭30年版先例集513号及び38年版先例集101号では「所属の異動があったときは，その会派の役員又は本人から届け出るのが例である。但し，会派の役員からの届出と本人からの届出とが一致しない場合には，本人の届出による」としていたが，昭和53年の改訂において，現行先例集98号のとおり異動についても会派代表者からの届に限定された。

(2)　会派への所属は，会派の意思と議員本人の所属意思の合致の上に成り立つものである。論理的には，意思の合致が失われれば，会派にとっても，議員本人にとっても，会派からの離脱は必然であって，会派による届と議員本人による届の違いは，会派内の手続による提出のタイミングの差と，円満なものか否かによって生じる表現の差に過ぎない。(1)の旧先例中「会派の役員からの届出と本人からの届出とが一致しない場合には，本人の届出による」も，本人の届出が，会派の役員からの届出に結果として先行した事例の説明であった。

(3)　上記を踏まえ，昭和53年の改訂は，政党流動化の兆しが顕われた時代に，会派の自治を尊重し，会派代表者による届に限定・一元化することによって，届のタイミングの差によって惹起されるであろう，運営上の摩擦の回避に先手を打つものであったが，現実に離合集散が顕著となって，会派の意思と議員本人の意思の合致が失われてもなお，会派が離脱を認めず，会派離脱の届をなかなか出さないケースが散見されることとなった。所属議員の減少に直面する会派自身の都合の外，「議員の所属会派の

第Ⅱ章　会派による運営

変更は，関係会派から退会届及び入会届が共に議長に提出されたときに定まる」（参先111なお書）とするとおり，会派離脱の届が，別の会派への所属や新会派結成の当然の前提要件となること等が背景にある。

ロ　議員の欠席

衆規185：①事故のため出席できなかつたときは，その理由を付し欠席届を議長に提出しなければならない。②出産のため出席できないときは，日数を定めて，あらかじめ議長に欠席届を提出できる。	☆議員が事故のため出席できないときは，欠席届を提出する（先83）

（1）　規則は出席できなかった後の規定であるが，会派（国対）の了解を得た上での，事前の欠席届として運用されている。出産のための欠席の規定（平13.3.15，2項追加）はこの運用を踏えたものである。（なお，参規187条は，下記ハの請暇と同様，事前に提出するものとして規定している。）

（2）　欠席届は，97回（臨時）国会昭和57年以降，本会議のある日のみの提出（流会時も公報掲載）となった。それ以前は，委員会欠席についても提出されていたが，委員異動による差替えによってカバーされるものであるので既に意味を失っていた。

ハ　議員の請暇

衆規181：事故のため数日間議院に出席できないときは，その理由を付し日数を定めて，予め議長に請暇書を提出しなければならない。 同182：期間7日内──議長許可，7日超──本会議許可	☆会期中海外に渡航する場合には海外渡航計画書を提出する。目的，予定等を記載し，会派の機関が了承した旨の書面を添えた「渡航計画書」を「請暇願」とともに提出，議運理事会に諮る（先84）

（1）　上記ロのように欠席届が，会派の管理下の事前の届として運用される一方，もともとの事前の届（請暇願）とその許可は，例外を除き海外渡航に特化したものとして運用されている。議院運営委員会理事会においては，会派の了承の判断が一義的に尊重される。期間7日を超えるため本会

議で請暇を議決する場合も，異議なく許可することとなる。

（2）　ただし，議院運営委員会理事会において，重要法案を抱える委員会の委員長の海外渡航，政治的問題の渦中にある議員の海外渡航，国際関係に影響する懸念がある海外渡航等に異論が出され，取りやめに至ったケースがある。

（3）　委員長が海外渡航をする場合には，休日を利用する，事前に当該委員会の与野党筆頭理事の了承を得る等，委員会運営の支障とならない配慮をした上で，海外渡航計画書及び請暇願が提出される。

ニ　常任委員，特別委員の選任／委員の任期

国46①：常任委員及び特別委員は，各会派の所属議員数の比率により，各会派に割り当て選任する。 衆規37：委員の選任はすべて議長の指名による。 国42①：常任委員は，会期の始めに議院において選任し，議員の任期中その任にあるものとする。 国45②：特別委員は，その委員会に付託された案件がその院で議決されるまで，その任にあるものとする。	☆常任委員及び特別委員は，あらかじめ議院運営委員会において所属議員数の比率により各会派の委員の割当てを決定し，これに基づいて申し出た候補者を委員に指名する（先114，委先12，13）

議長の委員指名は各会派からの申出に基づいて行われる。ホに掲げる委員の辞任・補欠も併せ，会派の管理を優先した取扱いとなっている（特別委員会について，Ⅱ-3ホ，Ⅲ-8参照。国46①の制定理由について，参考Ⅰ-5参照）。

ホ　委員の辞任，補欠（委員の任期の例外）

衆規39：①委員に選任された者は，正当の理由がなければ，その任を辞することができない。②その任を辞そうとするときは，理由を附し，その委員長を経由して，議長の許可を得なければばらない。	☆委員の異動は，辞任及び補欠選任の方法によって行うのが例である ☆各会派所属議員数の異動により，議院運営委員会において委員の各会派割当数の変更を決定したときは，委員の異動は，辞任及び補欠

第Ⅱ章　会派による運営

同40：欠員を生じたときは，その補欠は議長の指名による。 国46②：委員が選任された後，各会派の所属議員数に異動があつたため，委員の各会派割当数を変更する必要があるときは，議長は，42①及び45②の規定にかかわらず，議院運営委員会の議を経て委員を変更することができる。	選任の方法によって行うのが例である ☆国46②に基づき，議院運営委員会の決定により，議長が直接，委員を変更した例 （以上，先121-123，委先12-15）

(1)　委員の任期規定（国42①，45②）を受け，衆規39条は委員の辞任に「正当な理由」を求め，委員本人に強い制限を課しているが，先例集121号は，議長が行う委員の指名が割当会派からの申出に基づく（上記二の先114）のと同様に，議長が行う委員の辞任許可及びその補欠指名もまた，所属会派の管理に基づいて行われることを明らかにしている。

(2)　委員異動は日常的なもので，欠席をする委員の一時的交代や委員外の議員が質疑をする際の一時的交代措置として，辞任／補欠の往復によって行われるが，時に，造反懸念のある委員の事前の差替えといった，優れて統制的な手段ともなる。

(3)　常任委員が「議員の任期中その任にある」とされたのは委員会制度の眼目でもあるが，その任期規定と会派構成の変動との優劣関係が，2回国会（昭23.1.21）議院運営委員会において議論された（議運委議録2号1-4頁参照）。委員割当の変更が任期規定に優先することが確認された。その後，新たな割当数に基づく調整が議院運営委員会で行われ（3.16同会議録16号2頁，3.20同会議録17号1-3頁，3.23同会議録18号1頁参照），会派の申出に基づき，辞任／補欠選任によって異動が行われた。

(4)　2回国会昭和23年の国会法2次改正により追加された国会法46条2項は，上記(3)を踏まえ，会派割当変更の優先を明記したものである。先例集121号は，(3)で採られた措置と同様，同項により議院運営委員会（現在では理事会）が割当変更を決定したときは，会派の申出による辞任／補欠選任によって異動を行うこと，そして，異動がスムーズに運ばなかった場合の過去の例外的な直接変更例を掲載している。

へ　議案提出の賛成者要件　⇒ Ⅲ-4「議員の議案提出の機関承認」

国56①：衆議院では議員20人以上，参議院では10人以上（予算を伴う法律案の発議は，衆議院では50人以上，参議院では20人以上）。［その他，国57，57の2，衆規28-28の3，143］	★先例集記載なし　所属会派の機関承認を要する［機関承認なく提出された場合，議運理事会の協議の対象となり，結果として受理されていない］

3　議院の構成への会派の反映
イ　議長，副議長の選挙

国6，23，衆規3～11 ⇒ 選挙手続について，Ⅲ-1参照	★先例集記載なし　第1会派の議員を議長に，第2会派の議員を副議長に，それぞれ選出 ☆議長，副議長の党籍離脱（先65）

⑴　上記二つの慣行について，その関係性を中心に経緯をたどる。

ⅰ　1回（特別）から15回（特別）国会までの，議長（5人），副議長（3人）は与党議員が当選（党籍離脱（離党）せず）。

ⅱ　16回（特別）国会（昭28.5.18）少数与党の自由党に対し，野党が連携して正副議長を独占（野党間の申合せによりともに離党）。同一の枠組みによって選出されたその後の正副議長（それぞれ3人）はいずれも離党せず。

ⅲ　自社体制（自民党，社会党）となって初の特別国会，29回（特別）国会（昭33.6.11）正副議長とも自民党議員が当選（召集日（6.10）は，副議長，委員長の配分をめぐり社会党が反発，選挙を行えず）。

ⅳ　31回国会（昭33.12.13），前任正副議長の辞任に伴う選挙において，それぞれほぼ満票で，自民党（加藤鐐五郎）が議長に当選，社会党（正木清）が副議長に当選し，また，当日，新正副議長はそれぞれ離党した。これは，前国会の警察官職務執行法改正法案をめぐる会期延長の混乱と収拾を契機として，自社幹事長・書記長会談における，上記二つの慣行樹立の申合せを踏まえたものである。

ⅴ　33回（臨時）国会会期末（昭34.12.25），正木副議長が議長補佐の任

第Ⅱ章　会派による運営

に耐えないとして辞表を提出。これは，安保改定阻止デモの国会乱入（11.27）を先導したとされる浅沼書記長等社会党4議員について，議長職権により懲罰委員会に付託したこと（国121①）等に抗議したものであるが，その後，議長による慰留の間も，自社の対立は続き（衆議院解散要求決議案否決，懲罰の閉会中審査議決（国47②）等），結局，次国会，副議長（昭35.1.30），議長（2.1）ともに辞任の運びとなった。（Ⅲ－7：注20(2)参照。）

vi　34回国会，議長清瀬一郎（昭35.2.1当選，自民），副議長中村高一（1.30当選，社会）は，上記対立の経緯から，ともに離党しなかったが，安保条約承認案件の中間報告動議（自民提出）取下げの議長斡旋を経て，ともに離党し（5.17），当日，正副議長が各党党首を招き，安保条約承認案件の正常審議を要請した（その後，5.19会期延長（議事堂内に警察官導入，先447），5.20安保条約承認案件議決，自然承認に至る）。

vii　37回（特別）国会（昭35.12.7）議長に当選した清瀬議長（2期目）は総選挙時から無所属。副議長に当選した久保田鶴松も社会党を離党（12.12）。

viii　38回国会（昭36.6.8），政治的暴力行為防止法案をめぐる混乱の渦中で，社会党提出の清瀬議長不信任決議案を否決（久保田副議長欠席のため仮議長が議事を主宰，先63，64），自民党が久保田副議長不信任決議案を提出して可決。副議長辞任許可（記名）を経て，新たに当選した原健三郎副議長は自民党を離脱せず。このことによって，31回国会（昭和33年）以降曲折を伴いながら続いた二つの慣行はいったん途切れる。

ix　正副議長自民独占の時代も副議長配分をめぐる問題は続くが，その後，71回（特別）国会（昭48.5.29），議長辞任（会期延長議決後の収拾をめぐる発言につき責任をとったもの）に伴う選挙にあたり，野党が議長の党籍離脱を要求。これに応じて，前尾繁三郎議長（自民）が離党。

x　また，与野党伯仲の結果となった任期満了総選挙後の，79回（臨時）国会（昭51.12.24），それぞれ，ほぼ満票で保利茂議長（自民），三宅正一副議長（社会）が当選。以降，第1会派から議長，第2会派か

法規と先例の関わり：3　議院の構成への会派の反映

ら副議長選出が定着することとなった。
- xi　正副議長ともに，上記当選の時点で離党することはなかったが，81回（臨時）国会（昭52.7.27）に至り，ともに離党した。日韓大陸棚協定をめぐる会期延長議決後の紛糾収拾の過程で，正副議長と公明，新自由クラブ各代表との会談も踏まえてとられたものである。
- xii　以来，議長，副議長のそれぞれ全会派一致による選出と党籍離脱に関する二つの慣行は，一体として，与野党二大会派が運営の責任を共有するという意義，そして，全会派に対して中立・公平であるという意義を表現するものとして定着したと言えよう。

(2)　その後，第1会派が野党となる場合及び会派の構成が途中で大きく変化した場合に，選出の慣行をめぐって，以下のような対立が生じた（なお，参議院においては，衆議院との憲法上の立場の違いから，与党か野党かの要素は問題とならないであろう）。

平成5年総選挙後召集の127回（特別）国会，野党となる第1会派（自民）が議長ポストを要求，召集日の正副議長選挙等が翌日にずれ込んだ。議長には非自民連立第1会派（社会）の土井たか子が過半数を得て当選した（平5.8.6）。なお，副議長には鯨岡兵輔（自民）が当選，当日，正副議長ともに離党した。

翌年に至り，自社さ連立（自民党，社会党，さきがけ）により野党となった会派が「改革」（第2会派）を結成。同会派は自民出身の鯨岡副議長の交代を要求して，131回（臨時）国会冒頭，村山総理の所信演説を欠席，代表質疑がずれ込んだ。上述したように，二つの慣行が一体ものもとして全会派に対する中立・公平性をも象徴するものであることを考えれば，会派構成の変動を理由として交代を求めることに，正当性を見いだすことは難しいであろう。なお，148回（特別）国会平12年，民主（第2会派）が副議長に推した議員を，自民（第1会派）が了とせず無所属議員（前副議長）を推し，結局，その議員が過半数を得て当選した（7.8）。上記二つの慣行の中の問題である。99回（臨時）国会昭58.7.18の参議院副議長選挙において得票者が1人で，かつ，その得票数が投票の過半数に達しなかったため，選挙を主宰した事務総長が，議院に諮りこの得票者を当選人とし

第Ⅱ章　会派による運営

た例（参先55）も，衆議院と同様の二つの慣行の中での類似の現象である（参先61参照）。

ロ　仮議長

国22：①議長，副議長にともに事故があるときに選挙し，議長の職務を行わせる。②選挙は事務総長が議長の職務を行う。③選任を議長に委任できる。 衆規17：議長選挙の例による。	☆議長の指名によるのを例とする（先57）

（1）議院運営委員会の決定により与党から指名。下記ⅱ，ⅲのケース3例中，提出会派欠席の19回昭29.6.5の議長不信任決議案（警察法案をめぐる5回目の会期延長議決後の例，先292，参考Ⅱ－5参照）を除き，選挙手続省略議長指名の動議採決は記名となっている。

（2）「議長，副議長にともに事故があるとき」の該当例（先56）。
　　ⅰ　議長，副議長がともに辞表提出
　　ⅱ　議長不信任決議案の議事に際して副議長欠席（先64）
　　ⅲ　副議長不信任決議案の議事に際して議長欠席
　（ⅳ　副議長長期海外出張中の備え）

（3）ⅰは事務総長が仮議長指名の議事を行い，仮議長が正副議長の辞任と選挙を行っている。なお，参議院は，上記(2)ⅱ，ⅲに該当するケース（参先68，69）では，事務総長が仮議長の選出を主宰している。その場合は，指名によることなく，選挙手続によっている（参先74）。

（4）ⅱの前提として先例集63号［議長不信任決議案については，議長は副議長に席を譲りその議事を欠席，副議長が議長の職務を行う］を参照（Ⅱ－4(b)ヘ(1)）。

前記イのとおりの慣行によって，選出され，会派離脱をしている副議長が，野党に呼応して，議長の職務を分担することを避ける事態は想定し難いものとなった（慣行確立以降の沖縄地籍明確化法案（80回昭52.5.10・11），昭62年度総予算［売上税］（108回昭62.4.21～23），PKO2法案（123回平4.

6.12～15)，以上の混乱の議事においても副議長は議長の議事主宰を分担している。また，全野党欠席の本会議となった場合でも，副議長は，ほぼ例外なく出席（議員席）して，賛否を明らかにしている）。ⅱの事態（前記イ(1)ⅷ 38 回国会の事例参照）は想定し難いものとなったのである。

(5) なお，参議院の事例を記しておく。

159 回国会（平 16.6.5)，国民年金法改正案外 2 案（議事日程 2 から 4，いずれも前会の続）をめぐり提出された参議院議長不信任決議案について，（事前の議院運営委員会の決定に則り，その議事を掌るべく議長席に着いたはずの）副議長が，本会議再開の宣告に続いて散会を宣告して退場してしまったため，退場していた議長が議長席に着いて，副議長の宣告を無効とし，副議長にも事故があると認め，仮議長の選挙を行った（仮議長選挙準備のため休憩，再開後，事務総長の主宰により仮議長を選挙）（参本会議録 28 号 1 頁，参先 68 参照）。

副議長の散会宣告は参規 82 条［議事日程に記載した案件の議事を終つたときは，議長は，散会を宣告することができる］に違反して無効とされたのであるが，もとより，議長不信任決議案の議事遂行に限定されるべき議事整理権を逸脱するものであったと言えよう。

ハ 常任委員及び特別委員の選任 ⇒ Ⅱ-2 ニ

ニ 常任委員長の選挙

国 25：委員の中から選挙する。 衆規 15：議長選挙の例による。選任を議長に委任できる。	☆議長の指名によるのを例とするが，選挙によった例がある ☆与野党配分の推移 　（以上，先 58，委先 17，18，付録 6 表）

(1) 議長の指名は，各派協議会（先 142）及び議院運営委員会理事会の協議による常任委員長各会派割当に基づき，会派からあらかじめ申し出た候補者について行う（委先 18）。他の委員長に先行して特別会召集日に選出される議院運営委員長は，各派協議会の協議により与党から申出の候補者を指名している。

第Ⅱ章　会派による運営

(2)　先例集58号の選挙によった4例のうち3例は，自民の委員長独占をめぐる自社対立の結果によるもの。29回（特別）国会／昭和33年は全常任委員長が選挙の対象となり，45回（特別）国会／昭和38年及び71回（特別）国会／昭和47年は，比例配分を主張する社会が要求した常任委員長が選挙の対象となった。残る，61回国会／昭和44年の例は議院運営委員長の辞任に伴うもので，大学管理法案の審議をめぐり本会議紛糾中の事例。

(3)　与野党配分推移の概要は次のとおり（委先付録6表参照）。

　国会当初GHQの示唆による与党独占　➡　過半数会派がない時期の特定会派への比例配分　➡　自民党政権下，与党独占又は伯仲時の野党への一部配分を経て，121回（臨時）国会における社会労働委員会の分割（平3年法72号）を契機に労働委員長を社会に配分。以降，与野党配分が定着することとなった。なお，同年122回（臨時）国会には，安全保障委員会の新設（平3年法92号）を契機に配分が見直され，商工，懲罰の両委員長を社会に，決算委員長を公明に配分。以降，選挙結果により程度の差はあるが，特別委員長も合わせた委員長の与野党配分は議院運営委員会理事会派間で按分的なものとなった（参議院の委員長配分について参先77，参委先14，18参照）。

(4)　平成3年におけるもう一つの国会法改正［常会の1月召集，国2，1②，財政法27］（法86号）によって，長きにわたった懸案──12月召集と総予算の1月提出との乖離によって生ずる自然休会のロス──が解消されたのであるが，上記，委員長の配分見直しと一体のものとして，国会運営の責任共有を与野党が認めあうものであった。

ホ　特別委員会の設置　⇒　Ⅲ-8「国政調査」参照

国45①：各議院は，その院において特に必要があると認めた案件又は常任委員会の所管に属しない特定の案件を審査するため，特別委員会を設けることができる。 衆規33：議院において特に必要があると認めた案件又は常任委員会の所管に属しない案件について，特別委員会	☆会期の始め又は必要の都度，議長発議，議員の動議，又は決議案に基づき，議院の議決で行われる（先112，委先3）［設置目的，委員数，名称を議決］

が設けられた場合には、その所管に属する案件については、議長は、これをその委員会に付託する。	

(1) 国会法45条1項中の「特に必要があると認めた案件」は、国会当初からの設置状況を踏まえ、昭和30年改正により追加された（委先3備考参照）。制定時の規定が「特別委員は、常任委員会の所管に属しない特定の事件を審査するため、議院において選任し、その委員会に付託された事件が、その院で議決されるまでその任にあるものとする」としたのは、制定国会法／議院規則が、常任委員会の所管を事項別としていたこととの平仄でもあるが、昭和23年国会法2次改正の際に、事項別所管が必然的にもたらす所管争いを回避するため、省庁別所管に改正されたことに伴い、特別委員会は、事実上、すべて「特に必要があると認めた案件」を対象として広く設置されるものとなっていた。更に同項が、議院法20条4項の外形を継承した特別委員選任の規定であったため、これを踏まえた、衆規旧33条［常任委員会の所管に属しない事件については、議長は、議院に諮り特別委員会を設けこれを付託する］による特別委員会設置（案件の院議付託）と、関連案件の院議併託（衆規34）によっては、汎用性と機動性を欠き、対応しきれないものであった。30年の改正では、現行のとおり、国会法45条1項は特別委員会設置の規定に、2項が特別委員選任及び任期の規定に、そして、衆規33条は特別委員会設置後の所管議案付託の規定に改められた。この結果、衆規34条は適用機会を失うこととなった（委先4備考参照。なお、30年改正による、参規29、29の3参照）。

(2) 特別委員会は、議長発議により、設置目的、委員数、（名称）を議決の対象として設置される。国会当初は、議員の動議による外、国政調査権の独立権能的運用により特定事項の調査を行う特別委員会が、議長発議による決議、あるいは議員提出の決議案の議決により設置された。その決議では、強制力を伴う包括的調査権限の付与、開会・閉会を問わない活動、独自の予算等が定められた（委先付録3表参照）。

なお、127回（特別）国会平5年以降、名称についても一律、本会議の

第Ⅱ章 会派による運営

議決の対象としている（目的・名称変更について，先139，委先5参照）。

ヘ 特別委員長の互選

国45③：委員会において委員が互選する。 衆規101：①委員選任の当日又は翌日行う。②無名投票で最多数を得た者が当選する。③投票によらず，動議その他の方法により選任できる。④委員長が選任されるまで，年長者が委員長の職務を行う。	☆特別委員長は，委員選任の当日又は翌日，これを互選するのが例である ☆特別委員長の互選は，推薦によるのを例とする （以上，委先19，21，付録5表，先115）

　特別会の召集に際し，特別委員会の設置協議，常任委員長配分の協議と一体的に，特別委員長の配分も協議される（常設的ではない特別委員会は，設置協議の際に協議）。48回国会昭和39年以降，与野党双方に配分されている（前記ニ参照）。

ト 委員会の理事（理事会の構成）

衆規38：①委員会に1人又は数人の理事を置き，その委員がこれを互選する。②委員長に事故があるときは，理事が委員長の職務を行う。	☆各委員会の理事の員数及び各会派の割当てについては，議院運営委員会の決定した基準によるのが例である（先116，委先22） ☆委員長は，理事を割り当てられた会派からあらかじめ申し出た候補者を指名（委先24）

（1）　衆規38条2項に関し，委員会先例集28号は，「委員長に事故があるとき」に，委員会における委員長不信任動議（衆規47の2）の議事を入れていない。一方，同29号において，委員会における委員長不信任動議の議事について「委員長の指定する理事が委員長の職務を行う」として別建てにしている。委員長は，可否同数の場合の決裁権行使は当然できないが，委員としての表決権の行使は，委員長の職務を行わないので，観念上，排除されていないということであろう。議長に事故があるものとみなす議長不信任決議案の議事とは明白な相違がある（前記ロ(4)，Ⅱ－4(b)ヘ(1)参照）。

(2) 委員の割当がある会派のうち、理事割当がない会派については、理事会の合意により、オブザーバーとして理事会参加が認められる。

(3) 割当は按分による。新会派結成等に伴う割当変更例も含め委先付録7表参照。割当変更の近時の例は次のとおり。

　180回平24.7.6の議院運営委員会において「国民の生活が第一」結成等に伴う新たな各委員会理事割当基準を決定。①委員20人の（懲罰）委員会：理事5人 民主3、自民1、生活1／②委員25人以上（③以外）の委員会：理事8人 民主4、自民2、生活1、公明1／③議院運営委員会及び予算委員会：理事9人 民主5、自民2、生活1、公明党1。（当日の議運委員会では、憲法審査会幹事割当、政治倫理審査会幹事割当も変更。）

　なお、議院運営委員会及び予算委員会の理事が9人となったのは45回（特別）国会以降（議運については昭38.12.7議運委決定により、予算委については48回国会40.1.28に至り議運理決定により、8人から1人増）。理事8人では割当が及ばない会派（民社、議員23人）に配慮した結果である。また、89回（特別）国会（昭54.11.5議運委決定）においては、理事割当の及ばない会派（民社、議員36人）に配慮して全委員会について理事を、従前より1人増やした。

(4) 上記のような配慮はあるものの、衆議院には交渉団体という明確な概念はない（所属議員25人以上を条件とした旧交渉団体については、先例彙纂663、旧各派交渉会規程2②参照）。参議院は所属議員10人以上の会派（院内交渉会派）に対して委員会の理事が割り当てられる（参委先27、28、326参照）。

第Ⅱ章　会派による運営

4　会派の協議
(a)　協議の場（議院運営委員会の理事会と他の委員会の理事会）

委員会：委員長の権限に拠る運営の場	本会議：議長の権限に拠る運営の場 ［議長の権限（国19その他）］ ↓（諮問・答申）↑ 議運委員会：議院の運営の確認的決定の場 ☆議運委員会は、議院の運営に関する事項その他について審議又は協議する（先141）［議運委員会の所管（衆規92-16号），国56の2，外に個別の法規による議運委員会の所管事項］
委員長の権限（国48，衆規66，67等） ↓↑ 理事会（規定なし）：委員会運営の協議の場 ☆委員長は、議案及び調査案件の取扱いその他委員会の運営に関する諸般の事項について理事と協議するため、必要があるときは理事会を開会する（委先27）	議院運営委員長の権限［左記＋衆規67の2］ ↓↑ 議運理事会：議院の運営の協議の場 ★議長が関わらない場 ★議運理事会は、議運委員会の運営に関して協議をする場ではなく、議院の運営に関して協議をする場であり、実質上、議運委員会を代替

(1)　国対を頂点とする議院運営委員会理事会及び各委員会理事会との三位一体的関係，議長と議院運営委員会の諮問・答申の関係，議院運営委員会とその理事会との関係について，第Ⅰ章「導入」，本章冒頭［会派による運営］，Ⅲ－5「議案の本会議趣旨説明」，Ⅲ－8「国政調査」，参考Ⅱ－8参照。

(2)　本会議の議事内容は，議院運営委員会理事会で異議なく合意したものも含め，すべて議院運営委員会の確認・決定の対象である。

　その他の議長の権限に関わるものについては，理事会で異議なく合意したものは，委員会には諮らないものが多い。例えば，次節4(b)(4)［ｃの通常のケース］，下記(4)ⓑ例示の案件等につき異議のないものである。

(3) 衆規67条の2［議院運営委員長は，特に緊急の必要があるときは，会期中，何時でも，委員会を開くことができる。……］は，昭和30年改正において，従来の先例（昭30年版先124，2回閉昭23.10.7議運委会議録84号1頁参照）を規定したものである（先147）。なお，この規定は，他の委員長はそれができないことの裏返しでもあるが，災害への対応その他，緊急の開会に誰も異存のない場合も正規の開会が不可能であることについては，（抜打ち開会を防ぐという意味を越えて）厳格に過ぎるとの批判が付きまとう（衆規67①，委先33参照。なお，参規38①，参委先37，45参照）。

172回（特別）国会平21.9.18（金）（会期4日間の3日目，事実上の会期終了日），各委員会からの閉会中審査申出の手続によらず，開会式後再開の本会議において「国家基本政策委員会及び懲罰委員会を除く内閣委員会外14常任委員会並びに災害対策特別委員会外6特別委員会において，議院運営委員会から申出の各件について閉会中審査すること」を議院に諮った。議運を除く各常任委員長の選任が（特別委員会設置も）18日当日（1回目の本会議）となり，議運を除く常任委員会は委員会を開会できないため採られた措置であるが，このことも違和感を伴うものであった。

(4) 議院運営委員会の緊急開会（公報に開会通知掲載なく即日開会／委員会散会後再び開会）の主要な要因は，次のようなものである（先147参照）。

ⓐ 本会議設定や議事内容の決定等について急を要する場合
（次節(b)イ(4)［他のBのケース］，［他のCのケース②］等。）

ⓑ 本会議以外の事項について議院運営委員会の決定について急を要する場合

例えば，議長に対する委員会の公聴会開会承認要求（衆規78）や，いわゆる地方公聴会承認要求（衆規55）につき，議院運営委員会理事会において理事会派が反対あるいは欠席の場合。本会議趣旨説明要求が付されたままの議案について，速やかに委員会審査に入るために，本会議趣旨説明を聴取せず委員会に付託することを決定する場合（Ⅲ－5［事例1］参照）。

第Ⅱ章　会派による運営

(b)　協議の対象（会議の設定，議案の審議等）

イ　本会議日時の設定

国55：①各議院の議長は，議事日程を定め，予めこれを議院に報告する。 ②議長は，特に緊急の必要があると認めたときは，会議の日時だけを議員に通知して会議を開くことができる。 衆規103：会議は，午後1時に始める。但し，議院において特に議決したとき又は議長が必要と認めたときは，この限りでない。 衆規108：会議を開こうとするときは，議長は，予め議事日程を定めてこれを議院に報告する。 衆規110：議事日程は，衆議院公報に記載し，且つ，官報にこれを掲載し，各議員に配付する。	☆本会議日時設定のパターン （先214・215に沿った分類） 国55の議長権限＝議長が必要と認めたとき 　A：あらかじめ議院に諮る 　B：議運委員会の決定による 　C：A，B以外の議長が必要と認めたとき ☆次会の議事日程は，衆議院公報をもって報告する（先211）（国55②による場合も同様）

　(1)　国会法55条2項は，2回国会，議事日程を作成しないで開会した例が重なったこと（昭22.12.11／昭23.1.29／4.27）を踏まえ，同国会における2次改正によって追加規定された（先216，先例彙纂247も参照）。

　(2)　延会する場合（下記(4)［他のCのケース①②］参照），続く翌日の本会議は定刻の午後1時ではなく，午前零時10分，午前1時等（遅くとも午前10時）と設定するのが普通のこととなっている。その場合，公報による会議の報告が間に合わないため，公報とは別に議場に議事日程を印刷配付することとなる（先211，参考Ⅱ-7（衆規110）参照）。なお，動議による翌日未明開会の初例は，2回国会昭23.7.3（総予算）。延会による初例は，3回（臨時）国会23.11.29（国家公務員法改正法案）。ともに会期末，GHQの早期成立要請を踏まえ採られた異例の措置であった（2回本会議録77号1頁，3回議運委会議録29号1-3頁参照。帝国議会における同様の動議提出例（動議討論中混乱・散会）について先例彙纂563事例参照）。

　(3)　「議長が必要と認めたとき」に，国会法55条により本会議設定権限

法規と先例の関わり：4　会派の協議

が行使される。先例集213号は、定例日（火木金）外の設定について「議長が必要と認めたとき」は開会する旨を説明するが、定例日における設定についても、当然、必要か否かの判断が入る。

「議長が必要と認め」の意味については、次号ロ(1)～(3)も参照。根底に議長と議院運営委員会の諮問・答申の関係があることはいうまでもない。

先例集214号は、日曜日その他の休日の設定について「<u>あらかじめ議院に諮り、あるいは議院運営委員会の決定により、あるいは議長が必要と認めて開会したことがある</u>」と説明し、215号も定刻以外の設定について同様に説明している。これらは、表中の本会議設定A、B、Cの分類のとおり、その外形に着目して「議長が必要と認め」を整理するものである。

(4)　本会議設定A、B、Cの概略は次のとおり。

<u>Aのケース</u>

議事進行係提出の動議により、議事日程等を延期し次回日時を決定して散会すること。議事進行係提出の動議はすべて議運委員会の決定（本会議中の事情変更は議場内交渉）に基づく（議事進行係（先325、次のロ(1)参照）は与党議運委員、議場内交渉係（先324）は帝国議会以来の役名なので参議院にはないが、議運理事が交渉することに変わりはない）。

<u>Bの通常のケース</u>

本会議当日の議運理事会の協議に基づき、次回本会議を議院運営委員会において、委員長が宣告すること。本会議当日は、本会議に先立って議運理事会、委員会が、順次開かれる（前節(a)(2)）。

<u>他のBのケース</u>

次回の本会議の設定（委員会審査終了議案の処理、議案の本会議趣旨説明等のため）を採決によって決定することがある。また、本会議に先立つ議院運営委員会の場ではなく、特に議院運営委員会を開いて（緊急開会（前節(a)(4)）を含む）決定することもある。いずれも議運理事会を全野党が欠席した場合や、議運理事会における野党の抵抗が強い場合である。

<u>Cの通常のケース</u>

本会議のない日の議運理事会で次回本会議を合意決定すること。

45

第Ⅱ章　会派による運営

> **他のCのケース①**

衆規105条2項［議事が終らない場合でも午後6時を過ぎたときは，議長は，議院に諮らないで延会することができる］により，議長が次回（翌日）の本会議を指定して延会を宣告することがある。この場合も，議運理事会，委員会では延会があり得ることも含めて当日の議事内容を決定しているのが普通である（延会宣告のタイミングは議場内交渉により確認）。こうした事前の決定なく，（議事が想定を超えて長引き）延会が必要となった場合は議場内交渉によることとなる。

「延会」の宣告は，字義のとおり，時間切れのため当日未消化となる議事を次会にそのまま延ばすことであるが（衆規113，先200参照），翌日，別の案件を先に扱う必要がある等の場合には，延会の規定により「散会」を宣告するか，動議により延期・散会（次のロ(4)参照）することとなる。（参規81，82，89，参先207，209参照。）

大混乱（先447）を伴ったきわめて特異なものであるが，散会宣告の例を記しておく。

34回国会（昭35.5.19）本会議冒頭，50日間の会期延長を議決の後，議長は，明日午前零時5分の開会を宣告して，散会を宣告（23：51）。
(19日の議事日程は議案22件，翌20日は国55②により日時指定のみ)
20日の本会議（00：05～19）は，19日安保特別委員会議了の日米安保条約外1件を緊急上程して可決した（野党欠席）。

> **他のCのケース②**

本会議開会の見通しがたたないまま深夜にずれ込んだため，議運理事会，委員会の決定により，議長が議事未確定のまま本会議を開き，衆規105条2項によって次回（翌日）の本会議を指定して延会を宣告（国55②によった本会議の場合は，議事日程がないので散会を宣告）する場合がある。この場合には，翌日の本会議開会までに，議運理事会，委員会が開かれ，議事を確定することとなる。

法規と先例の関わり：4　会派の協議

他のCのケース③

本会議がない日の議運理事会の場で，合意なく委員長の職権によって本会議設定に至ることがある。例えば，委員会審査を終了する議案，会期延長申入れ，内閣不信任決議案提出の観測等を念頭に，次回本会議の設定を行う場合である。言わば，案件未定の段階でも本会議の設定を議長に答申することの慣行としての職権である（当日本会議がある場合は，［Bの通常のケース］議運委員会での委員長の次回本会議の宣告に包含されるもの）。（理事会の協議を踏まえた上で）委員会設定について固有の権限を委員長が持つこととは意味が異なる（衆規67①参照）。

ロ　議事日程とその順序変更又は追加

衆規109：議事日程には，開議の日時及び会議に付する案件並びにその順序を記載する。 同112：議長が必要と認めたとき又は議員の動議があったときは，議長は討論を用いないで議院に諮り，議事日程の順序を変更し，又は他の案件を議事日程に追加することができる。	☆議長の発議又は議員の動議により，討論を用いないで議院に諮りこれを決する（先210） ☆会議に付する案件と順序（先199, 207, 210）［概略：1.議院の構成に関するもの　2.内閣総理大臣の指名その他　3.国務大臣の演説・質疑　4.議案　5.請願］

（1）　国会法，議院規則及び先例集上「議長が必要と認め」という趣旨の表現には，議長と議院運営委員会の諮問・答申の関係から，議院運営委員会（理事会の協議に基づく）の決定によって進めているという含意がある。院議によって議事を進めることが必要なものについては，このことを踏まえて，議事進行係の動議，あるいは議長の発議によることとなる（本書中「動議により」と記したものは，「議事進行係の」と明記したものも含め，この範疇のものである。一方，議員名あるいは，会派による提出を記したものは，激しい対立の存在によって，会派から提出されたもので，別のものである）。なお，参議院は，動議の成立に1人の賛成者を要することもあって，議長発議によって進行することが原則となって久しいが，議院運営委員会との関係は，衆議院と変わるところはない（参規90，参先74(注)，247，「衆議院流と参議院流～議事運営をめぐる考え方の相違～（森本昭夫）」『立法と調査』311号118,

第Ⅱ章　会派による運営

119頁（参議院事務局企画調整室編集 2010）参照）。

(2)　衆規112条は「議長が必要と認めたとき又は議員の動議があったとき」として議事日程の順序変更あるいは追加の契機を規定するが，先例集210号は「議長の発議又は議員の動議により」としてその手段を述べている。議院運営委員会の決定により，議長の発議又は議事進行係の動議によって諮ることとなる。ちなみに，繰上げ及び追加は動議によっているが，議事日程の繰下げは，後で議長の議題宣告等に繋がる予告的，一時的なものであるので，現在では，議長発議によっている。

(3)　一方，議院運営委員会が破綻した与野党紛糾の状態にあっては，「議長が必要と認めたとき」は，まさに，議長の発議によって諮ることとなる（例えば，123回平4.6.12-15 PKO2法案をめぐって提出された，議院運営委員長解任決議案，議長不信任決議案，内閣信任決議案の本会議上程）。

(4)　議事日程順序変更の近時の例を掲げておく。

176回（臨時）国会（平22.11.15）当日は補正予算の緊急上程が見込まれたが，予算委員会での採決を前に，尖閣諸島沖中国漁船衝突事件の対応を問う，国務大臣不信任決議案が2案（官房長官，国交大臣）提出された。本会議（21：02開会）は，両決議案を順次否決の後，議場内交渉により，日程1，2を議長発議により後回しとし，日程3，4をそれぞれ可決，残余の日程（後回しとした日程1，2及び5〜8）を動議により延期して散会した（23：04）。（注：日程3，4の先行処理は，翌日午前10時開会，両法案審査予定の参議院委員会（法務，厚労）への配慮）なお，本会議散会後，予算委が補正予算を可決。議運理事会においても明16日午後1時の本会議設定を合意した。翌16日の議事日程は，日程1〜3（補正予算3案），日程4〜9（前日延期の議案）。

183回国会（平25.4.23）の本会議は，日程1から4を議長発議により後回しとし，日程5（0増5減法に基づく区割り法案）を議題として可決の後，日程1から4を順次議題として議了，最後に，議員請暇の件を議決した。これは，日程5の議事を欠席する会派があることに配慮した措置である。

(5)　国会法55条1項により，委員会審査終了議案は次回本会議の議事日程に掲載される。その特則として，衆規112条は，議事日程追加による

緊急上程を規定した。しかし，それだけでは機動性に欠けるため，更に，同法55条2項（前記イ(1)参照）の追加によって，そもそも議事日程を必要としない本会議設定を可能とした。なお，参議院は，この2項による場合も当日の開会までに（最低限の）議事日程作成を必須とし，同条1項の原則の下に置いている（参規87, 88参照）。

(6) 委員会審査終了議案の緊急上程は次のような手続で行われる。

委員会の理事会は，議案の採決協議に際して緊急上程を希望するか否かも協議する。➡ その協議を踏まえ委員長が議院運営委員長に緊急上程希望を申し出る。➡ 緊急上程希望の申出によって，議運理事会において正式に緊急上程が協議される。

委員長の申出権限は，国会法53条［委員長は，委員会の経過及び結果を議院に報告しなければならない］に由来するものであろう（先205, 240参照）。委員会の理事会において緊急上程の希望について合意がなかった場合，更にそもそも採決自体に合意がなかった場合には，議運理事会そして委員会においても，緊急上程，本会議の開会をめぐって激しく対立することとなる（Ⅲ-7［事例1の背景と補足］参照）。

(7) 委員会審査終了議案は「委員会から報告の順序［審査終了通知記載の採決時刻順］により委員会別」の順序となる（先199）。緊急上程は，議事日程中に同一の委員会がないものは，議事日程掲載議案議了後に委員会の建制順により行われる（参議院は委員会から報告の順序）。先例集199号は，「ただし，特に重要な議案は首位におくことがある」と続くが，このただし書に該当するものが予算である。予算は予算委員会議了当日，本会議の始めに緊急上程されるのが通例である。何らかの事情により，翌日の本会議に上程することとなれば，(4)掲載事例のように翌日の議事日程の首位におかれることとなる。

上記ただし書に関連するものとして，24回国会，鳩山内閣の際の例を掲げておく。

昭和31年5月16日，未明の議院運営委員会において，衆議院小選挙区法案（前日22：37公選特委議了）につき，自民の動議により「国会構成について重要法案であり，憲法附属の法典である」として，先に委員会の審

査を終了した地方自治法改正案外1案（前日18：43地行委議了）より先議することを決定（社会党抗議退場）。当日の本会議の議事日程の順序はそのとおり定められた。

　参議院では両案とも地方行政委員会付託となるため，衆議院送付の順序が争われたのである。その後，社会党は対抗して「自治庁長官不信任決議案」外6国務大臣の不信任決議案を提出。結局，同日午後に至り，議長斡旋により，地方自治法改正案外1案（日程2，3）を衆議院小選挙区法案（日程1）より先議することで収拾，本会議においては，まず，日程2，3を議長発議により繰り上げ，可決した（Ⅲ－7：注20⑴参照）。

　なお，180回国会（平24.8.28）において，動物愛護法改正案（緊急上程），日程1公債発行特例法案，日程2公選法改正案（衆議院議員の定数削減等）の順で議事を行っているが，これは，緊急上程議案を重要視したということではなく，日程1，2の議事を欠席する会派があることを配慮したものである（なお，日程1，2ともに参議院未了）。

　(8)　議院の構成案件と総理指名の関係については，Ⅲ－1「内閣総理大臣の指名」を参照。先例集199号中の「内閣総理大臣の指名その他」の「その他」は，「内閣不信任決議案，国務大臣不信任決議案」と記載されているが，これは，内閣に関する「議案」の列記であって，国務大臣不信任決議案の先議性を内閣不信任決議案と同列においている訳ではない（先291参照）。

　昭38年版先例集308号には，憲法69条に関わる「内閣信任若しくは不信任の決議案」と同列に「国務大臣に対する信任若しくは不信任の決議案」についても「議院の構成に関する諸案件を除く他の案件より先議するのが例である」と記載されていたが一律に妥当する訳ではないので削除された。なお，議案の所管大臣に対する不信任決議案が当該議案より先議すべきものとして扱われること等については，後記ヘ参照。

法規と先例の関わり：4　会派の協議

ハ　対案・同一議案の議決　⇒ Ⅲ－7－4，5参照

| ★規定なし
参考：一議案に複数の修正案がある場合
衆規145：同一の議題について議員から数箇の修正案が提出された場合は，議長が採決の順序を定める。その順序は，原案に最も遠いものから先に採決する。
<u>先316</u>（共通部分をまとめて採決）
<u>先317</u>（衆規145のとおり採決） | ☆議決した議案と同一事項を内容とする議案は，議決を要しない。
事例(1)：一括議題とした不信任等の決議案中，一決議案議決後（大会派提出の案），残る案について議決不要の宣告
事例(2)：委員会において一案を可決／議決を要しないものとして報告された他の案については本会議に上程しない（先320）
☆併合修正（先319，283）衆法同士（対案あるいは同一法案）を併合して，一案として議決 |

ニ　再　質　疑

| 衆規134の2：質疑は，同一議員につき，同一の議題について3回を越えることができない。 | ☆すべての質疑は，その答弁に対する質疑を含めて，3回を超えることができない。質疑応答は，継続していなければならない。議長は，制限時間又は申合せの時間内で許可する（先256）。
★以下記載なし（112回昭63.1.27議運理申合せ以降）質疑の際に再質疑を行う旨の留保発言をすること／その都度，議場内交渉により協議すること／協議の結果に基づき，議長が発言を許可する |

（1）　衆規134条の2は，昭和30年改正により先例を法規化したものであるが，本会議の質疑が「質疑事項の全部を述べる」（先254）ものであることを前提として成り立っている規定である。この関係は，質問主意書及び緊急質問においても同様であって，同条は，再質問主意書（衆規159）の回数制限，緊急質問の再質問の回数制限（先424）の根拠ともなっている。

第Ⅱ章　会派による運営

(2)　先例が質疑応答は継続していなければならないとするのも，始めに質疑事項の全部を述べるからであって，再質疑・再々質疑において新たなテーマを持ち出す余地はない。再質疑・再々質疑も含め制限あるいは申合せの時間内であることも同趣旨による。

(3)　本会議前の議院運営委員会理事会において再質疑が予告され，その都度，表中112回国会昭和63年の議院運営委員会理事会申合せが確認されている。この申合せは，当時の土井社会党委員長が，本会議の活性化のために久しく絶えていた再質疑を行うと表明したことをきっかけに，過去の会議録（再質疑の際の様々なやりとり）も参考にして，合意されたもので，極めて念の入ったものである。

(4)　一時期，多数の項目を一気に列挙するような荒っぽい再質疑・再々質疑と不毛な答弁の応酬が，議場内交渉係の協議を媒介して行われ，幾度も本会議の混乱を招いた（例えば，159回平16.1.21本会議録2号19，20頁，162回平17.1.24本会議録2号8－10，18頁参照）。

答弁漏れがあったか否かという別の問題との混同に混乱の大きな要因もあったのであるが，再質疑・再々質疑が簡潔で的を絞ったものであるべきことはいうまでもない。また一方で，議場内交渉による拘束が過剰なものとなっては，逆に，得られるべき質疑と答弁の連動と議論の深化を阻害してしまうことにも注意が必要である。

ホ　決議案A（一般規定・一般原則）

〈議案審議の一般規定〉	〈決議案審議の一般原則〉
国56②：議案が発議又は提出されたときは，議長は，これを適当の委員会に付託し，その審査を経て会議に付する。但し，特に緊急を要するものは，発議者又は提出者の要求に基き，議院の議決で委員会の審査を省略することができる。 衆規111〔委員会審査省略は，発議者が，発議と同時に書面で要求〕	☆決議案が提出されたときは，議長は，まず取扱いを議院運営委員会に諮問する。委員会の審査省略の要求が付されているときは，その答申をまって院議により委員会の審査を省略して議院の会議に付するのが例である（先371）

法規と先例の関わり：4　会派の協議

（1）　先例集371号は，国政に関する決議案（いわゆる政策決議），不信任あるいは解任決議案，議員辞職勧告決議案等すべての決議案を対象とするものであるが，国政に関する決議案については，議院運営委員会理事会の協議が提出に先行する。理事会において，（オブザーバー会派の合意がないケースはあるが）本会議で決議を行うこと及びその案文まで合意して初めて，成規に各会派共同による提出（発議）の運びとなる（国56①）。政策課題に関する議院の意思の表明は，総意によるのが相応しいことは言うまでもない。この慣例は，議運理事会の機能の深化につれて自ずと形成されたものである。

（2）　したがって，国政に関する決議について，上記議運理事会の協議が調わなかった場合には，通常，決議案提出に至らない。このことと機関承認要件との混同について，参考Ⅲ－5参照。

（3）　ただし，議運理事会の協議決裂の後，与党のみで決議案を提出し決議に至ったこともある（下記の決議は，通常選挙あるいは解散を目前にして，連立与党がその紐帯を確認し，示すものでもあった）。

- 132回国会（平7.6.9）歴史を教訓に平和への決意を新たにする決議案（自社さ提出）

　　反対──共産党（新進党欠席）。反発した新進党は，議長不信任，副議長不信任，議院運営委員長解任，内閣不信任の各決議案を同時提出（6.12）。翌13日の本会議において，左記の順で議題としそれぞれ否決された（先291掲載事例）。

- 147回国会（平12.5.30）戦争決別決議案（自公保〈自民党，公明党，保守新党〉提出）反対──民主党，共産党，自由党，社民党

　　議院運営委員会において，野党は，本案の本会議上程そのものに強く反対したため，本会議では，上程動議（委員会審査省略・緊急上程）も起立採決によって謀った。

（4）　議員辞職勧告決議案には委員会審査省略要求が付されない（先372）。議員辞職勧告決議案そのものに，議員の身分保障との関係，裁判との関係等憲法上の問題があり審査省略は馴染まない（議院運営委員会に付託して憲法上の問題を議論すべきもの）と，初出96回国会（昭57.6.8）の際に判

第Ⅱ章　会派による運営

断された。その後の議員辞職勧告決議の妥当性をめぐる議論については，96回昭57.8.11議運委会議録36号，98回昭58.3.25議運委会議録16号参照。また，議運委員会，本会議可決の（衆議院における）初例となった154回（平14.6.21）議運委会議録48号1，2頁も参照。

ヘ　決議案B（不信任あるいは解任決議案）
　内閣不信任（信任）決議案（憲69），議長不信任決議案，副議長不信任決議案，常任委員長解任決議案（国30の2），国務大臣不信任決議案
〈先例の概要〉
☆議院の構成に関する案件は，内閣不信任の決議案より先に行う（先291）
☆内閣不信任決議案が提出された後は，個々の国務大臣に対する不信任決議案を提出することができない（先165）
☆会期終了日においては，議長不信任の決議案より会期延長の件を先議する（先292）
☆国務大臣不信任決議案より常任委員長解任決議案を先議する（先293）
☆議長不信任決議案に次いで議長信任決議案が提出されたときは，信任決議案を先議する（先294）［内閣信任決議案の先議に関する事例123回平4.6.14］

(1)　議長不信任決議案について
　議長は，事故あるものとして議長不信任決議案の議事の主宰を遠慮し，その議事を副議長に委ねて欠席する（先63，Ⅱ−3ロ参照）。なお，衆規138条（議長の討論）の存在は別として，議事を主宰しない議長が議場内の自席（議員席）に着くことはない（例外として自身が永年在職表彰決議を受けた際の事例，131回（臨時）平6.10.13）。
　議長不信任決議案上程の初例，6回（臨時）国会（昭24.11.29），議長は，本会議開会宣告の後，議長不信任決議案提出のきっかけとなった水産委員長の漁業法案委員長報告について不穏当部分の削除を宣告。続いて，動議により本決議案を議題とした後，「本件は議長の信任に関するものでありますから，この際，副議長に席を譲ります」と発言して副議長と交代し，退場した。
　本会議上程2例目の16回（特別）国会（昭28.8.1）の議長不信任決議案の議事以降は，動議により議題とする前に，（本会議の開会宣告の段階から）

副議長が議事を掌っている。現在では，議長不信任決議案記名採決の際に議長を氏名点呼の対象ともしていない。

(2) 常任委員長解任決議案について

内閣総理大臣不信任の議決は憲法上の効力を伴うものであるが，他に法的な効力を伴うものは常任委員長解任の議決のみである。（常任委員長の解任が規定された理由については，参考Ⅱ-7参照。）なお，特別委員長は委員会の互選であり，その信は委員会で問われるべきであって決議案提出の対象とはならない。また，事務総長は，本会議で選任されるものであるが，その職務が議長の議事整理権あるいは秩序保持権の補佐を越える性格のものではないので，衆議院では決議案提出の対象とはされていない。

(3) 内閣信任決議案について（先例集165号の意味）

本先例の意味は，同号が説明する「内閣不信任決議案が提出された後は，個々の国務大臣に対する不信任決議案は，そのうちに包含されるものであるから，これを提出することができない」に留まるものではない。

内閣信任決議案が提出されれば，以後，個々の国務大臣の不信任決議案提出が不可能となるだけでなく，既に提出された国務大臣不信任決議案を審議の対象とすることも不可能となる。本先例は，内閣不信任決議案ではなく，以下の如く，内閣信任決議案をめぐる対立の経緯を踏まえたものである。

24回昭31年，自民党が提出した中間報告動議（公選特委審査中の衆議院小選挙区法案）に対抗して，社会党が国務大臣不信任決議案5件，（自民所属の）常任委員長解任決議案9件を提出。これに対し，自民党が，鳩山内閣信任決議案，（社会所属の）常任委員長解任決議案5件を提出，鳩山内閣信任決議案の先議動議（自民提出）採決をめぐり，本会議が更に紛糾することとなった（昭31.4.28-5.1の各本会議録参照）。

結局，議長の斡旋により正常化を果たし，中間報告動議も撤回されたが，斡旋の概要は次のとおりであった。

①本会議は内閣信任決議案の先議動議のみ処理する。②今回の問題で提出された一切の動議，案件は取り下げる。③小選挙区法案は無条件で公選特委に戻す。（なお，本会議では，①の先議動議可決後，議長から，内閣信任

決議案を含めすべての決議案は提出者において撤回された旨報告がなされた。）

　本先例の影響によって，与野党対立の状況下においても，国務大臣不信任決議案が一挙に多数提出されることはなくなり，結果として，内閣信任決議案提出は久しく封印されることとなったのである。

　その後，123回国会（平4.6.12），PKO2法案をめぐる紛糾の中で，社会党が提出した官房長官不信任決議案に対抗して，同日，自民党が宮沢内閣信任決議案を提出した（翌13日，自公民賛成により可決）。両法案の所管大臣でもある官房長官不信任決議案の審議を回避するため一気に内閣信任決議案の提出に至った背景には，大臣個人の問題への波及の懸念だけでなく，社会党の牛歩戦術の孤立（同調は社民連のみ）もあったところであろう。

　ねじれの状況に至り，169回国会（平20.6.11），参議院における総理問責決議案可決を受け，自公は直ちに福田内閣信任決議案を提出，翌12日可決した。内閣信任決議案はそれまでとは別の意図を持つものとなったのである。なお，参議院の総理問責決議案について，参考Ⅲ－10参照。

(4)　先例集292号については，Ⅲ－3：注6参照。

(5)　先例集293号掲載の事例［社労委員長解任決議案を労働大臣不信任決議案より先議］は，43回昭38.6.21〜23の失業対策法案上程をめぐる紛糾時のもの。この間に，議長不信任決議案，副議長不信任決議案，社労委員長解任決議案，労働大臣不信任決議案，失業対策法案の順で審議が行われた。

　問題法案の上程にあたり，その法案や喫緊の政治問題等と関係のない常任委員長や国務大臣について解任決議案，不信任決議案が提出されても，上程の協議において当該法案等に対する先議性が問われ，結局のところ審議の対象とはならない。現在では，常任委員長解任決議案も一挙に多数提出されることはなくなった。前記(3)，Ⅲ－7［事例1の背景と補足］参照。

(6)　先例集294号の「先議」の意味は，どちらを先に審議するかではなく，議長信任決議案を議題として審議の対象とし，議長不信任決議案は議題としても取り上げないということである。

　内閣の信任決議案と不信任決議案の関係も，議長の信任決議案と不信任決議案との関係と同様「現状を否定するよりも現状を肯定するものの方

法規と先例の関わり：4　会派の協議

が先決になっていること，また，採決の方法も問題を可とする者を起立せしめて先に採るように規定されていること」によるが，どちらの決議案を選択しても議長本人の信任の如何を問うに留まる議長信任決議案／不信任決議案の関係とは，(3)で見たとおり議事運営上の意味と効果は全く異なる。先例集 165 号が内閣信任決議案に触れず，また，294 号だけでなく，平 15 年版から設けた内閣不信任決議案に関する 373 号においても，事例としてのみ内閣信任決議案を掲載するのはその故である（近藤誠治『立法過程と議事運営——衆議院事務局の 35 年——』319 〜 322 頁参照）。

(c)　議員の権能の調整

ここでは，議員の権能を議院の活動の中で捉え，①議案提出（発議）権（議院の審議への導入），②発言権（議院の審議の内実の形成），③表決権（議院の意思決定）に分けて考える。

①　議案提出（発議）権　　議員の議案提出権は，議院における審議と意思決定への導入の機能を果たすものであって，所属会派の管理・統制の対象となる余地がある。自粛を根拠とする賛成者要件の付加はこのことに由来するが，機関承認の要件によって，議院運営委員会理事会の協議の結果を根拠として，会派の管理・統制を貫いていることについては，第Ⅲ章 − 4「議案提出の機関承認」で述べる。

政治課題の多様化，複雑化により，会派があらゆる問題について，その端緒から一貫した意思を所属議員に求めることは，既に容易なことではない。賛成者要件とは別のものとしての機関承認の要件は，そのことが露となって始めて認識されたものである。

②　発言権　　質疑，討論その他の発言権は，議院の審議の内実を形成するものである。法規も，議員の自由な発言権を原則とし，議事整理上の例外として制約を規定するが，その公平性と効率的な運営との兼合いから，会派間の調整の対象となる。発言権に関する法規は，先例——会派間の，数の論理と平等の論理が折り合うべき合理的な基準——によって変換されている。なお，質問は，緊急質問の規定を除き，発言権から切り離さ

第Ⅱ章　会派による運営

れた，つまり，原則として議院の会議から切り離された，文書（質問主意書）による制度である。

　③　**表決権**　　表決権は，議院の意思決定を形成する究極の権能であり，仮に議員の表決権行使の態様が所属会派の意思に反しても，あくまでも会派自治の問題にとどまる。突き詰めれば，会派からの離脱によって解決される問題である。なお，表決全般については，Ⅲ－1－6で述べる。

　以上を踏まえ，ここでは，②発言権について整理しておく。

参考Ⅱ－2　緊急質問

（1）　5回（特別）国会（昭24.4.12）議院運営委員会は，「緊急質問は緊急やむを得ざるものに限る。緊急やむを得ざるものとは，天災地変，騒じょう等に関するもので，その他議院運営委員会において緊急やむを得ざるものと認めたものを言う」との申合せを行った（先422，参先377も参照）。

　第3次吉田内閣成立（昭24.2.16）後，総予算提出の遅れに伴って施政方針演説が遅れ，総理に対する緊急質問の要求が激増したこと，そして，施政方針演説（4.4）及び代表質疑（4.5～7）後もこの流れが止まらなかったことが，この申合せの背景にあった。

（2）　上記により，国会法76条［質問が，緊急を要するときは，議院の議決により口頭で質問することができる］の，緊急を要することの実質的な判断権を議院運営委員会が持つとされたのであるが，ともに議員の権能として具体的に規定されながら，質問主意書による文書質問とは異なり，緊急質問は議院の会議におけるものであるが故に，必然的に会派の協議の対象となったのである（次の参考Ⅱ－3，先423，参先378参照）。会派の協議の対象となって，やがて議員の権能としての個性を失い，各会派横並びの制度となっていった。

（3）　こうした各会派横並びの緊急質問は，つまるところ，国務大臣の重要事件報告と質疑（先487，参先356参照）のうち国務大臣の報告が欠落したものに他ならない。緊急質問は衆参ともに廃れていったのである。なお，181回（臨時）国会（平24.11.2）参議院における「内閣総理大臣問責決議等に関する緊急質問」について，参考Ⅲ－10参照。

参考Ⅱ－3　質問主意書*1

（1）　帝国議会，質問主意書による質問制度（議院法48～50，旧衆規146，147）は，先例によって，口頭による質問を主とするものとして発展した（先例彙纂508参照）。制定国会法は，この帝国議会の先例から，質問主意

書を利用した口頭質問を排除し、口頭による質問を緊急質問に限定した（国74、75、76）。なお、質問主意書に対する口頭答弁の規定（衆規160、参規154）も適用例はない。

(2) 上記の限定は、自由討議の導入（国旧76、77）の見返りであったが、自由討議は時を経ずして肌に合わない無用のものとされ、昭和30年改正により、自由討議の規定そのものが削除された。

(3) 国会法74条が賛成者要件（議院法48）を継承せず、議長承認を要件（議長不承認の場合は議員の申立により議院に諮る）としたのは、協賛機関の証でもある議員の議案提出要件（議院法29）の排除と同様、議員個々の権能としての理解の故である（西沢文書中5［第2次］、7［第3次］の各指示参照）。

(4) 質問主意書は、本文のとおり議院の会議から切り離されたものであるため、会派による管理・統制が緩やかな、また、議院運営委員会（理事会）の協議の対象となることも事実上ない、議員にとって自由度の高いものとして久しく運用されてきた。議長の承認権限が意識されることもなかったのであるが、近時の、質問制度の趣旨に反しかねない資料要求的な質問（先415参照）の増加や件数そのものの激増という事態を受けて、議長の承認権限を踏まえ、先例集416号が「議長が質問主意書の取扱いについて、議院運営委員会に諮問する」と述べるとおり、（問題のある質問主意書は）議院運営委員会（理事会）の協議対象となることが再認識され、そのように運用されることとなった。

(5) そして、164回国会（平18.6.15）議院運営委員会理事会は質問主意書について以下のように確認した[*2]。

1. 答弁書提出後、内容において変更が生じた場合の内閣の対応について（中間報告）

質問主意書に対し内閣が提出する答弁書は、下記2のとおり、閣議を経る重要なものであるので、その内容に重大な変更が生じた場合には、内閣は、本院に対し変更の内容について適切に説明すべきである。なお、内閣が対応すべき期間及び手続等については、今回、合意を得るに至らなかったので、引き続き協議を継続するものとする。

2. 質問主意書全体のあり方について

「質問主意書の制度は、議会の国政に関する調査・監督権能の一つとして、議員に与えられた質問権の一形態であり、その答弁が閣議決定を経る非常に重要なものである。一方、国会法上、簡明な主意書により、閣議決定も含め7日以内に答弁すべきと規定されており、簡明かつ短期間で処理することが想定されている制度である。以上の点を踏まえ、提出者、議院運営委員会理事会、内閣がそれぞれの立場で、答弁の質を確保しつ

第Ⅱ章　会派による運営

つ,より円滑な制度の運用に努めるものとする。また,会期末は会期終了日前日までに提出すべきものとされているが,議長の承認のために必要な手続に要する時間を考慮し,2日前までに提出すべきものとする。」
(6) 質問主意書提出から答弁書受領まで（国74,75,衆規158,先417,418）の大枠は次のとおり。（提出当日,写しを内閣に送付），議長承認・印刷配付・内閣への転送は,月曜日,水曜日毎に行い,転送から7日以内の答弁書閣議決定は,火曜日,金曜日の閣議で行われる。
　火,水,木に提出されたものは,翌週月曜日に転送・金曜日に答弁閣議。金,月に提出されたものは,水曜日に転送・翌週火曜日に答弁閣議というサイクルで,原則,運用されている。
＊1　質問制度全般について,明治大学『政治学研究論集』所収：田中信一郎「帝国議会の質問制度──成立と変容──」（23巻2006），「幻の質問権──日本国憲法・国会法制定過程と質問制度」（26巻2007），「国会における質問制度の変容」（27巻2008），「質問主意書の答弁書作成過程」（28巻2008）参照。
＊2　本件協議は,予算委員長から議運委員長への口頭申入れ「質問主意書に対する答弁書提出後,その内容において変更を生じた場合,政府の対応はどうあるべきか。また,質問主意書全体のあり方についても,議院運営委員会で議論をお願いしたい」（同国会1.31）に基づき行われた。申入れは,前日,予算委員会が,補正予算採決を前に,米国産牛肉の輸入再開手続に関し,過去の答弁書との齟齬をめぐって紛糾したことの収拾の一環として行われた。
　　なお,2については,前段として,160回（臨時）国会（平16.8.6）議運理事会において,「資料要求などの協議の必要があるものは,担当理事間で協議し,さらに必要があるものは,議運理事会で協議する。提出は,会期終了日の前日までとする」旨の口頭合意がある。

【発言者の数と順位／発言時間】

衆規125：会議において発言しようとする者は,予め参事に通告することを要する。但し,やむを得ないときは,この限りでない。 国61：①各議院の議長は,質疑,討論その他の発言につき,予め議院の議決があつた場合を除いて,時間を制限することができる。②議長の定めた時	☆質疑及び討論の発言者数及びその順位は,各会派の所属議員数の比率及びその大小により,議院運営委員会において定める（先268） ☆質疑,討論,議事進行及び身上に関する発言については,議院運営委員会において,それぞれ発言時間を申し合わせる（先270）

法規と先例の関わり：4　会派の協議

間制限に対して，出席議員の5分の1以上から異議を申し立てたときは，議長は，討論を用いないで，議院に諮らなければならない。	※上記先例268，270により，議院運営委員会は，その都度，各会派の発言者数，順位，各発言者の発言時間を決定（発言者（質疑は答弁要求も）を確認）（演説に対する質疑について先253）

（1）　上記，発言者数，順位，発言時間の決定を踏まえ，議員の発言権は，所属会派によって管理される。本会議については，発言通告（決議案等趣旨弁明者，衆法趣旨説明者，質疑者（答弁要求4人以内（75回昭50.1.24議運理事会合意／参議院は5人以内，参先300）），討論者）もすべて会派を通して提出される。

　衆議院規則には，参規94条〔参事は，質疑又は討論の通告については，通告の順序によつて，これを発言表に記載し，議長に報告する。②議長は，質疑又は討論に当り，発言表により順次に発言者を指名する。③前項の指名に応じない者は，通告の効力を失う〕に該当する通則的規定はないが，議員の発言権の等価値性から，個別の規定が，通告の順（討論は衆規137条による反対／賛成交互の原則を踏まえた通告の順）を原則としていることに変わりはない。法規と先例の関係は，委員会も本会議と同様である（委先42，45参照）。（なお，参規94③に該当するものは，先例集266号中の「議長が発言通告順により発言を許可したとき，その議員の発言がないためまたその議員が議席にいないため，発言権を放棄したものとみなされたことがある」。）

（2）　議院運営委員会の協議が破綻し，質疑通告，討論通告が多数出された状況においてはこの原則が呼び戻され，（議員20人以上から）質疑終局，討論終局の各動議が提出されることともなる。先例集295号は，討論終局の動議提出のタイミング「賛成若しくは反対各々2人以上の発言があった後，又は賛否いずれか一方が2人以上発言して他方に発言の要求がなかったとき（衆規141）」と横並びに，衆規140条が「質疑が続出して容易に終局しないとき」と規定する質疑終局動議提出のタイミングを，「少なくとも2人以上が質疑した後であることを要する」と具体化している。共闘する野党は，終局動議可決によって足切りされない発言者2人については，

第Ⅱ章　会派による運営

事前に調整して通告することとなる。両動議は先決問題であり直ちに採決される（衆規142, 先295）。討論終局動議が可決されれば，直ちに本案採決に入る外ないので，動議提出後の発言は一切許可されない（先296）。

(3)　議員が，議院運営委員会の申合せの時間を大きく超過してもなお発言を続けるようなことがあれば，議長は，議場内交渉によりつつ，発言の終了を求めるが，中止命令にまで至ることもある。下記(4)のように発言時間申合せの対象とならない趣旨弁明についても，議場内交渉を経て，中止命令に至ったことがある（先274事例参照）。

(4)　決議案や動議の趣旨弁明，懲罰動議に対する身上弁明は，発言時間申合せの対象とされていない。質疑や討論は各会派の横並びの調整に馴染むものでもあるが，趣旨弁明（衆規116, 117）は，委員長報告（国53）と同様に，審議のために行わせるものであり，本質的に簡潔なものである。議案の趣旨説明（国56の2）も当然，申合せの対象とならない。また，懲罰動議に対する身上弁明は，単なる身上弁明と異なり権利性が強いものである（衆規132）。申合せの対象となるものとならないものとの間にはこうした法的性格の違いがある。

(5)　発言時間申合せの対象とならない解任決議案や不信任決議案等の趣旨弁明が，時に，議事妨害的な要素を含んで長時間行われたことは周知であろう（下記(7)の事例参照）。

(6)　議事進行及び身上に関する発言は，もともと，進行中の議事に関連した突発性を伴うものであったが，議院運営委員会（理事会）の協議による運営の深化につれて意味を失い，途絶えた。なお，171回国会（平21.6.9）においては，厚生労働委員長の臓器移植法改正4法案中間報告後，代表議員がそれぞれ法案の意義を直接訴える機会を，この議事進行に関する発言によって設けた（Ⅲ-7［事例2背景と補足］参照）。

(7)　上記(2)と同様，国会法61条による発言時間の制限も，議院運営委員会の協議が破綻した状況においてのみ発動の機会がある。その場合には，解任決議案や不信任決議案の趣旨弁明も含め，質疑，討論その他のすべての発言が時間制限の対象となる（先271, 272, 274）。

発言時間の申合せと，国会法61条による（趣旨弁明の）発言時間制限が

法規と先例の関わり：4　会派の協議

混在することとなった特異な例（166回国会（平19.3.2/3.3）の本会議）を記しておく。いわゆる牛歩が，PKO2法案の審議をめぐる混乱（平4.6.12～15）を最後に，野党の抵抗の象徴としての意味を失って以降，それに代わるものとして，（原則として発言時間の制約がない）趣旨弁明が用いられるようになったことを象徴する事例であろう。なお，国会法61条の制定・改正について参考Ⅱ－7参照。

3.2（金）議院運営委員会，下記の本会議の議事内容をすべて決定

［予算委員長，総務委員長，財務金融委員長の各解任決議案，総予算3案，総務委員会の地方税関係2法案，財務金融委員会の国税関係3法案］（各会派討論時間申合せ。当日中に議事が終わらない場合，延会して議事を継続することも決定）。

本会議（22：28～23：51）

冒頭の予算委員長解任決議案の趣旨弁明が長時間に及んだため，議場内交渉により，趣旨弁明途中，議長は，明日午前零時10分から会議を開いて議事を継続・趣旨弁明者の発言を継続させることとし，延会することを宣告。

3.3（土）本会議開会（00：22）冒頭，

与党提出の動議により「本日の議事における趣旨弁明の時間は15分とする」ことを決定（記名）。日程1予算委員長解任決議案（前会の続）を議題とし，趣旨弁明を継続して終了，討論の後，否決した（記名）。その後，日程2総務委員長解任決議案を，趣旨弁明，討論の後，否決（記名）。（以下は議場内交渉）により，日程3財務金融委員長解任決議案の撤回申出を許可［本来であれば，議題となっていないので許可を要しない（衆規36）。撤回の報告に留まる］，進行の前倒しに伴い，議場にいない衆議院議員以外の大臣を含め全大臣の登壇を待って，日程4～6の総予算3案を議題とし，討論の後，可決（記名）。議事進行係提出の動議により，残余の日程7～11（地方税，交付税，公債発行，所得税，特別会計の各法案）を延期し来る6日（火）正午から開会することを決定して散会した（03：53）。

第Ⅱ章　会派による運営

5　会派の協議が及ばないもの

　会派の協議が及ばないものに，定足数や議長の決裁権といった会議原則に直接関わるものがあることは言うまでもないが，ここでは，会派の協議が及ばないという観点から，議員の辞職，両院間手続を主に取り上げる。

イ　定足数　⇒参考1−8(1)

憲56①：両議院は，各々その総議員の3分の1以上の出席がなければ，議事を開き議決することができない。	☆開議に際し，2回にわたり計算をしてもなお，出席議員が法定議員数の3分の1に達しないときは，議長は，延会を宣告しなければならないが，……（先222）〔衆規106（定足数欠缺時の措置）〕

ロ　議長の決裁権　⇒Ⅲ−6

憲56②：両議院の議事は，この憲法に特別の定のある場合を除いては，出席議員の過半数でこれを決し，可否同数のときは，議長の決するところによる。	☆議長は，選挙の投票には加わるが，表決に加わったことはない。表決の結果が可否同数であるときは，議長の決するところによる（先311）

ハ　議員の辞職

国107：各議院は，その議員の辞職を許可することができる。但し，閉会中は，議長においてこれを許可することができる。 衆規186：議員が辞職しようとするときは，辞表を議長に提出しなければならない。 同187：議長は，辞表を朗読させ，討論を用いないで議院に諮りその許否を決する。	☆議員が辞職しようとするときは，辞表にその理由を付して提出するのが例である。なお，議員の辞表提出に際し，議長がその議員に対して留職の勧告をしたことがある（先85） ☆議事日程に掲載しないで，おおむね会議の初めに議院に諮る〔議長は参事に辞表を朗読させた後，討論を用いないでこれを諮る。会期中，会議を開くいとまがないため議長許可の事例〕（先86）

法規と先例の関わり：5　会派の協議が及ばないもの

(1)　国会法107条は議院の権限規定であることに注意が必要である。選挙により国民の負託を受けた議員は任期途中で安易に辞職すべきではない。辞職には正当な理由を要するとの意味を含む規定であって，衆規186条，同187条だけでなく，同188条（辞表に無礼又は議院の品位を傷つける文辞があると議長が認めた場合の規定）もそのことに由来する。

(2)　先例集は帝国議会（先例彙纂111）以来，昭和38年版まで，上記(1)の趣旨を「議長が留職の勧告をするのが例である」として，明らかにしていたが，昭和53年版から，先例集85号なお書のように，留職勧告は例外的なものと位置づけられるに至った。議員の辞職は認められるもの（協議は形式に留まるもの）という前提へと転換したと言えよう。

(3)　89回議会，敗戦の責任等を理由に辞表を提出した議員に対する留職勧告が帝国議会末期の際立つ例であるが（昭20.12.1の本会議において，一括議題とした「議員の戦争責任に関する決議案」，「戦争責任に関する決議案」の両案採決につき，起立によることを記名採決によって決定した後，後者の決議案を可決，前者の決議案を否決の後，当該議員8名について起立多数により辞職許可（本会議速記録5号1－9頁参照）），国会当初の公職追放該当による辞職願，そして，院内あるいは院外における不祥事に伴う辞職願，首長選挙への立候補のための辞職願等，議長の留職勧告に馴染まない事例，あるいは留職勧告をしても仕方のない事例（こうした辞表の大半は「一身上の都合」や「（首長）選挙立候補のため」を理由とする）がもっぱら集積したことによって，上記(2)の変遷がもたらされた。なお，先例集掲載の留職勧告事例（31回国会昭34.5.2辞職許可，78回（臨時）国会昭51.10.28辞職許可）は，ともに上記に掲げた辞職理由の範疇外のものである（31回議運委会議録34号1頁，同本会議録40号1頁，78回本会議録10号1頁参照）。

(4)　辞職をめぐる近時の事例をあげておく。

平成14年154回国会閉会中，小選挙区補欠選挙立候補のため比例選出議員が提出した辞職願（辞表に補選立候補と記載）につき，議長が，こうした鞍替えは法的に問題がないとしても制度として妥当か議論の必要があるとして，辞職許可の判断を保留した（その後，補欠選挙立候補に伴い退職（選90））。

65

第Ⅱ章　会派による運営

　なお，平成22年176回（臨時）国会召集日（10.1）には，同様のケースの辞職願（9.29提出，辞表には一身上の都合と記載）を院議により許可した。

　(5)　衆規187条の「辞表を朗読させ」は，上記(1)の趣旨により，議員本人に朗読させるという意味である。従来，本人の心情に配慮して，先例集86号のとおり，議長は本人に代わり参事（秘書課長）に朗読させる例であったが，議員辞職の重みに鑑み，議院に諮る議長自らが，辞表を朗読することとなった（174回平22.4.2議運理事会決定，4.6本会議録19号1頁参照）。

　(6)　先例集86号は，会期中であっても議長が辞職を許可する場合があることを記して，国会法107条を補完している。その事例は，従来，首長選挙立候補のための辞職願について，当該選挙告示・立候補届に伴う退職（選90）と次回本会議との関係から，「会議を開くいとまがないため」議長において許可した例のみであったが，連座制適用による当選無効判決を受けた議員の辞職願に関して次の事例が生じた。

　162回国会（平17.5.10）連休明け最初の本会議議冒頭，議長が，「本会議を開くいとまがなかったので4月28日［辞表提出当日］，議長において辞職を許可した」旨を報告した。背景に，議員本人の早期辞職希望（4.27高裁判決）に加え，上告期限到来による当選無効判決確定を待った場合には退職（国109）が翌月となり，当時の歳費法により5月分歳費がそのまま支給されるという問題があった。

　その後，平成22年（176回（臨時）国会）の歳費法改正（2～4の2・法69号）により，国会議員の歳費は，日割計算による支給（死亡の場合は当月分支給）に改められた。なお，この改正の前段として，参議院議員通常選挙（任期開始22.7.26）後召集の175回（臨時）国会において，7月分歳費として受ける額から，日割計算することとした場合に受けることとなる額を差し引いて国庫に返納することを，公選法の寄付禁止規定（選199の2）の適用除外とする暫定措置が規定された（歳費法附則⑭・法47号）。

二　両院間手続と先例（会期の不継続と国会法83条の4（現行83条の5））

　両議院関係制度を繋ぐ両院間手続——通知，送付，回付及び返付と受理

の関係——も，当然，会派の協議と関係のないものであるが，先例が介在する問題ではない。第Ⅲ章－10「議案の送付と受理」で述べるが，例えば，送付と受理の関係を先例と説明し，結果として，送付を受けた側の議長に，判断の余地ありとすることは，両議院関係制度の核心にある衆議院の議決の優越性を傷つけるだけでなく，制度全体の法的安定性と信頼性を揺るがすものであって，あり得ることではない。

ここでは，会期不継続の原則による両院間手続（送付）の先例を法規化して明確化した，国会法83条の4（憲法改正手続法による，憲法改正原案の返付規定（83条の4）挿入により，現在83条の5）について検討する。同条は，昭30年改正国会法によって，「甲議院の送付案を，乙議院において継続審査し後の会期で議決したときは，第83条による」と規定されたものである。まず前提となる，会期の不継続の例外規定の変遷から検討する。

〈a　前段：2回国会，国会法68条ただし書付加の理由〉

国会法83条の4のもととなった先例は，2回国会昭和23年の国会法2次改正によって，68条［会期中に議決に至らなかつた案件は，後会に継続しない］に「但し，第47条第2項[2]の場合は，この限りでない」が付加され，閉会中審査に付した議案が後会に継続することとなって生成した先例である。まず，このただし書の付加について触れる。

西沢文書中12［立法過程における委員会制度の変遷］は，「［昭和21年］12月6日のウイリアムズの指示によつて閉会中も［委員会において］審査ができることになりましたに拘らず，われわれの方で一つミスをやつてしまつたのであります。それは，会期不継続の原則でありますが，「会期中に議決に至らなかつた案件は後会に継続しない」そして，［国会法案の2次案まで］従来の常置委員会[3]［に関する規定］がありましたときには，「但し常置委員会に附託された事件についてはこの限りでない」という但

---

[2] 制定時の国47は，「①常任委員会及び特別委員会は，会期中に限り付託された事件を審査する。②常任委員会及び特別委員会は，各議院の議決で特に付託された事件については，閉会中もなお，これを審査することができる。」

[3] 常置委員会構想について，西沢文書中12［立法過程における委員会制度の変遷］参照。参考Ⅰ－3も参照。

第Ⅱ章　会派による運営

書があつたのでありますが，それが常置委員会が［ガバメントが二つできるおそれがあるからどうしても］いけないと言われたものですから，その但書を削つてしまつて，そしてこの12月6日に［常任委員会及び特別委員会は議院で認めた場合のみ，閉会中も活動し得ることということを認めると］言つて来たときに，またそれを復活しなくちやならなかつたのを，実は忘れてしまつたのであります。そうして第1回国会が終りかけたときにそのことに気がついたのでありまして，第2回国会の改正でこの閉会中審査のものは後会に継続しないというのを改めて，継続するような実体をつくつたわけであります」と，その顛末を説明している。

　この説明について，今野彧男『国会運営の法理』63頁は，91回帝国議会国会法案特別委員会（昭21.12.19（速記）（第1回）6頁）における大池書記官長の国会法案の逐条説明中68条「本条はいわゆる会期不継続に関する原則であります。委員会が開会中［ママ］でも審査を継続し得るのと考え合せまして，<u>かかるものは次の会期に継続せしめてもよくはないかとの議論もありましたが</u>，原則としては国会の審議は会期中に限るべきものとの観点から開会中［ママ］審査を継続したものにつきましても，<u>次の会期に新たに再び提出の手続をとつても，それほど面倒はないと考えられます。</u>殊に今後法律案が数百数千というものが予想せられるのではないかと思いますと，ここでどうしても会期不継続の原則を明らかにしておく方がよかろうということになつた次第であります」の下線部分を示して，「但書部分の欠落は自覚されていた」と明らかにしているが，それは，閉会中の国政調査の重視の結果であったと論を進め，2回国会における改正の意味そのものについては言及していない。

　改正の意図は，2回国会（1回は会期延長により閉会中の期間がなくなったため閉会中審査議決の機会なし），初めてとなる国会法47条2項による議決を控えて，同法68条へのただし書の付加が必須であったことに尽きよう。91回帝国議会，大池書記官長による同条の提案説明は，ただし書の欠落を自覚した上で，会期不継続の原則を強調することによって，ただし書の欠落を埋めようとしたものに他ならない。「第1回国会が終りかけたときに」に気がついたのは，会期不継続の原則の強調の結果，閉会中審査に付

した議案を次の国会において再度提出させることの非現実性に他ならないであろう（注4(1)の会議録参照）。

〈b　2回国会，国会法68条ただし書付加の審議過程〉

ただし書の付加によって後会に継続した議案はどのように扱われたのであろうか。その審議過程が運用に大きな影響を与えることとなったのである。議院運営委員会（昭23.4.15）において，与党や事務総長ではなく野党委員から提案された，ただし書付加の議論は次のように展開する。

○小沢佐重喜委員（民自）　……，旧議院法［25条[4]］においては，休会中［ママ］でも審議することができると本会議で議決した議案に対しては，会期不継続の原則を適用しない例外規定があつたのです。ところがどういう趣旨か国会法ができるときにこの例外規定がむしられて，68条1項だけが残つておるのですが，これはやはり休会中［ママ］院議をもつて審議することができるというその議案に対してはこの限りにあらずという第2項を設けて，これだけはやはり会期不継続の原則の例外を設けることが適当だと思う。先だつての第1国会から第2国会に移る場合にも問題が起つたが，一般議案は会期不継続が原則である。しかし昔は「但し許されたものはこの限りでない」という例外を認めておつた。この例外を認めてもらつて，会期中審議ができなくて，特に院議でそのような議決をした議案は，その次の国会に継続して審議できるようにしてもらいたい。

○石田一松委員（国協）　これは以前にそういう例外規定があつたかどうかしりませんが，少くとも会期が更新されたときは，あらゆるものが事実上新たに議会に提出されて承認されなければならぬという必要性から，新たなる会

4　(1)　小沢委員の提起の前段として，1回昭和22.8.30本会議，同君の会期延長反対討論（本会議録32号1-3頁）参照。

　　(2)　議院法25［各議院ハ政府ノ要求ニ依リ又ハ其ノ同意ヲ経テ議会閉会ノ間委員ヲシテ議案ノ審査ヲ継続セシムルコトヲ得］は，いわゆる継続委員会に関する規定。議院法35は「帝国議会閉会ノ場合ニ於テ議案建議請願ノ議決ニ至ラサルモノハ後会ニ継続セス但シ第25条ノ場合ニ於テハ此ノ限リニ在ラス」。「従来カラ屡々，衆議院デ継続委員設置ノコトガ問題トナツタガ何時モ政府ノ同意ヲ得ルコトガ出来ナカッタ（『議事解説』34頁）」。「一番新しい事例としては東京都制案がたしか昭和8年第64回議会［3.25本会議議事速記録31号892-897頁］でありましたか，提出されたことがあります。そのときに継続審査したいということを院議で議決したのでありますが，政府がこれに同意しなかったという事例がございます（西沢文書中12［立案過程における委員会制度の変遷］参照）。

第Ⅱ章　会派による運営

議があると理解する方が，私は根本的には正しいと思います。その次の会期に継続させなければならないほどの重要案件であるならば，むだなようでもまた新たな会期に，新たにその案を提出して，初めから慎重審議し直すことも決してむだな手続ではないと私は考えます。

○小沢委員　つまり47条2項に「常任委員会及び特別委員会は，各議院の議決で特に付託された事件については，閉会中もなお，これを審査することができる。」とあります。審査することができておりながら，出し直さなければならないという矛盾がある。

☆石田委員　47の2項の規定は，もちろん審査することができることを言つてあつて，まことにこれは結構なことである。それが規定してあるから，その審査をそのまま次の会期に継続させないのは不合理だと言われますが，審査することを許されたことは，次の会期に継続しなければ不合理であるということは絶対に言えません。十分審査してあつて，次の会期にあらためて提出されたときに，その審査で十分熟知しておつた問題を新たな問題としてそれが新たな観点に立つてなされるならばいいと思う。

○浅沼稲次郎委員長（社会）　速記をやめてください。〔速記中止〕

○浅沼委員長　それでは今の68条の規定はこの国会法ができたときの原案に還るわけですね。

○小沢委員　そうです。

○浅沼委員長　そうすると，47条の規定とは別だということで，御異議ありませんか。〔「異議なし」と呼ぶ者あり〕それでは仮決定いたします。

　上記のとおり，国会法68条は制定法のままとし，会期制の例外である「47条〔2項〕の規定とは別だということ」を異議なく，いったんは決定したのである（2回昭23.4.15議運委会議録29号2頁）。その後も，同条は改正しないことを改めて確認していたが（4.22議運委会議録30号4頁），一転して，参議院の議院運営委員会おいては，「衆議院の方の空気」について説明を求められた参議院の法制部長が「極く事務的な問題で二三新しく入った条文」の一つとして，ただし書の付加を説明している（4.26参議運委会議録29号6頁）。そして，国会法改正案に関する衆参議院運営委員会合同打合会を経て，衆議院の議院運営委員会では，合同打合会の結果説明の一環として，国会法68条へのただし書の付加も報告されるに至った（4.28議運委会議録32号2頁）。

　以上の過程の中では，上記，異議なく一致した「47条の規定とは別だ

という」認識が，改めて整理・変更される機会を見いだすことができない。改正の曲折から，次のようなことを読み取ることができよう。

〈c　上記がもたらした影響：議案の審議過程の不継続（衆議院）〉

上記，石田委員の異議とそれを容れた議院運営委員会の仮決定は，91回帝国議会における国会法68条の提案説明と同一である。その提案説明は既に述べたように，国会法47条2項により，会期不継続の例外として閉会中審査に付した議案について，再度，会期不継続を強調することによって，ただし書の欠落を埋めるものであった。

衆議院においては，結局，この認識を抱えたまま，後会継続のただし書が付加されたのである。このことによって，衆議院においては，「47条の規定とは別だという」認識が，形を変えて引き継がれることとなる。議案が閉会中審査に付されて後会に継続しても，前国会の委員会の審議過程は後会に継続しない。後会に継続するのはまさに議案のみであるという概念が導きだされたのである。

具体的には，後会に継続した議案は，会期の初めに改めて委員会に付託するのを例とする（先193，委先72参照）。そして，衆規44条［委員会は，議案が付託されたときは，先ず議案の趣旨についてその説明を聴いた後，審査に入る］によって，趣旨説明（提案理由の説明）から改めて委員会の審査をスタートすべきものとなる。閉会中審査が実際に行われてもその審議の過程も継続することはない。

しかし，委員会先例集81号が「趣旨説明を聴取し後会に継続した議案等については，委員会に諮った後，その趣旨説明の聴取を省略した事例は少なくない」と説明するとおり，審議過程の不継続は建前であって，実質的には，委員会審議は前国会の審議の過程を継承したものとなることと一対のものである。

一方，参議院が審議過程の不継続という概念と無縁であることも，この改正過程をみれば明らかであろう。参議院においては，閉会中に委員会の審査を終了した継続議案及び懲罰事犯は，次の国会において本会議の議題となる（参委先296）。また，審査を終了しなかった議案及び懲罰事犯は，

次の国会において何らの手続を経ずに引き続き審査をすることとなる（参委先297）。

> **参考Ⅱ－4　議案の審議過程の不継続をめぐる問題**
> (1)　146回（臨時）国会の会期終了日（平11. 12. 15），閉会中審査の議決が行われる予定の衆議院議員定数削減法案（比例50減，145回自民，自由提出）――前日，倫理選挙特別委員会において修正議決（混乱）。伊藤議長の裁定により，院議により倫理選挙特別委員会の閉会中審査に付し[5]（次国会継続とする）ことで合意――をめぐり，結局のところ廃案と同じではないかという強い反発が与党自由党から起こって，本会議の開会が遅れた。定数削減法案の修正（比例20減）は新たな連立（自自公）の合意によるもので，連立の帰趨を左右するデリケートな問題であったのである。
> (2)　閉会中の修正案審査は可能であるとの議院運営委員長の調整によっていったん収束した。議運委員長が示した見解は次のとおりである。
> 「会期制を採用している国会において，委員会において閉会中審査に決した議案は次国会に継続するが，議案に関して行った議院の意思は次国会に継続しない。従って次の国会において最初から新たな意思決定を行う必要がある。閉会中審査は国会終了後も審査の必要があるとして行うものであり，議案に付随して提出された修正案は当然に閉会中も審査の対象となる。」
> (3)　この反発は，議案の審議過程の不継続の，言わずもがなのダブルスタンダードをあえて突き，自自公3党合意の早急な履行を強く迫ったものであり，続く147回国会冒頭の混乱[6]へと直結することとなった。

---

[5]　先137，委先274，275参照。なお，参議院は閉会中の審査の議決手続を，参規53が「①委員会が，閉会中もなお特定の案件の審査又は調査を継続しようとするときは，理由を附して文書で議長に要求しなければならない。②前項の要求があつたときは，議長は，これを議院に諮らなければならない」と明記しており，衆議院のように，委員会の申出によらない閉会中審査手続（未付託議案や委員会審査終了議案等の閉会中審査）は存在しない。

[6]　結局，閉会中審査が行われることはなく，平12. 1. 20（147回召集）倫選特委設置，定数削減法案同委付託，1. 21 自自公，同法案の修正案を再提出，1. 25 倫選特委 同法案提案理由省略，修正案趣旨説明，1. 26 倫選特委 同法案を修正議決（野党欠席），議運理事会は議運委員長職権により翌日の本会議設定，1. 27 伊藤宗一郎議長斡旋案不調，本会議修正議決（野党欠席）。1. 28 参議運委（野党欠席）は，同法案につき本会議趣旨説明を聴取せず地行委員会への付託を決定。同日，政府

参考Ⅱ－5　懲罰事犯の継続

(1)　参議院は，5回国会（昭24.5.31），懲罰事犯について明記のない当時の国会法47条2項及び68条ただし書[7]により，懲罰委員会において審査中の懲罰事犯（前日，懲罰動議可決により懲罰委付託）を継続審査とし，6回国会（10.31）において登院停止の議決を行った。理論的裏付けとなった「懲罰権の適用範囲に関する件調査報告書」（5回5.21参懲罰委会議録3号参照）。

なお，議長が懲罰事犯と認め職権によって懲罰委員会に付したものと，上述のように院議（懲罰動議可決）によって懲罰委員会に付したものが，懲罰委員会の審査の対象となり，閉会中審査・後会継続の対象ともなり得るのであって，院議の対象に留まる本会議動議（懲罰動議）そのものが，懲罰委員会の審査の対象となり得ないこと，従って，閉会中審査・後会継続の対象ともなり得ないことは当然である。

(2)　その後，上記の両規定は，懲罰事犯の扱いをめぐって，昭30年及び33年改正において大きな曲折を辿る。

まず，30年改正によって，68条［会期中議決に至らなかった案件は，後会に継続しない。但し，第47条第2項の場合は，この限りでない］は，ただし書が「第47条第2項の規定により閉会中審査した議案は，後会に継続する」と限定され，懲罰事犯の後会への継続は明確に排除された。

(3)　この改正は，秩序の回復は速やかに行われるべきものであって，後会にまで引き摺るものではないとの，下記の事態収拾の折の両院共通の認識によったものである。

19回国会会期終了日（昭29.6.15），衆議院本会議は，会期延長（6.3/4回目）議決に際し議長席を占拠した計45名の議員についてそれぞれ登院停止（30日間）の議決を行った。（警察法案の参議院審議のための会期延長。議事堂内に警察官導入，特に議長室と本会議場の間の廊下付近（先447）。）

本会議散会に引き続き開かれた全員協議会において，全会一致をもって議院の威信保持に関して決議を行ったのであるが，そこでは，初めに全員

4演説（衆参とも野党欠席），1.31～2.2衆参代表質疑（衆参とも野党欠席）。2.2参議院本会議　定数削減法案について（委員会の議題となることなく）中間報告の後，可決成立（野党欠席）。2.3予算委－総予算基本的質疑（野党欠席），2.7一般的質疑（野党欠席），2.8伊藤議長の見解を受けて，2.9野党は，国税・地方税の趣旨説明質疑（政府4演説に対する代表質疑的なもの）に出席。参議院も斎藤十朗議長の見解を受けて，2.10国税・地方税の趣旨説明質疑に野党が出席，正常化。

7　当時の国68は本文(2)，国47は注2参照。

第Ⅱ章　会派による運営

協議会司会者（松村改進党幹事長）が「去る3日の不祥事件の起りました後に，各党とも，このような事態，それは議会の信頼を傷つけ国会政治の根底を動かすごときことがあつてはならぬという点につきまして，みな所見を一にいたし，何とかこの分裂せる事態を収拾いたしたいという点において一致いたして，去る5日からいわゆる五党会談なるものを毎日継続して行いまして，途中，このことは衆議院に起つたことであるけれども，やはり国会全体に関する事柄であるがゆえに，参議院の政党である緑風会の代表者をもオブザーヴアーとしてこの会へ参列していただくことになりまして，今日まで協議を続けて参りましたが，幸いに，各党とも，この議会の最終日の今日に，すべての点において意見が一致いたして，そしてただいまここに全員協議会を開く次第と相なり，さらに，この協議会と同時に，近い将来に主として国会粛正のための目的をもって臨時国会を開くこととと相なつたのでございます」と報告している。（全員協議会会議録，先444参照）。

（4）　なお，会期を超えた登院停止につき，「<u>懲罰そのものの効果はその会期に限られるが</u>，会期を超えて登院を停止された場合，委員会が閉会中審査をするときは，その停止期間中は出席しないのが例」と理解されていた（平成6年版先404（15年版408該当部分削除）参照）。

しかし，昭和30年，衆規243条の改正により，登院を停止された者が，特別委員だけでなく，常任委員についても解任されることとなった時点で，閉会中の登院停止の効力は，会期中と異ならないものと理解されるべきであった。（なお，それまで常任委員が解任の対象とされていなかったのは，その任期規定（国42）との関係による。）その後，会期を超えた登院停止の実例が生じた150回（臨時）国会平成12年において，登院停止の効果は，概略次のように確認・整理された。

① 　登院停止の本会議議決の日を初日として起算し（国133），期日満了日をもって終了する。
② 　登院停止期間は，国会閉会後も引き続き通算する。ただし，会期不継続の原則により，次の国会の召集日前日をもって満了する。
③ 　登院停止の期間中は，議長警察権の及ぶ範囲，換言すると「院内」には入れない。

（5）　その後，24回国会会期末（昭31.6.2），参議院における混乱（特に新教育委員会法案の中間報告をめぐり，本会議場内，演壇及び議長席周辺にも警察官導入（参先456）等）の反省から，昭和33年改正において，会期末及び閉会中の秩序問題に対処すべく懲罰規定の穴が埋められ（国121の2，121の3），併せて，国会法47条2項，68条ただし書も現行のとおり，懲罰

事犯を含むことが明記されるに至った[8]。

〈d 昭30年改正,国会法83条の4（現行83条の5）のもととなった先例〉

さて,国会法83条の4によって,両議院関係が会期不継続の原則に拘束されることが明記されたのであるが,そのもととなった先例は,5回（特別）国会昭24.5.31衆議院本会議において,記名採決（投票時間制限：賛成201,反対1（採決結果の宣告に対する異議申立却下））により,農林委員会における閉会中審査の議決を行った「食糧確保臨時措置法の一部を改正する法律案（参議院送付（修正議決），閣法）」及び「食糧増産確保基本法案（参議院提出）」についてのものである（先194,先300掲載事例）。

この両案について,5回国会後の閉会中に,衆参議院事務局間の協議を踏まえ,「会期不継続の原則上前会期の意思は後の会期に継続しないのであるから,参議院の送付案を本院で継続審査し,次の会期でこれを可決すれば,その会期の本院の意思として可決された案であって,更に参議院に送付して,同院がその案を可決すれば法律となる」取扱いとすることが定

---

8 (1) 33年改正全般について,参考Ⅲ-4参照。帝国議会以来の懲罰関係法規の変遷について,中村清「議院の懲罰権に関する規定」『議会政治研究』80号参照。
(2) 懲罰の及ぶ範囲の空間的制約は,議院の懲罰権が議院法（94条）によって規定されていた帝国議会,大正14年の規則改正において,本会議,委員会,部の外,「議院内部」の行為が懲罰の対象として拡張され（旧衆規201）,それが憲58②に「院内の秩序をみだした」として規定されるに至った。現在では,「院内の秩序をみだした」には,参議院における行為も含まれることが,下記(3)の議運理事懇談会申合せ（150回（臨）平10.10.12）によって確認されている（なお,破防法案の審議をめぐり,衆議院議員が参議院で行った暴力行為と,議長警察権,秩序維持権の範囲との関係について,13回昭27.6.28議運委会議録69号4-6頁参照。150回の申合せは,10.6参議運委における,参通常選挙非拘束名簿法案の付託決定の際の混乱に加わった衆議院議員に対し,与党から懲罰動議が提出されたことの収拾として行われたもの）。
(3) 「国会は衆議院と参議院の両院で構成されており,それぞれ院の独自性,自律性が保たれなければならない。議員は,他院の委員会での傍聴は許されているが,他院の秩序を乱し,議院の品位を傷つける言動は,厳に慎むべきである。右申し合わせる。」なお,Ⅱ-3ロ(5)掲載事例において,参議院議長の議場入場阻止行動に加わった議員に対し,この申合せを踏まえて,懲罰（譴責）が行われた（160回（臨）平16.8.5本会議録6頁参照）。

第Ⅱ章　会派による運営

まった（先194）。事務局間の協議では，両議院関係において，前会期先議の参議院の議決の効力を有りとするか，それとも無いとするか，両方の解釈が可能であるが，会期不継続の原則を重視して，同一会期において，参議院の議決が再度必要であると一致し，また，衆議院先議の法案を議決して，参議院に送る場合と同様の方法で送ることで一致した旨，それぞれ，議院運営委員会で説明している[9]。

〈e　会期不継続の原則と両議院関係〉

　会期不継続の原則は，会期制によって独立して活動する議院それぞれに関わるものである。衆議院の議決に関する期間の規定（憲59④，60②，67②）が会期の内に限定されるのは当然のことである。しかしそのことをもって，憲法が，議院の議決そのものについてではなく，両議院関係を，会期不継続の原則によって包括的に拘束していると理解[10]するのは飛躍ではないだろうか。

9　(1)　5回閉会中，昭24. 9. 27参議運委会議録7号6，7頁，10.19議運委会議録53号8頁，10. 22参議運委会議録10号7頁参照）。

　(2)　同国会は審査期間が限られたため（参考Ⅱ－2参照），予算関連でない法案は，衆参半々の先議として提出している旨官房長官が答弁している（4. 27参議運委会議録22号5頁）。「食糧確保臨時措置法改正法案」は参議院先議のうちの1件。同法案はGHQが指示した経済安定9原則による食糧供出強化のため吉田内閣が提出（4. 21）したもの。農民に不利と反対論が強く，先議した参議院においては，緑風会を中心にして食糧増産のため政府に積極的な措置を義務づける「食糧増産確保基本法案」をセットで可決，衆議院に送付した（次の(3)も含め，竹中治堅『参議院とは何か』47，48頁：中公叢書2010参照）。

　(3)　6回国会，継続審査をした衆議院は「食糧確保臨時措置法改正法案」だけを通過させ参議院に送る。参・農林委員長は吉田内閣に対し，食糧増産確保基本法案を衆議院で可決しなければ，改正法案を成立させることは難しいとの申し入れを行うも，吉田内閣はこれを拒んだため，結局，会期終了日，参本会議では，農林委員長の中間報告を求める動議の記名投票中に時間切れとなり，食糧確保臨時措置法改正法案は廃案となった（その後，ポツダム政令により実施）。

　(4)　本先例に対する批判について，宮澤俊義・芦部信喜『全訂日本国憲法』395，396頁：日本評論社1978参照。

10　こうした理解は，両議院関係と一事不再議を関係づける理解とも連関したものであろう（Ⅲ－11［第Ⅲ期ねじれ下の現象］参照）。

そもそも，国会法47条2項及び68条ただし書により，会期不継続の例外として，後議の議院において後会に継続する以外に，両議院関係についてこうした問題が立ち現れることはない。この場合，後会において審議を行い議決の対象とするものは，前の会期における先議の議院の議決（可決あるいは修正）を経た案，即ち，先議の議院の審議過程をすべて含んだ案に他ならない。先議であった議院の議決を，会期を超えてそのまま受容することを前提としなければ，後議の議院が閉会中審査の議決を行うこと自体が成り立ち得ないものである。

　このように両議院関係において，既に会期の不継続を排除しているのであるが，それでもなお，もう一度会期不継続を強調して，先議であった議院を後議として扱うということは，会期不継続の原則とは別の意味を含んで，その両議院関係に改めて会期不継続の枠をはめたということに他ならないであろう。衆参議院事務局間の協議の経緯は詳らかではないが，そこには，先例形成の対象となった「食糧確保臨時措置法改正法案」をめぐる対立，特に，参議院と吉田内閣の対立（注9参照）という固有の要素だけでなく，既に1年を切った，初の参議院議員の半数改選（任期3年議員の任期満了が昭25.5.2）を控えて，参議院の準立法期への配慮という全く別の要素が念頭にあったと考える。

〈f　参議院の準立法期への配慮〉

　半数改選による通常選挙によって参議院の継続性が担保されていることは言うまでもないが，一方，通常選挙後の参議院の意思の形成母体が，通常選挙前の意思の形成母体とは異なるものであることも自明である[11]。

11　(1)　準立法期を踏まえて法定されたものとして以下の規定を参照。国10ただし書［議員の任期満了による会期の終了］（昭30年改正），国2の3［通常選挙後の臨時会召集の法定］，国121の2③［会期末及び閉会中の懲罰に関する規定の不適用］（ともに昭33年改正），国54の2②［参議院の調査会の存続期間］（昭61年改正）。

　(2)　準立法期に関係する参議院の先例として，参先46，62，76，117，120，137，145参照。なお，参先137と145の関係について，参考Ⅲ-6参照。

　(3)　上記(1)(2)をみれば，継続性よりも，準立法期の重視へと比重が移行していったことが理解できよう。政党化によって，継続性に対する意識の希薄化が進んだ

第Ⅱ章　会派による運営

　参議院自身だけでなく，国会として，憲法が半数改選によって確保している参議院の継続性と，準立法期の折り合いをどのようにつけるかは，国会法，先例どちらのレベルにおいても重要なテーマであった。国会初期には，継続性に重心があったことは，参議院が，通常選挙を挟む後会への議案の継続を当然のこととしていたことによっても明らかである（参考Ⅲ－6(2)参照）。当時は，準立法期への配慮は目にみえないものとして行われるべきものであったのである。

　両議院関係に，こうした参議院の準立法期を自動的に組み込むためには，衆議院において参議院先議の議案を後会に継続した場合，後会における参議院の議決が一律に担保されていることが必須となる。そこには，会期不継続の原則を改めて強調することによって，見えざるものとして，参議院の準立法期を両議院関係に組み込むという立法政策上の配慮があったと考える。通常選挙の前後という条件の付加がある場合，参議院の新たな委員会審査を経た議決がなければ，その法案が成立したとは誰も考えはしないであろう。半数改選という破線によって，当該参議院送付法案（閣法）は，最早，衆議院先議法案そのものに変質しているのである。また，参議院送付案が参法であれば，そもそも，衆議院は，通常選挙を前に，当該参議院送付案を閉会中審査に付すことはない。

　Cで述べたように「衆議院における議案の審議過程の不継続」が，前国会の委員会審議過程の実質的な継承と表裏一体であるのと同様，83条の4に法定された両議院関係の会期不継続もまた，後会において後議となる衆議院の審議，あるいは，後会において後議となる参議院の審議（通常選挙を間に挟む場合を除く）は，先議であった際の審議を実質的に引き継いだ確認的なものとなるとの認識と一対のものなのである[12]。

　なお，憲法改正手続法による国会法改正により，憲法改正原案は会期不継続の制約がないものとして規定された（国102の9②，Ⅲ－4追記(2)参照）。

　と考える。

12　国83の4による参議院送付案をめぐる対立の代表例として，123回（平4）国連PKO2法案（議運委員会議録30－32号，PKO特委会議録3－5号，本会議録30－33号参照）。

立法意図は，衆議院の立法期，参議院の準立法期の影響を受けないスパンでの憲法改正原案審議の完結を想定していると考えるが，それは別として，参議院の憲法審査会付託の憲法改正原案は，通常選挙を挟んだとしても自動的に後会に継続すべきだろうか。一方，解散によって衆議院の憲法審査会付託の憲法改正原案が廃案になることは疑いのないことであろう。また，憲法改正原案は83条の4（現行83条の5）の適用を除外されていない。102条の9第2項により，参議院送付案が参議院の準立法期と関係なく衆議院で自動的に継続するのと同様，衆議院送付案は衆議院の立法期と関係なく参議院で自動的に継続すべきだろうか。そこにも当然に立法期の制約が存在するであろう。継続性を具有する準立法期との差は厳然としたものである。

6　両議院関係制度について

第Ⅲ章－11「両議院関係制度」では，憲法59条3項に，直接，両院協議会が規定されることとなって以降の，国会法案の「両議院関係」規定をめぐる衆貴両院の向き合うことのない対立が，衆議院の優越規定と両院協議会の関係をとおして両議院関係制度全体に曖昧性をもたらしたこと。昭和30年の国会法改正を主導した衆議院が，議案の返付規定という間接的手法の創設によって，曖昧性の除去を試みたこと。この試みが中途半端なものとなって挫折し，更に曖昧性が拡散したことを述べる。前述5のニ（両院間手続と先例）の冒頭に述べたことが現実となったのも，この曖昧性の拡散と無縁ではないであろう（Ⅲ－10参照）。

本書では，先例が，主に法規を会派による議院の運営に適合させるものとして，生成・発展し，機能してきたことを縷々述べてきた。そうであれば，両議院関係制度をめぐる問題，あるいはその他両院間の調整が必要な問題について，先例が希薄であることは既に明らかであろう。議院の自律を越えた両院間にまたがる問題については，衆参双方に，国会の最終意思を形成する場を調える（両議院関係制度の運用作法を明確にして確定する）という強い意欲がなければ，先例生成の契機が訪れることはない。昭和30年の国会法改正時に，衆議院が返付規定の創設という間接的な手法に

第Ⅱ章　会派による運営

よって，衆議院の優越から曖昧性の除去を試みたことは，この意欲の共有の希薄さの裏返しに他ならない。

参議院の政党化の過程を経て，議院の運営は，会派による運営というくくりを越え，また，国会の権限は独立した衆参両議院の権限行使によって果たされるという概念を越えて，政党による国会の運営という大くくりの一環となった。

国会審議の活性化及び政治主導の政策決定システムの確立に関する法律（いわゆる「国会審議活性化法」，145回衆法29号（衆議運委員長提出）／平11法116号）によって各議院に国家基本政策委員会（常任委員会）を設置し，同委員会の合同審査会（国44）の場を利用して党首討論を導入したこと，また，同法の本格施行（平成12年の常会／147回）を前に開かれた，両院横断の各党間協議の場「新制度に関する両院合同協議会」[13]が，党首討論の運用方法だけでなく，本会議，予算委員会等の在り方について協議し，同法に適合するように，先例のレベルで両議院の運営の均一的運用による変革を図ったことは，政党による国会の運営の帰結するところでもある。

会期の始めの政府4演説や所信演説が，衆参本会議で連続して行われ，同じ演説が繰り返されることが不合理であると批判の対象になり，衆参演説の一本化を求める声が間歇的に起こるのも，こうした現実との軋みに他ならない。政府の演説と代表質疑は，帝国議会，政党内閣制への過程で確立した慣行を継承するものであるが，帝国議会においては，午前10時貴族院で演説・質疑（1日目），続いて午後1時衆議院で演説・質疑（1日目）という流れによって行われていた。

1回国会，初めて演説が行われるに当たり，衆議院の各派交渉会（昭22.6.28）が，国会に相応しい在り方として，今後は先に衆議院で行うこと，質疑は翌日から行うことを決定し参議院にも伝えた（質疑は定刻が午前10時の参議院が先）。衆参連続した演説の慣行は，このように演説と質疑の連

13　先行して，146回（臨時）国会の試行について「政府委員制度の廃止及び副大臣等の設置に伴う国会審議の在り方に関する申合せ」を自自公・民主国対委員長合意。同国会召集日（平11.10.29）本会議散会後の議運理事会において議運委員長が，本申合せに則って本会議，委員会の運営が行われるよう要請。

続性，一体性を解体して生まれたものである。上記の決定は，質疑の先行をめぐって両院間に長く諍いをもたらすものであった。そして，質疑を衆議院は演説の翌日以後（常会は翌々日），参議院は翌々日以後（常会は3日目）に行うそれぞれの慣例（参先302，43回国会昭38.1.22議運委会議録1，2頁参照）によって，衆参連続した演説と両院の質疑は現在に繋がるものとして確定する。貴衆の序列によっていた慣行としての演説と質疑を，衆参調整の余地なく衆議院優先の関係によって継承したことが，衆参連続した演説の慣行を生み，政党による国会運営という現実が，その形式性を一層際立たせることになったのである（拙稿「憲法政治の循環性をめぐって」『憲法改革の理念と展開（上巻）』参照）。

> **参考Ⅱ－6　国会審議活性化法**
> （1）　中央省庁の再編・改革と歩を合わせ，国会審議活性化法中の国会法，内閣法等改正は，国家基本政策委員会の設置／政府委員制度の廃止／政務次官（大臣を補佐するため本会議・委員会に出席できる）の増員と副大臣・大臣政務官への移行／内閣が，両議院の議長の承認を得て，政府特別補佐人[14]（人事院総裁，内閣法制局長官，公正取引委員会委員長及び公害等調整委員会委員長）を本会議・委員会に出席させることができる／ことを規定した。
> （2）　また，各議院規則改正[15]によって，委員会が，行政に関する細目的又は技術的事項について，必要があると認めるときは，政府参考人の出頭を求め説明を聴くこととした。
> （3）　なお，同法による内閣法等の改正（政務次官の増員等）は，施行期日によって整理されているが，閣法による内閣法改正（平11法88号）等の一部と同一の改正である。「国会審議の活性化」と「政治主導の政策決定システムの確立」が一体不可分と判断された結果であろう。

---

[14]　原子力規制委員会設置法（平24年法47号）附則7条により，「原子力規制委員会委員長」を追加。

[15]　衆規45の3，参規42の3。なお，衆規257は，証人に加え，参考人についても，政府参考人を含め，本会議招致の対象としているが，参規186は参考人招致を委員会に限定している。衆規257は，本会議と委員会の証人招致権限の形式的同一性を優先して，参考人についても同様に規定しているのであって，本会議が，参考人，政府参考人招致の場でないことは，参議院と異なるところはない。

第Ⅱ章　会派による運営

> (4) 新制度に関する両院合同協議会の協議により,「国家基本政策委員会の運用等, 国会審議の在り方」に関して, 衆参与野党国対委員長が申合せを行った (共産, 社民は申合せには加わらず) (平 12. 1. 19)。それは, 以下のような内容を確認するものであった。党首討論導入とのバランスから, 全体として, 国会審議による総理の拘束を抑制する措置が確認されたのである。(重要広範議案について, 参考Ⅲ-9参照。)
> 　国家基本政策委員会の合同審査会によって, 総理と野党党首 (衆議院又は参議院において所属議員10人以上) による党首討論を毎週1回水曜日午後3時から40分間 (156回平15年以降, 45分間) 開会する等 (委先付録24表備考参照) の外,／各院の本会議, 予算委員会及び重要広範議案の委員会に総理が出席する週には, 国家基本政策委員会 [党首討論] は開催しない。／総理の本会議出席について, 議案の趣旨説明・質疑は重要広範議案のみとする。／総理の予算委員会への出席は, 各党一巡の基本的質疑 [全大臣出席] 及びここ数年の実績を踏まえた締めくくり質疑 [全大臣出席] のみとする。／委員会は, 重要広範議案の各党一巡の基本的質疑を行うにあたり, 総理の出席を求めることができる。

　衆参ねじれの状況となり, 両議院の意思の不整合が前提となって, 政党による国会の運営のくくりは, 一層, 強固なものとなったのであるが, こうした状況においてこそ, 与野党ともに, 両議院の審議を議論が通貫するものとして動かし, その結果として, 両議院関係制度が, 最終調整としての合意形成の場となり得るようにする責任があったはずである。両院協議会の機能不全は, 何よりも, 両議院の審議の有り様の反映である。二院制によって審議を積上げるという国会の意思決定の前提を欠けば, 国会が,「政治的かけ引き」に覆われてしまうことを, 現実が物語ったのではないだろうか。

7　内閣との関係について

　権力分立の建前によって, 内閣と議院の関係は, 多くが与野党会派間の問題に転換されて間接的なものとなっている[16] (このことと, 内閣毎に, 政

---

[16] 慣例となっている議運理事会への官房長官あるいは官房副長官の出席説明 (国会召集, 提出予定議案, 国会同意人事の内示, 大臣の海外出張等) のうち, 先例集には, 国会同意人事の内示のみが議決のタイミングとの関係から, 間接的に記

府と与党の関係に差があるのは別のことである)。会派による運営(先例による運営)が帝国憲法議院法体系を継承したものであることを既に多く述べてきたが,政府(与党)対 野党という同一の枠組みによって,内閣の側にもそれは当然に継承されている。

憲法63条[内閣総理大臣その他の国務大臣は,両議院の一に議席を有すると有しないとにかかはらず,何時でも議案について発言するため議院に出席することができる。又,答弁又は説明のため出席を求められたときは,出席しなければならない]は,同59条(法律案の成立),60条(予算の成立),61条(条約の承認),72条(内閣の議案提出権・国政報告),73条3号(条約締結権・国会承認),86条(予算編成権・国会議決)等,そして66条3項(行政権行使の国会に対する連帯責任)の各規定とも一体のもので,本来,これらの審議に相応しい,議院と内閣との協働の関係(双方向の関係)を築く根拠となるべきものである。内閣の法律案提出権の所在もこの関係を抜きにしては語り得ないものであろう。

しかし,憲法63条は,文面のまま,それも,後段の内閣総理大臣その他の国務大臣の出席要求[17]のレベルで認識されるのが現実である。同条の

載されている(先366)。次注も参照。

[17] (1) 吉田総理は,本会議／委員会欠席をめぐって物議を醸し続けた(例えば,先136,138,委先200,201,参先351,352,参委先諸表20参照)。こうした対立が憲法63条の運用を方向づける一因となったと考える。先481[国務大臣等は,議員から議院に出席を求められたときは,おおむね出席するのを例とする]が憲63を関係条文として掲げていないのも,こうした対立を踏まえ,議院による出席要求と議員の答弁要求に明確な一線を引いたためであろうが,逆に,慣例としての議院による出席要求の内容は判然としない(なお,先481について,拙稿「憲法政治の循環性をめぐって」『憲法改革の理念と展開』669頁参照)。

(2) 一方,参議院先例録は,参先346が「国務大臣は,その所管に属する案件が議題となるとき,又は答弁のため出席を求められたときは,議院の会議に出席する」と説明し,2回昭23.6.9の議運委決定「1.国務大臣の出席は,両議院を通じて原則として本会議を優先的に取り扱うよう政府に申し入れること。2,出席を要求された国務大臣に当日支障ができたときは,欠席に関してあらかじめ了解を求めるよう政府に申し入れること。(3,略)」を掲載して,憲63,72,(国70)を関係条文として記載。また,参先300(質疑に対する答弁者)の外,参先347は「議院の会議において予算を審議するとき,国務大臣の演説及び同演説に対す

第Ⅱ章　会派による運営

前段，総理その他の大臣の出席・発言権の意味するところは，内閣と議院の関係が与野党間の問題に変換される中にあって有名無実である。慣例として固定された出席と，その他の出席要求をめぐるかけ引きへの収斂は，既に述べたように，議院と内閣との協働を排除しあう与野党対立の単構造の故に他ならない。第Ⅲ章－9「国家公務員等の国会同意人事」で取り上げるが，国会同意人事の意義もまた，内閣と国会との協働にあると考える。しかし，積上げてきた現実政治のシステムは，協働の関係とは必ずしも整合しないものであることを示したのである。

8　会派による運営の変容との関係

法規と先例の関係の通覧はこの程度に留め，終わりに，法規と先例の関わりと会派による運営の変容との関係について簡単に触れる。

まず，先例の法規化を中心に例示しておく（参考Ⅱ－7）。制定時からの運用を踏まえて，国会法及び議院規則を全体的に見直した昭和30年の改正は，自粛立法とも称され，会派による運営の安定を目指すものであったが，その内容は，全体として議院事務局が主導したものであった。昭和33年の国会法改正も30年改正を踏まえ，対症的に規定の改善を図るものであった。同改正のうち，会期延長回数の制限（参考Ⅲ－4）と並んで重

る質疑を行うときは，すべての国務大臣が出席する」と説明して，国務大臣の本会議出席全般について，明確にしている（参先348，349も参照）。
(3)　委員会の対政府質疑（衆規45の2，参規42の2）は，憲法63条を踏まえた国会法71条とその運用（委先55，参委先246）によるが，参考Ⅱ－6，参考Ⅲ－8に記載以外の総理の特別な出席は理事会の協議と合意を要するものである。
(4)　予算委員会のいわゆる集中審議（総理出席）も，理事会の合意に基づいて開かれる。集中審議の多用というねじれの参議院の現実中，0増5減法に基づく区割り法案のみなし否決をめぐるかけ引きの締めくくりとして議長不信任決議案を提出し，集中審議開催の合意が破綻したと主張して，政府与党が委員会出席要求を拒否したのが，183回会期末（平25.6.24/25）の参議院予算委員会であろう。その判断の当不当は別として，正規の出席要求であることに違いはなく，翌26日（会期終了日）には，かけ引きの末に，小会派3党が共同提出した総理問責決議案が可決されるに至った。その政治的効果によってすべての委員会は取り止め，成立が予定された電気事業法改正案等も廃案となり，ねじれを象徴する幕切れによって通常選挙を迎えることとなったのである。

法規と先例の関わり：8　会派による運営の変容との関係

要なものは，参議院の準立法期を重視して，通常選挙後（任期満了による衆議院議員の総選挙後も）任期開始の日から30日以内の国会召集を義務づける国会法2条の3の新設であろう[18]。

　第Ⅰ章「導入」で述べた先例領域の独歩性の深化によって，法規と先例領域の連関性は認識され難いものとなり，先例を整理して明確化する改正は途絶える。国会法及び議院規則の改正の主眼は，新たな制度の導入によって変革を目指すものへと変化していったのである。これに伴い，法規改正の場面において，議院事務局は次第に後衛に退いていくこととなったのである[19]。

　先例が，会派による運営を担ってきたことについては，縷々述べてきたが，先例集が，議院運営委員会と議院運営委員会理事会の関係[20]を整理しないまま，あるいは，整理できないまま，議院運営委員会理事会の協議や決定による旨を多くの箇所で明記してきたことは（参考Ⅱ－8），主たる先例形成の場が，議長の判断や決定，そして議院運営委員会から，議長の権限に拠りながら，なおかつ，議長の権限から離れたところに位置する，議

18　(1)　第3次鳩山内閣が日ソ交渉を最優先とした結果，昭31年の参通常選挙(7.8)後は，任期開始から128日目の11.12に臨時会（25回）が召集された（衆参の議員がそれぞれ憲53に基づく臨時会召集要求提出，24回閉会中の参議運委会議録1，2，4の各号，同じく衆議運委会議録64号参照）。

　　(2)　通常選挙後の臨時会召集規定がなかったのは，参議院の継続性の故である。上記(1)の通常選挙では，正副議長とも被改選ではなかったため，継続して存在したのであるが（参先46参照），委員の選任を始め参議院の構成に余りにも配慮しないものであった（参議院の準立法期について，Ⅱ－5ニf参照。昭33年改正について，参考Ⅲ－4参照）。

19　国会法改正等の法制立案を議院事務局に代わって議院法制局が担うようになったことは，本文に記したような改正の意味の変化と無縁ではないであろう。いずれにせよ，立案に際しては，制度の立案を担う機関と運用を担う機関の緊密な連携が不可欠であることは言うまでもない。

20　なお，参委先24［委員長は，委員会の運営に関し協議するため理事会を開く］は，「なお，議院運営委員会においては，その所管事項中，各会派間の交渉に関するもの等については，理事会限りにおいて処理するのを例とする」としている。議運委員会と議運理事会の関係の全体を把握していなければ，理解はなかなか難しいであろう。

第Ⅱ章　会派による運営

院運営委員会理事会の場に移っていったことの証左でもある。

参考Ⅱ－7　先例の法規化
ⅰ　国 会 法
制定時：昭22・92帝国議会
国46（委員の会派割当）
　＝　所属議員数の比率による帝国議会の先例。
　　　会派に関わるものが法規化されないことの例外。参考Ⅰ－5参照。
国61（発言時間制限）
　＝　すべての発言について議長あるいは院議による制限を可能とした。
「質疑者に対し，明確なる時間的制限を付し，あらゆる国家の政策に対し政府に質疑する機会を与うるべしということを言つて来ております。この点については，もうすでに憲法議会のときから，議長が時間的制限をしてもさしつかえないということが交渉会で認められまして，実際にもやつておりました」（西沢文書中3［第1次の指示］参照）。なお，帝国議会の発言時間制限について先例彙纂274（議員提出法律案趣旨弁明），各派交渉会の発言時間申合せについて同274，292（議案に対する質疑），511（口頭質問）参照。
国89（両院協議会協議委員）
　＝　先例彙纂602号　両院協議員ハ其ノ数ヲ10名トシ選挙ノ方法ハ議長ノ指名ニ依ルヲ例トス（議院法56・旧両院協議会規程2：協議員の数は10人以下で両議院同数，その数は協議会を求める議院が定める）
　　なお，63回議会昭7年以降総て議長指名によっているが，10名連記による選挙（旧衆規218）の意味について，『議事解説』291頁［衆議院ノ議決ニ賛成シタ多数派カラ10名ノ委員ヲ選出スルコトガ出来協議会ニ於テ衆議院側ノ意見ガ分レルヤウナコトガ少ナイカラデアル］参照。10名の氏名を印刷に付した投票を有効と認める先例彙纂605号も参照。（Ⅲ－13－1参照））

2次改正：昭和23年・2回国会
国30の2（常任委員長の解任）
　＝　1回国会以来の事態を踏まえた規定
　　常任委員長は全て与党に割り当てられていたが，野党への会派異動後なかなか辞めない常任委員長がいたことを踏まえたもの（西沢文書中11［第2回国会以後における改正に関するGHQの指示］参照）。図書館運営委員長（民主）→同志クラブ（結成1回昭22.11.28）→民自党（結成2回23.3.15）→5.7委員長辞任・補欠選任（民主）

国55②（議事日程を作成しないで会議を開く）
  ＝ 2回国会の事例 ⇒ Ⅱ－4(b)イ(1)参照
国56の2（本会議趣旨説明）
  ＝ 1回国会，「動議により又は自由討議の会議」で行った例（先251）⇒ Ⅲ－5。
  （議事進行係の動議により）自由討議によった例：臨時石炭鉱業管理法案（昭22.9.30），臨時農業生産調整法案（10.28）
  （議事進行係の）動議によった例：経済力集中排除法案（10.9）。同法案は，9日の特別委員会付託（昭30年改正前の衆規33，Ⅱ－3ホ(1)参照）と後日の自由討議による趣旨説明が前日の議運委員会で決定済みであったが，議長から特別委員会設置について再検討を求められたため，9日当日の議運委員会において「法案について一応説明を求めて，動議の形で常任委員会へ移す。その反面には特別委員会［日程掲載］というものは動議で消滅する。それを動議できめ」ることで合意したもの（議運委会議録30号6頁，31号1頁，本会議録43号1頁参照）。
国56の3（中間報告）
  ＝ 1回国会の事例を踏まえ，衆規122を国会法に規定
  (1) 1回国会，臨時石炭鉱業管理法案の中間報告については，参考Ⅱ－1参照。国会法56条の3は，中間報告を行った案件について，衆規122条の内容［議院は委員会の審査に期限を付け得る。期限内に審査が終わらなかったときは，委員会は期限の延長を求め得る］だけでなく，議院の会議において直接審議し得ることも規定した。なお，参規73条（中間報告）は，昭30年の改正以降，常任委員会の調査案件の中間報告限定の規定に整理された。
  (2) 中間報告は，多く参議院で行われてきた。背景には，参議院では一貫して委員長が与野党双方に配分されたことがあるが（参先77参照），何よりも衆議院の審議のしわ寄せであることが大きい。河野議長が参議院問題懇談会の答申を踏まえて衆議院に対して行った申入れ（昭46年から49年にわたり3度）を端緒として，会期末までの審議期間20日間の確保が折に触れて要請されるところである。
  (3) 参議院においては，委員会付託後，趣旨の説明（提案理由説明）前，つまり委員会の議題となる前のものも，中間報告の対象とされている（147回平12.2.2（衆議院議員定数削減法案）（参考Ⅱ－4参照）。国会法56条の3の「審査中」の意味は，衆参規則の関連規定にニュアンスの違いがあるので注意を要する。衆規44条は，「委員会は，議案が付託されたときは，まず議案の趣旨についてその説明を聴いた後，審査に入る」とある。一方，参規39条は，「委員会は，議案が付託さ

第Ⅱ章　会派による運営

れたときは、まず、議案の趣旨について説明を聴く」とある。参規 39 条の旧規定は衆規 44 条と同様であったが、昭和 60 年（103 回（臨時）国会）の改正により現行のように改正された。（なお、参議院規則の昭和 60 年改正は、参議院改革協議会の答申に基づき、規則中実情に合わない規定等について整理が行われたもの。）

　(4)　参規 39 条の旧規定においても、「審査中」とはいわば委員会審査の段階にあるということ、つまり委員会に付託された後は中間報告を求めることができるものとして運用された（61 回国会（昭 44. 7. 25）参議院本会議における「健康保険法及び船員保険法の臨時特例に関する法律等の一部を改正する法律案（内閣提出、衆議院送付）」の中間報告（委員会提案理由説明聴取前の初例）について、翌 26 日の参社労委会議録 34 号 4-6 頁参照）。この解釈と運用に、より適合するように参規 39 条は改正されたものであろう。

5 次改正：昭和 30 年・21 回国会

国 13（会期・会期延長）
=「参議院が議決しない」場合も含む解釈の確定

　13 回国会（昭 27. 6. 20）破防法案等審議をめぐる会期延長（3 回目）に際して、衆議院の議決が混乱。参議院は議決ができないまま時間切れで散会（24：00）。参議院が議決しない初例となった。翌 21 日、衆議院の議院運営委員会において疑義が出され、参議院が議決しない場合も含む旨の（制定時以来の）解釈を確認（混乱）。参議院においても、24 日、疑義の起こらぬように国会法 13 条を改正する旨を議長が斡旋・各会派合意。

国 61 ②（発言時間制限に対する異議申立）
= 討論を用いないで諮る先例

　(1)　「討論を用いない」は、質疑、討論に馴染まない、先決問題であることを意味する。

　(2)　議院規則には、制定時から動議について同様の規定が存在する〔衆規 112（議事日程の順序変更・追加）、衆規 142（質疑・討論終局動議）、衆規 237（懲罰動議の採決）〕。このうち、懲罰動議については、取扱いが次のように変化している。

　(3)　衆規 236〔①懲罰の動議が提出されたときは、議長は、速かにこれを会議に付さなければならない。②懲罰の動議が散会後に提出されたときは、議長は、最近の会議においてこれを議題としなければならない〕[21]はストレートに適用されない。先例集 392 号により、「議長は、まずその取扱いについて議院運営委員会に諮問し、その答申をまって

議事日程の変更の手続をしないで直ちに議題とし，討論を用いないで議院の決を採り，懲罰委員会に付するかどうかを決する」こととなる（同号には，参照条文に衆規236を掲載していない）。往々にして乱発・応酬される懲罰動議を無条件に議題とすることによって，紛糾が亢進しないように運用されているのである。

国83の4［現83の5］（他院の送付案を後会にした場合）
　＝ 先例のとおり ⇒ Ⅱ－5ニ

国133（期間計算の当日起算）
　＝ 帝国議会以来の先例 ⇒ 参考Ⅰ－8(1)

ⅱ　衆議院規則

[1次改正：昭和23年・3回（臨時）国会]

衆規155の2（議長の投票時間制限）
　＝ 議事整理権に基づいて行った先例
　　(1)　参考Ⅱ－1参照。臨時石炭鉱業管理法案をめぐる混乱の中，記名投票の遅延行動に対し，議長が議事整理権に基づいて投票時間制限を行い，それでもなお投票しない者について表決権を放棄したものと認め，棄権したものとみなす旨宣告した例を法規化したもの（先305，Ⅲ－1－6参照）。（参議院は国19による制限。参先335）
　　(2)　上記の由来から，本規定が，記名投票開始前から投票時間制限を行うことを可能としている訳ではないことが読み取れよう。事例もすべて投票途中からの制限である（近時の事例：162回国会（平17.6.17），会期延長議決の記名投票においては，議場内交渉を踏まえ，点呼開始から35分経過時に，議長は投票時間制限（10分以内）を宣告）。

[7次改正：昭和30年・22回（特別）国会]

衆規63ただし書（委員会議録）（参規51，58（昭30年改正により衆規63，71と同趣旨））
　＝ 秘密会会議録中の特に秘密を要すると決議した部分に加え，衆規71条により，委員長が「取消しを命じた発言」についても，委員会議録から抹消することを明文化
　　(1)　本会議録に関する衆規206条ただし書［但し，国会法第63条の規定により秘密を要するものと決議した部分及び同法第116条の規定により議長が取り消させた発言は，これを掲載しない］と同趣旨の規

21　旧衆規203①は「懲罰ノ動議提出セラレタルトキハ直ニ之ヲ会議ニ付スヘシ」と規定していた。「直ニ」から「速やかに」への変更は，先例彙纂559（懲罰動議の保留例）を踏まえたものである。

第Ⅱ章　会派による運営

定となったが，その取扱いにもともと本会議録と差があった訳ではない。衆規206条（配付は衆規207条）は，規則制定時に，下記の帝国議会本会議速記録に関する法規及び先例を合成することによって規定された。
　　旧衆規144（議院法第87条ニ依リ議長取消ヲ命シタル発言ハ速記録ニ記載セズ）
　　先例彙纂311（取消ヲ命ゼラレタル言辞ハ速記録中ヨリ削除ス）
　　議院法39（秘密会議ハ刊行スルコトヲ許サス）
　　先例彙纂532（秘密会議ニハ速記ヲ付シ之ヲ密封シテ保存ス）
　　先例彙纂581（速記録ハ翌日ノ官報号外トシテ各議員ニ配付ス）
　一方，帝国議会の委員会速記録は，委員会先例彙纂98（秘密会議ニハ速記ヲ付シタル場合ニ於テハ本会議ノ例ニ準シ之ヲ印刷配付セズ密封シテ保存ス）以外は，本会議速記録に準じた取扱いについて特段の根拠を有しなかった。この相違が，官報に掲載する本会議録（衆規206）と，各議員に配付する委員会議録（衆規旧63）との違いとなっていた。なお，規定上の頒布範囲の差は，まさに，憲法57条①，②（本会議の公開）と国52条（委員会の公開，委先67）の差の故であるが，運用による公開会議録のインターネット公開（国立国会図書館）によって，一律，自由なアクセスが実現している。

　(2)　先例集275号は，議長による不穏当発言の取消しを，①本会議の場での取消し命令，②速記録を調査の上適当の措置をする旨宣告，の二つに分類しているが，①，②とも既に久しく行われていない。実際には，その場での議場内交渉の有無にかかわらず，すべて後日の議院運営委員会理事会での問題提起により，合意に至れば，削除等一定の処置が施されて会議録発刊の運びとなる。理事会での具体的協議（担当理事間の協議）は先送りされがちであって，（衆参を問わず）当該会議録発刊遅延の原因となっている。凡例で触れたように，会議録頁番号がとおし番号ではなく，各号毎の頁番号に統一されたのは，「不穏当の言辞があるとの申し出がありますが，議長は，速記録を取り調べの上，適当の処置をとる」と宣告された②の直近事例（114回平1.2.14）について，会議録削除協議が容易に結着せず，次号以下の発刊も停滞したことを踏まえたものである。（114回の事例等について，小川国彦『総理大臣の「私生活」はなぜ徹底追及できないのか』三一書房1992参照。）

　(3)　会議録上の不穏当発言の処理の手法には，議長あるいは委員長の職権行使が明確な「──」により削除の跡を残す方法（いわゆる棒線削除）と，前後を繋いで痕跡を残さない訂正的要素の濃い方法（いわ

ゆるジョイント）の二種類がある。なお，公述人，参考人についてはその不穏当発言について委員長の取消権がストレートに行使されることはない（委先63参照）。このことは，委員の不穏当発言等に関する衆規71条が，委員長による発言の取消し命令をも規定するのと異なり，（委員と公述人との立場の差から）公述人について定める同83条2項がそのことを規定しないことによる。公述人，参考人の不穏当発言は，自ら取り消した場合を除き，ジョイントによって処理されることとなる。証人については，偽証罪との関係から，その発言が削除されることはない。

　(4)　衆議院の国会審議インターネット録画中継は，議院運営委員会理事会了承（平12.1.19）の「国会審議インターネット中継VODシステムの運用方針」に基づき，同年の常会（147回）から運用されている。当時の記憶容量の限界や，会議録の削除訂正を反映しないものであることへの配慮から，当該運用方針により1年間に限って公開されてきたが，平成23年，運用方針を改訂（平23.1.20議運理事会決定）し，前年の常会174回分から，期間を限定せず継続して公開されている。

　(5)　上記の変更は，運用によって行われるインターネット録画中継が，本会議の公開（憲57①）と委員会の公開（国52）の差に関わりなく，臨場のための物理的，時間的制約を事実上，一律に解除したことの当然の帰結であるが，この再定義は，前述した会議録のインターネット公開が，単純に，公開会議録へのアクセスを自由にするものであることとはまた質が異なる（インターネット録画中継をめぐり，国会質問による名誉毀損とその回復の問題を指摘した154回平14.2.21予算委会議録15号7頁参照）。

衆規67の2（議運委員会の緊急開会）
　⇒　Ⅱ－4(a)(3)(4)参照。（参規38，参委先37，45参照。）

衆規85の2（委員会の参考人招致）
　＝　国会初期からの制度
　　重要な議案の審査に限定される公聴会，刑事罰を伴う強制力を持つ証人喚問制度を，機動的かつソフトなものとして代替してきたが，証人の旅費日当支給を規定する国106に参考人を明記したことと（5次改正）併せて規定された。（参規186（昭30改正））

衆規110（議事日程の公報記載と配付）
　＝　衆議院公報の発刊は14回帝国議会明32.11.22本会議の決定による（先461参照）
　　公報発刊とその内容（議事日程，委員会開会，その他諸般の通知）の根拠が先例によるものであるため，旧衆規110条は，公報による開

第Ⅱ章　会派による運営

　　　　会通知を規定せず，官報掲載のみ規定していた。このため，延会となった場合，未通知ではないかという誤解を招くことがあった。Ⅱ－4(b)イ(2)参照。(参規86 (昭30改正により衆規110と同趣旨)。なお，参議院公報について昭60年改正により明記 (参規253)。)
衆規134の2（再質疑）⇒ Ⅱ－4(b)ニ　(なお，参規110は制定時以来の規定)

参考Ⅱ－8　先例集上の「議院運営委員会」と「議院運営委員会理事会」
　会派による運営は議長の権限に拠っていること，そして，議長と議院運営委員会が，諮問・答申の関係にあることを多く述べてきた[22]。先例集127号に「委員会から委員派遣承認申請書が提出されたときは，議長は，議院運営委員会に諮問し，その答申をまってこれを承認するのが例である」とあるように，議院運営委員会への諮問が明記されているもの[23]は，議長の権限行使に関することであることを明確にした上で，議院運営委員会の機能を強調するのであるが，国会となって初の先例集（昭和30年版）をルーツとするものがほとんどである。やがて，議長の権限行使に関することであることは無意識なものとなって，先例集上に，諮問・答申の関係は明記されなくなる。ここに，諮問・答申関係の希薄化を読み取ることができよう。
　一方で，議院運営委員会と議院運営委員会理事会の関係の変化に伴って，先例形成の場としての議院運営委員会理事会が（次第に，無意識に当然のこととして）先例集上に多く現れることとなったのである。最後に，「議院運営委員会理事会」の決定等について，先例集に明記されたものを，年次の順に例示しておく。

22　この関係に具体的な様式や行為がある訳では勿論ないし，また，「議院の運営に関する事項」と「議長の諮問に関する事項」の別記（衆規92，先141）によって限定されるものでもない。

23　例えば，先128（公聴会開会の議長承認），133（予備的調査要請書の送付委員会），228（所管の定め難い議案の付託委員会），232（委員会の審査省略要求），366（国会同意人事），371（決議案の取扱い），373（内閣不信任決議案の取扱い），396（懲罰動議の取扱い），411（処分要求書の取扱い）。このうち，133（予備的調査要請書の送付委員会）は平9年の制度改正により導入されたものであるが，議運理事会が，予備的調査要請書の提出者が希望する委員会と異なる委員会への送付を決定したケースを掲げるための記載となっている。373（内閣不信任決議案の取扱い）は15年版から掲載されたものであるが，371（決議案の取扱い）を踏まえた記載となっている。

法規と先例の関わり：8　会派による運営の変容との関係

「議院運営委員会理事会」の決定等が明記されている先例とその概要

先230

　既に付託した議案を，他の常任委員会又は特別委員会に付託替えする。
　19回国会（昭29.5.10）「市町村職員共済組合法案」を厚生委員会に付託したところ，地方行政委員長から異議の申立があり，議長は，5月12日，議院運営委員会に諮問して，翌13日地方行政委員会に付託替えをした。
　24回国会（昭31.4.18）予備審査のため参議院から送付された「公共企業体職員等共済組合法案」を社会労働委員会に付託したところ，社会労働委員長から異議の申立があり，議長は，4月26日議院運営委員会理事会に諮問して，同日大蔵委員会に付託替えをした。

(1)　諮問の宛先はあくまでも「議院運営委員会」であるので，24回事例の「議院運営委員会理事会に諮問して」との表現は適切でないが，ここでは付託替えを決定したのが議院運営委員会理事会という意味で用いられている。
(2)　本文に掲げた2例以降の記載事例はすべて特別委員会設置に伴うものである。特別委員会の設置そのものに強い反対がある場合以外は，付託替えは議院運営委員会理事会が決定の場となっている（Ⅲ－8［事例］参照）。

先84

　39回（臨時）国会（昭36.10.16）議院運営委員会理事会及び40回国会（昭36.12.9）議院運営委員会における協議決定により，議員が会期中海外渡航をする場合には，請暇願とともに，あらかじめ渡航計画書に，所属する会派の機関が了承した旨の書面を添えて議長に提出し，議院運営委員会理事会に諮る取扱いとなり，以後この例によっている[24]。

先135

　違憲裁判の裁判書の正本が送付されたときは，議院運営委員会理事会の協議に基づき，議長は適当の委員会に参考のため送付する。（初例は，71回昭48.4.19議院運営委員会理事会の協議に基づき，尊属殺人事件及び尊属殺人未遂事件の判決正本を，法務委員会に参考送付。）

先297

　91回国会（昭55.3.13）議院運営委員会理事懇談会において，今後，起立又は異議の有無による表決の際，表決権を放棄しようとする場合は退席することとする旨決定した[25]。

---

[24]　Ⅱ－2ハ参照。参先101（注）参照。

第Ⅱ章　会派による運営

先215
　会期終了日は，従来開会時刻を午前10時と定めるのが例であったが，130回（臨時）国会会期終了日前日（平6.7.21）の議院運営委員会理事会において，今後は，会期終了日以外の日と同様の取扱い[26]とする旨決定した[27]。

先411
　国会法第120条の規定による処分要求書が提出されたときは，議長は，まず議院運営委員会に諮問する。136回国会（平8.4.10）議院運営委員会理事会において，15回（特別）国会（昭28.2.28），議長（大野伴睦君）決定の，「国会法第120条による処分要求に関する件の取扱いに関する内規」に代え，次のとおり決定した（以下略）。
　(1)　国会法120条は，「議院の会議又は委員会において，侮辱を被つた議員は，これを議院に訴えて処分を求めることができる」との規定。
　(2)　15回国会議長決定による内規が対象としたのは，当日の予算委員会における吉田総理の不規則発言（バカヤロー発言）に関して，質問中であった当該議員から提出された処分要求書。
　(3)　内規の内容は，次のように，直接本会議の議題となることを回避するものであった。議長は，直ちに議院に諮ることなく議院運営委員会に諮問 → 議院運営委員会の協議 → 特別委員会設置 → その審査を経た後に議院に処分を諮る（特別委員会設置の必要がなければ議院運営委員会で未了）
　(4)　処分の種類は「例えば発言の取消，陳謝，政府委員の承認の取消等議院として為し得る範囲のもの」。
　(5)　国会法120条は，議院法93条［議院又ハ委員会ニ於テ誹毀侮辱ヲ被リタル議員ハ之ヲ議院ニ訴ヘテ処分ヲ求ムヘシ私ニ相報復スルコトヲ得ス］を継承したものである。議院法の規定は，議員同士の私闘を禁じ，公の問題（議院の秩序の問題）として解決を図るものであった。内規は，国会法120条を秩序の問題から切り離し，議員以外の外部の者も処分の対象となる名誉回復の問題とすることで，懲罰への波及を回避したものであろう（3.2議運委会議録37号2-4頁参照）。
　(6)　実際には，その後，吉田君に対する懲罰動議が提出され（3.1），

25　平15年版から記載。Ⅲ－1－6＊5参照。
26　定刻の午後1時（衆規103）。Ⅱ－4(b)イ参照。
27　参考Ⅲ－4参照。

翌日，懲罰動議可決（懲罰委員会付託），吉田内閣不信任決議案可決／解散（3.14）。
(7) 136回国会の議院運営委員会理事会決定により，次のように，特別委員会ではなく，議院運営委員会で処分を確定させることが本線となった。議院運営委員会の決定により → 処分の要不要（要とする場合はその内容）を議長に答申 → 議院に諮り処分を行う（議院に諮る必要がないものは議長が行う）。特別委員会を設置することも可能。
(8) 処分の種類は「発言の取消，本人に対する議長による注意，公開議場又は当該委員会における陳謝等」。なお，本決定に基づく処分の結果については，4.25議運委議録20号1頁／本会議録20号1頁，4.26予算委会議録31号2頁参照。

先365・先366　⇒ Ⅲ-9［事例の補足］参照

　先365　国家公務員等の任命について同意又は事後承認を求める件は，両議院に別々に提出され，それぞれ両議院において議決される。議決に際しては，数名を一件として提出された場合は，全員について任命に同意又は事後承認をするか否かを諮るのが例であったが，142回国会（平10.6.9）の議院運営委員会理事会における申合せにより，各人について採決することに改められた[28]。

　先366　国家公務員等の任命について同意又は事後承認を求める件が提出されたときは，議長は，まずその取扱いを議院運営委員会に諮問し，各会派の賛否の態度決定をまって議院に諮るのが例である。なお，142回国会（平10.6.9）の議院運営委員会理事会における申合せにより，政府は，議決が必要とされる時までに10日程度の余裕をもって内示するよう努めることとされた。

---

[28] 『議事解説』255頁は，議長の認定権による懲罰事犯の事例の一つとして「議員ヲ誹毀侮辱シタ場合（議93条）」を掲げている。

第Ⅲ章　事例からの考察

1　内閣総理大臣の指名

1　内閣の総辞職

　憲法は,「衆議院で不信任の決議案を可決し,又は信任の決議案を否決したときは,10日以内に衆議院が解散されない限り」,また,「内閣総理大臣が欠けたとき又は衆議院議員総選挙の後に初めて国会の召集があつたときは」,内閣は総辞職をしなければならないと規定する（憲69・70条）。これら以外の,総辞職せざるを得ないとの判断,あるいは,総辞職すべきとの判断による,任意の総辞職は憲法が規定するところではない。国会法64条は,「内閣は,内閣総理大臣が欠けたとき[1],又は辞表を提出した

1　事例は次の2例。
　(1)　昭55.6.12（91回国会解散後,総選挙期間中）,伊東正義内閣総理大臣臨時代理から事務総長宛,次の2件通知。「本日,内閣総理大臣大平正芳が逝去いたしましたので,国会法第64条の規定により通知します。」,「内閣は,日本国憲法第70条により,本日総辞職をすることに決定いたしましたから,国会法第64条によって,この旨通知いたします。」＊死去と総辞職が,二段階の通知となったのは,特別会召集による総辞職というもう一つのタイミングと,いずれが妥当か検討の余地があったためであろう。先71中「内閣は,内閣総理大臣が欠けたとき,その旨を直ちに本院に通知する」は,この事例の説明。
　(2)　平12.4.3（147回）未明,小渕恵三総理が緊急入院。翌4日,青木幹雄内閣総理大臣臨時代理から議長宛通知。「内閣は,日本国憲法第70条により,本日総辞職することに決定いたしましたから,国会法第64条によって,この旨通知いたします。」＊意識不明で近い将来の回復を見込めないとの診断結果を踏まえ「欠けたとき」に当たるとの判断により総辞職を決定したもの。

第Ⅲ章　事例からの考察

ときは，直ちにその旨を両議院に通知しなければならない」と規定するが，任意の総辞職も含め，すべての総辞職について，通知の義務を課すものである（先71参照）。

> **参考Ⅲ－1　内閣総理大臣が「辞表を提出したとき」（国会法64条）**
> 　(1)　制定時の，総辞職の憲法理解について金森徳次郎国務大臣答弁参照（衆帝国憲法改正案委員会議録12回1頁（90回帝国議会昭21.7.13））。そこでは，任意の総辞職も含め，天皇への総理の辞表奉呈（総理大臣の辞職）を，天皇による任命との関係から当然のことと理解している。総理指名が必要であることの，両議院への通知を規定する国会法64条は，この憲法理解と一対のものであった。しかし，下記(2)のように，総理の辞表奉呈は行われなくなる。「辞表を提出したとき」の前提は消滅したのである。
> 　(2)　最初の総選挙後の総辞職（1回（特別）国会召集日／昭22.5.20）は，吉田総理から「辞表を提出した」旨，国会法64条により通知（会議録1号1頁参照）。次いで，2回国会（昭23.2.10）片山内閣の総辞職に際し，同様に辞表提出を通知（参議運委会議録10号1頁参照）。ここに至って，辞表奉呈の非妥当性をさまざまに指摘され，芦田内閣総辞職（2回国会閉会中／昭23.10.7）以降，辞表が奉呈されることはなくなる。以来，内閣は，同条によって，総辞職の決定そのものを通知するようになった（議運委会議録84号1頁（2回国会閉会中昭23.10.7）参照）。

2　「議決」の意味

憲法67条1項は「国会の議決」で総理の指名を行う旨規定する。暫定衆議院規則17条[2]をそのまま引き継いで，制定議院規則（衆規18，参規20）が，「選挙」によって指名される者を定め，その者について「議決」するとして「二段階の手続」をとったのは，この「国会の議決」の規定を議決の過半数要件と理解（誤解）したためであるが，「議決と選挙を技術上区

---

[2] 1回国会冒頭の衆参両院の総理指名に適用された暫定衆議院規則（注16参照）17条は次のとおり。①内閣総理大臣の指名は，単記記名投票で指名される者を定め，その者について議決する。②投票の過半数を得た者を指名される者とする。投票の過半数を得た者がないときは，投票の最多数を得た者2人について決選投票を行い，多数を得た者を指名される者とする。但し，得票数が同じときは，くじで指名される者を定める。③議院は，投票によらないで，動議その他の方法により指名される者を定めることができる。

別した上での議決」(野中俊彦ほか『憲法Ⅱ(第5版)』184, 127-129頁：有斐閣 2012) を行うためであった訳ではない。

　憲法が，総理候補（議決対象）提示の単位である政党を組み込んでいない以上[3]，技術上の区別の建前を言えば，総理指名を憲法56条2項の過半数原則による「議決」によって行うということは，「議決」の対象となる国会議員一人一人について指名の可否を問うていくという非現実に他ならない。憲法67条1項の「議決」には，国会議員全員のうちから一度に1人を選ぶ「選挙」以外の意味はない。上記「議決と選挙を技術上区別した」との表現は，「過半数で選出すれば（議決であるから，相対多数は許されない），それで指名の「議決」は成立するのであり」との認識によるものであるが，最初の投票で過半数を得た者がなく，上位二者による決選投票となれば，決選投票がもたらす結果は「過半数で選出」された者ではなく，規則（衆規18③，参規20③）の規定のとおり「多数を得た者」つまり相対多数[4]の結果であった。

　暫定衆議院規則及び制定各議院規則は，選挙によって得られる結果に常に過半数が求められると誤解して，この相対性の穴を埋めるために，一律，「議決」の要件を付加したのである。もっとも，この付加が，選挙によることの意味を逸脱する過剰なものであったことは，2回国会，参議院における総理指名においてすぐに明らかとなるが[5]，この紛糾が，前掲書のよ

3　政党を容れない憲法構造が，総選挙の結果を間接的なものとしているが，このことは，議員の離合集散のハードルの低さや，党首任期と議員任期の乖離といったこととも無縁ではないであろう。

4　規則が，決選投票を「過半数」と規定せず「多数」と規定するのは，決選投票が上位2人以外の足切りによって既に相対性を入れているからに他ならない。決選投票に関する「くじ」の規定も相対性の故である。

5　(1)　昭23.2.21 参議院における総理指名選挙の決選投票において吉田茂が多数を得（投票総数216, 吉田104, 芦田102, 無効10），続いて，議長が，吉田を指名することを起立によって諮り過半数と宣告したところ，成規の異議申立（参規137）があり，記名採決の結果否決（賛成105, 反対113）されてしまった（参本会議録13号参照。事態の推移，当該規定と昭30年改正の評価について，宮澤俊義・芦部信喜『全訂日本国憲法』515-517頁：日本評論社 1978, 佐藤功『憲法（下）〔新版〕』827-832頁：有斐閣 1984 参照）。

第Ⅲ章　事例からの考察

うに「選挙では過半数を得た者」をめぐるものではなく，決選投票において「多数を得た者」をめぐるものであったことは，上述したとおりである。

3　「国会の議決」の意味

翻って，この議院規則の誤解は，「国会の議決」と憲法56条の「議決」の混同によって生じたものである。憲法67条1項が「国会の議決で」と規定するのは，両議院関係によって「国会が決めるのだということを」意味することは前掲書も指摘するとおりである。このことは総理の指名に限ったことではなく，予算（憲86,60条），条約（憲73-3,61）はもちろん，提出が，議院と内閣の二様であるため「国会の議決」という表現をとらない法律案（憲59）についても，「両議院で可決したとき」，「衆議院で……再び可決したとき」の結果が「国会の議決」であるところは言うまでもない。

両議院関係制度は，議院の意思決定あるいはその不作為，そして意思決定の内容の合致あるいは相違によって規定される。両議院関係において，各議院の意思決定とその内容を一言で表すものが「議決」であり，両議院関係の完結が「国会の議決」であることは言うまでもないであろう。総理の指名にあっては，各議院の（選挙による）意思決定とその内容を一言で表すものが「議決」であり，両議院関係の完結が「国会の議決」である。

4　憲法56条をめぐる学説への影響

ここまで，相対多数の要素を持つ「選挙」は，絶対多数を規定する憲法56条2項とは別のものであること。憲法が要請する各議院の総理指名は「選挙」そのものであること。そして，「国会の議決で」とは，予算や法律

---

(2) 昭30年改正による，衆規18［②投票の過半数を得た者を指名される者とし，その者について指名の議決があつたものとする。③投票の過半数を得た者がないときは，第8条第2項の規定を準用して指名される者を定め，その者について指名の議決があつたものとする］と参規20［②投票の過半数を得た者を指名された者とする。③投票の過半数を得た者がないときは，投票の最多数を得た者二人について決選投票を行い，多数を得た者を指名された者とする］の両規則は，その表現の差は別として，選挙が持つ相対性の排除を規則そのものに事前に組み入れている点においては，変わるところはない。

案と同様，両議院関係によって「国会が決めるのだということを」意味すると述べてきた。学説は，この議院規則の「二段階の手続」の欠陥の原因が，「議決と選挙を技術上区別した上での議決」に拘ったことにあると指摘して共通の理解となったが，裏を返せば，技術上区別しない本筋のところでは，「議決」と「選挙」は区別せず考えるということに他ならない。「二段階の手続」は既にエピソードであるが，この議院規則が憲法 56 条の解釈に大きな影響を与えたのである。同条の解釈には，常に選挙の要素が組み込まれ，結局，学説は，国会の運用とは別の次元に存在するものとなった[6]。学説全般の特徴は，「選挙」の無効票（そのうちの白票は棄権票と理解）を「議決」の態度に持ち込んで，「選挙」，「議決」ともども，「出席議員の過半数でこれを決」する要件との関係を論ずるところにある。

5　帝国憲法 46・47 条と「選挙」／憲法 56 条と「選挙」

ここでは，旧憲法からの継承を手懸かりに憲法 56 条と「選挙」を考える。同条は，帝国憲法 46 条［両議院ハ各々其ノ総議員 3 分ノ 1 以上出席スルニ非サレハ議事ヲ開キ議決ヲ為スコトヲ得ス］及び 47 条［両議院ノ議事ハ過半数ヲ以テ決ス可否同数ナルトキハ議長ノ決スル所ニ依ル］を継承するものである。帝国議会は，帝国憲法とともに制定された議院法（第 1 章 帝国議会ノ召集成立及開会）[7]によって，議院の成立までとそれ以降が明確に分断されていた。天皇の協賛機関たる由縁である。

総選挙後の特別議会において，召集の勅諭によって集会した衆議院議員が（午前 10 時に至り総議員の 3 分の 1 に達したとき[8]），議院成立の前提としてまずなすべきことは，勅任の書記官長の主宰による議長候補者 3 名の選挙と副議長候補者 3 名の選挙である[9]。候補者の中から，議長，副議長が勅任[10]される。そして翌日，議院成立手続の集会（議席の指定，部属の決

6　学説の状況と分析について，森本昭夫「憲法第 56 条第 2 項における棄権の位置付け」参照『立法と調査』323 号：2011 所収。
7　帝国憲法 33 条［帝国議会ハ貴族院衆議院ノ両院ヲ以テ成立ス］，貴衆各議院規則第 1 章（成立）参照。
8　議院成立のための集会の定足数である（旧衆規 3，貴規 3）。
9　議院法 3，16 ②参照。

第Ⅲ章　事例からの考察

定（参考Ⅰ-1及び2参照））によって議院成立の運びとなり，その後，勅命をもって帝国議会開会の日が定められ，開院式が行われ[11]，その日から会期が始まる。衆議院の議長，副議長候補者の選挙は，衆議院成立の前提，延いては帝国議会開会の前提として，議長，副議長勅任の前捌きのために規定されたものである[12]。

一方，旧憲法46・47条は，議院成立後の，勅命による帝国議会開会以降の規定として存在したのであって，旧憲法46・47条中の，①「議事ヲ開キ」は，定足数（総議員3分の1以上の出席）[13]による本会議の開会（会議中も含む）を意味し，②「議決ヲナス」は，本会議の意思決定が必要な「議事」について，出席議員が賛否を表決すること，③その「議事」は，（出席議員の）賛否の過半数によること，こうした点について，議長，副議長候補者選挙の要素が入り込むことはなかったのである。

現憲法が，56条において旧憲法46・47条をそのまま継承したということは，召集を国事行為として，協賛機関の証である「議院の成立」という概念を排除しつつも，「議院の成立」とは似て非なる，議院の自律権による構成の核心（議長，副議長の選挙）を，引き続き別のものとして，56条の外に置いたことに他ならない。憲法67条が，議院の構成に頓着せず「他のすべての案件に先立つて」総理の指名を行うと規定するのはこの故であろう。国会法，議院規則も，召集日の本会議を，議院法，旧議院規則と同様，「集会」として格別に規定し，また，召集日冒頭の議長，副議長の選挙を，事務総長が執り行うと規定した。国会となっても，「選挙」は全く別のものとして規定されているのである。その他の選挙[14]が「議決」

10　貴族院議長副議長は，議長副議長の候補者選出手続を経ることなく勅任された。議院法，貴族院規則がその選挙について規定するところではない。

11　議院法5，先例彙纂4参照。

12　選挙は，3名連記投票で過半数を得た3名を当選人とする（旧衆規4，7）。投票点検の際，同一人に対する投票を10票ずつ合算して読み上げ，点者がこれに応呼したのはそのためである（先37参照）。なお，決選投票となった場合は，選挙すべき定員の倍数をその対象とし，多数により当選人とする（旧衆規8）。

13　注8のとおり，議院成立のための集会の定足数も，旧憲法46条と同じ要件が独立して規定されている。定足数の解釈について，参考Ⅰ-8(1)参照。

14　仮議長，常任委員長，両院協議会協議委員，弾劾裁判所裁判員・裁判官訴追委

1 内閣総理大臣の指名

と交錯することがないこともまた同様である。次の6では，議決と選挙それぞれの運用を簡単に比較・対照し，整理する。

参考Ⅲ－2　帝国議会から国会への継続
　(1)　国会法附則3項は，衆議院の解散（昭22.3.31）による帝国議会の終焉と，衆参それぞれの議員選挙後の，新たな国会の召集という必然の中で，「この法律施行［日本国憲法施行の日・22.5.3（附則①）］の際現に在職する衆議院の議長及び副議長は，この法律により衆議院の議長及び副議長が選挙されるまで，その地位にあるものとする」と規定して，衆議院の，帝国議会から国会への隙間のない法的継続性を明記している[15]。
　(2)　それは，帝国憲法の改正，議院法廃止（附則②）・国会法施行という法の形式性に沿ったものであるが，4項以下の規定を導くために不可欠な規定であった。そこでは，衆議院の継続だけでなく，貴族院から参議院への転換，つまり，帝国議会から国会への間断のない継続が，まさに，「両議院同一準則」によって果たされているのである。
　附則4項は「この法律施行の際現に在職する衆議院及び貴族院の書記官長は，この法律により衆議院及び参議院の事務総長が選挙されるまで，夫々事務総長としての地位にあるものとする」と，また，同5項は「参議院成立当初における参議院の会議その他の手続及び内部の規律に関しては，参議院において規則を定めるまでは，衆議院規則の例による」と規定したところである[16]。

　　員（予備員を含む）。なお，両院協議会協議委員，弾劾裁判所裁判員・裁判官訴追委員は，ともに複数名を選挙する相対多数による選挙であるが，その差異については，Ⅲ－13参照。
15　(1)　時系列は，3.19 国会法成立／3.20 参・通常選挙公示／3.31 暫定衆議院規則議決，衆議院解散・総選挙公示／4.20 参・通常選挙／4.25 衆・総選挙／4.30 国会法公布／5.3 日本国憲法施行，国会法施行（議院法廃止）／5.6 国会召集詔書公布／5.20 第1回国会召集／6.28 衆議院規則，参議院規則をそれぞれ議決，暫定衆議院規則失効
　　(2)　附則3項は，議院法15条［各議院ノ議長副議長ハ任期満限ニ達スルモ後任者ノ勅任セラルルマテハ仍其ノ職務ヲ継続スヘシ］に範をとるものである。そして「衆議院ガ解散ヲ命ゼラレタ場合ハ議長副議長モ議員タル資格ヲ失ヒ且ツ任期満了ノ場合トハ全然意味ガ違フカラ，書記官長ガ議長ノ職務ヲ代行スルコトニナル」（『議事解説78，79』頁）によって，附則4項以下が導かれている。
16　(1)　事務総長による正副議長の選挙，会期，委員の員数及び選任，常任委員長の選挙，事務総長の選挙，総理指名手続，開会式等を規定する全18条からなる暫

第Ⅲ章　事例からの考察

6　議決と選挙：それぞれの運用

議　　決	選　　挙（衆規8，参規9）
●憲法56条②の「出席議員の過半数」＝表決を行った議員の過半数 出席議員と表決議員の数は，本来，一致するもの*1／採決は，賛成か反対かを諮るもので，「棄権＝態度保留」の選択肢はない／「無効（票）」がでることもない／議場にいて，表決権を放棄*2する議員は，56条②の「出席議員」の適用においては，欠席議員と同義となる／ ●採決方法*3 [記名*4] 賛成(白票)，反対(青票) [起立*5] 賛成(起立)，反対(起立せず) [異議の有無*5] 異議が無いものについて [参議院は，他に押しボタン採決*6] ●結果　可決又は否決。 （可否同数の場合は「議長決裁」）	●「投票の過半数」＝投票されたすべての票の過半数 ●投票・点検 議長が行う有効・無効の判断は，（有効に）投票された票について，特定の者への投票として確定し得るか否かということの判断。従って，「無効票*7」が投票から排除されることはない。 ●結果　過半数を得た者が当選。過半数を得た者がなければ，相対多数による決選投票（決選投票を行うべき2人及び当選人を定めるに当り得票数が同数の場合はくじ）

*1　旧憲法47条中には「出席議員の」がないが，同様であったことは言うまでもない（旧衆規128参照）。

定衆議院規則（92回議会3.31衆議院議決）の附則は，「①この規則は，日本国憲法施行後の最初の国会に適用するものとし，あらたに衆議院規則が議決されたときに，その効力を失う。②大正14年3月24日議決の衆議院規則の中，日本国憲法，国会法及びこの規則に反しない規定は，あらたに，衆議院規則が議決されるまで，その効力を有すると」規定した。その後，1回国会6.28に至り，両院はそれぞれ議院規則を議決，両院に適用された暫定衆議院規則は効力を失った。なお，衆貴議院事務局からの継続については，議院事務局法附則2項による。

(2)　なお，90回（特別）議会の議院成立に関する集会（昭21.5.16）冒頭，尾崎行雄君が「議長選挙ノ方法ニ付テノ動議」を提出。趣旨弁明において，書記官長の主宰による選挙手続を批判し，時代に相応しい選挙手続を議員全員で協議すべきと主張。起立採決による否決の宣告に対する異議申立を経て，記名採決の結果否決（賛成217，反対228）されている（同日の議事速記録1-5頁参照）。

＊2　先297，先例彙纂392参照。表決権を放棄した議員の意図が「棄権＝態度保留」であっても，表決の態度として掬い上げられるものではなく，まさに意図にとどまる。Ⅲ－7（事例2の背景と補足）も参照。

＊3　(1)　衆規8章6節［表決］（参議院については＊6参照）。採決に当たり，記名，起立，異議の有無のいずれの方法をとるかは，まさに，議長の議事整理の問題である。衆規152条［議長が必要と認めたとき，又は出席議員の5分の1以上の要求があつたときは，記名投票で表決を採る］のうち，「出席議員の5分の1以上の要求があったとき」は，憲法57条3項（出席議員の5分の1以上の要求による各議員の表決の会議録記載）を踏まえた選択の余地のない規定である。一方の「議長が必要と認めたとき」とは，通常，議院運営委員会の決定に基づくものであることを既に述べた（Ⅱ－4(b)ロ(1)参照）。採決の方法は議院運営委員会で（理事会の協議に基づき）すべて確認される（成規の議員数により記名の要求があるのは，議院運営委員会の協議が破綻した不正常な状況にあるときのみである）。

　(2)　会期や同意人事といった委員会審査を経ないもの等についても，事前に各会派の態度を確認する（無所属議員についても，その表決権を阻害することのないよう一定の事前確認）。全会一致となるものは「異議なし採決」が，反対があるものは「起立採決」が，いわば機械的に確認されることとなる。

　特に重要な議案，例えば，内閣不信任決議案，総予算については，記名によることが異論なく合意される。時として，起立とするか記名とするかの対立が生じるが，その議論が，成規の要件を超える議員を擁する会派（あるいは合算により要件を超える複数会派）の要求を踏まえて行われることは言うまでもない。

　(3)　党議拘束をしない会派がある議案については，記名あるいは起立によって採決を行うこととなる（Ⅲ－7［事例2背景と補足］参照）。

　(4)　（本会議中，突発的事態の発生に伴って）表決結果の宣告に対する異議申立てがあった場合，申立者の数が明らかでないときは，申立者の起立を求める旨の先例があるが（先299），実際には，要件——起立採決の結果に対する異議＝出席議員の5分の1以上（衆規151②），異議なし採決の結果に対する異議＝20人以上（衆規157ただし書）——を充たす会派から申立てがあれば，議場内交渉を経て，対応することとなる（159回平16.1.21本会議録20頁参照）。記名投票による表決結果の宣告に対する異議は，投票時間制限（衆規155の2，参考Ⅱ－7参照）によって投票を打ち切った場合に起こりうるが，認められるものではない（先300事例参照）。

＊4　記名採決を行う際，議場を閉鎖（衆規154，参規140）するのは，他の採決方法によるのと同様のピンポイントの時点を閉鎖によって作り出し，その時点での「出席議員の過半数」を問うためである。一方，「選挙」の

第Ⅲ章　事例からの考察

投票は，議員一人一人の意思の集積過程であるから，議場閉鎖をする意味がない（先40, 67, 参先49, 87参照）。

＊5　起立，異議なし採決において，表決権を放棄しようとする議員は退席することが明確にされた過程は下記のとおりである。平成15年版において，下記 ii の決定が表決権放棄の先例（先297）に明記されたのは，野党会派が態度を鮮明にし難い事柄が増加したことの反映でもある。

ⅰ．76回（臨時）国会（昭50.12.17）議院運営委員会理事会決定「爾今，起立採決において議長が賛成者の起立を求めたとき，起立しない者は反対とみなす。」

73回（臨時）国会（通常選挙後の臨時会召集日，昭49.7.24）議院運営委員会で会期の件（8日間）採決の際，与党造反議員の表決権放棄（の結果可否同数）をめぐって議事整理が混乱（当日の議運委員会議録1号2頁参照），後に議会制度協議会で議論が行われたもの。

ⅱ．91回国会（昭55.3.13）議院運営委員会理事懇談会決定「今後，起立又は異議の有無による表決の際，表決権を放棄しようとする場合は退席することとする。」（先297）

当日の本会議，ソ連軍アフガン撤退要求決議案，北方領土問題解決促進決議案，それぞれの採決において，当日の議院運営委員会理事会では，決議案の上程[17]に反対であり採決を棄権する旨を述べていた会派（委員会では，上程には反対の旨発言（議運委員会議録10号1頁参照））が，実際の採決（異議なし採決）で退席しなかったため問題視され，急遽，理事懇談会を開いて確認したもの。

＊6　平成10年の常会（142回国会）から導入された参議院の押しボタン式投票の機能は，記名投票と同一であるが，「各議員の賛否の態度を明らかにし，これを国民に広く公開していくことで，議員の表決に伴う政治責任を一層明確にすることを主眼とするもので，採決手続の迅速化や採決結果の情報公開にも資する」[18]という観点から，従来の，議長が必要と認めた場合及び成規の要求に基づく記名投票（参規138）と並存するものとして規定されている（141回（臨時）国会（平9.12.12）議決，参規140の2，140の3）。議案及び国会同意人事の採決は，上記参規138条の場合を除き，押しボタン式投票によるのを例とする（参先329参照）。記名投票が議運理事会の協議によっていることは衆議院と異ならない。なお，参議院では，「異議なし採決」は，元々，議案及び国会同意人事，会期・会期延長以外の採決に限って用いられている（参先338, 341）。

17　Ⅱ－4(b)ホ参照。
18　参議院ホームページ［参議院改革のあらまし］参照。

1　内閣総理大臣の指名

＊7　(1)　衆議院の総理指名選挙の場合（先67）

　　当然に無効とするもの

　　　白票／被指名者氏名を記載していないもの／投票者氏名を記載していないもの／国会議員以外の氏名を記載したもの／被指名者を2名以上連記したもの（例なし／決選投票で決選投票を行うべき2人以外の氏名を記載したもの（例なし）

　　先例により無効とするもの

　　　国会議員のうちに同姓者がある場合，姓のみ記載したもの／国会議員の氏名の外に他事を記載したもの（例なし）

(2)　無効投票の投票総数への算入について先46，67，参先52，90参照。

(3)　議長選挙において議員は「投票及び木札の名刺」を持参する（衆規4，参規5）。ただし，同規定を準用する総理指名選挙においては，名刺は持参しない（168回（臨時）19.11.1議運理決定，170回(臨時) 20. 9. 24の総理指名以降）。なお，参議院は既に22回（特別）昭30.3.18の総理指名選挙以降，名刺の持参を中止（参先88注）。

　総理指名選挙の投票は記名であり，無名投票において二重投票防止の効果を持つ名刺の持参に積極的な意味がなく，かえって，投票数と名刺数の不整合，つまり，「投票数の超過（名刺の投入を欠いた場合を除き二重投票が存在）＝更に投票を要す。ただし，選挙の結果に異動を及ぼさないときはこの限りでない（衆規6・先43，参規6・参先53参照）」，あるいは，「名刺数の超過＝名刺だけを投入した者は棄権とみなす（先44）」という無用の事態を招きかねないためである。両院とも名刺数超過例が生じたことを機に名刺の持参を取り止めたものである。

(4)　なお，184回（臨時）平25.8.2参議院の副議長選挙は，両院を通じ投票数超過による再投票の初例となった。議運理事の議場内協議により，「選挙の結果に異動を及ぼさない……」に関わりなく，投票数超過3票という事態を問題としたものである（投票総数243，名刺数240。なお，議長席の議長は投票に参加せず（参先66），外に欠員1）。再投票は，投票総数238（名刺数も238）となった。

7 総理指名の両議院関係

総理指名の両議院関係のモデル・ケースは下記のとおりである。

衆　議　院	参　議　院
［総辞職決定通知書受領］	［総辞職決定通知書受領］
議運理事会，委員会	議運理事会，委員会
本会議1　（所要35分程度） 指名選挙＝氏名点呼により，順次投票 　投票の点検・計算 ○○君を指名，休憩 　　　　　　　　参議院に通知 →	＊衆議院開会から30分後に開会 本会議1　（所要25分程度） 指名選挙＝氏名点呼により，順次投票 　投票の点検・計算 △△君を指名，衆議院の通知を報告， 両院協議会の請求を宣告，休憩 　← 衆議院に，両院協議会を請求
議運理事会，委員会	議運理事会，委員会
本会議2 両院協議会を求められた旨宣告，協議委員10名の選挙（議長指名），休憩	本会議2 協議委員10名の選挙（議長指名），休憩
［相互に協議委員通知］	
協議委員議長・副議長互選会	協議委員議長・副議長互選会
両院の協議委員議長・副議長打合せ会 （初回の議長を衆参どちらが務めるかくじ引き／協議会の議事について協議）	
両院協議会	
参衆それぞれ，議決の趣旨を順次説明，協議の後， 参衆の指名について順次採決の結果，成案を得るに至らず	
［協議委員議長，議長に報告書提出］	［協議委員議長，議長に報告書提出］
議運理事会，委員会	議運理事会，委員会
本会議3 協議委員議長，両院協議会の結果を報告 議長，本院の議決が国会の議決となった旨を宣告	本会議3 協議委員議長，両院協議会の結果を報告 議長，衆議院の議決が国会の議決となった旨を宣告

1　内閣総理大臣の指名

両議院関係制度全般をめぐる問題は，本章 − 11 〜 13 で取り上げる。以下，総理指名の両議院関係に固有の問題を取り上げる。

8　先議・後議の関係にない意味

総理指名を先議・後議の関係ではなく，双方の議決通知によって整理する（国 86 ①）のは，先議・後議とすれば，後議の議院が受ける，先議の議院の指名の影響を避けるためである。選挙の性格は，先議・後議の関係によって両院の審議のプロセスを積上げる議案とは，自ずと異なる。

実際には，図のように，両院協議会の請求義務（同条 ②）を持つ参議院の本会議は，衆議院より 30 分遅く開会されている。このタイミングによって，衆議院が決選投票とならない限り，参議院には，投票を終了した後，投票の点検及び計算の結果が出る前に，衆議院から指名の通知が届くこととなる。衆議院の通知と異なる結果が出れば，議長は，参議院の指名を宣告後，その場で直ちに両院協議会の請求を宣告することとなる。国会として速やかに総理を指名できるように，両院は，国会法 86 条の規定と調和する最速のタイミングで，指名選挙を行っているのである。

9　参議院による両院協議会の請求

先議・後議の関係にない総理指名について，両院協議会の請求義務を参議院が持つ（国 86 ②）とした理由を，制定時の立法趣旨は，「総理大臣の指名につきましては衆議院からこれを奏上するという必要があるからであります」（国 65 ②）としている[19]。

「衆議院［議長］が奏上するという必要がある」理由は，衆議院の議決の優越性に他ならないはずである。ところで，「衆議院優先の建前」から，制定時の国会法 65 条 1 項は，国会の議決を要する議案について，「最後の議決があった場合，及び衆議院の議決が国会の議決となった場合には，衆議院議長から」その奏上あるいは送付を行うと規定した[20]。しかし，この

---

[19]　国会法案委員会議録（速記第 1 回）7 頁（91 帝国議会昭 21. 12. 19）大池書記官長提案説明。

[20]　(1)　西沢文書中 5 ［第 2 次の指示］参照。「議決した議案の奏上は，従来の第二

第Ⅲ章 事例からの考察

「衆議院優先の建前」は，（貴族院あるいは参議院に対する配慮を抜きにしても，）国会法案の審議の場で素朴に語り得るものではなかった。後議の参議院の可決によってそのまま国会の議決となる一番普通のケースをこの「建前」は説明できないのである。同条の提案理由は注20(2)のとおりであるが，そこでは「衆議院優先の建前」は最早，議院法31条［凡テ議案ハ最後ニ議決シタル議院ノ議長ヨリ国務大臣ヲ経由シテ之ヲ奏上スヘシ］と，それを補完する通知規定（国83）の説明に転換されている。

この影響によって，先議・後議の関係にない総理指名の奏上についても，その根拠は，衆議院の議決の優越性から，「最後ニ議決シタル議院」に転換されたのであろう。

先議・後議となる両院協議会成案の関係を持ち出し，両院協議会の請求を敢えて参議院からとすることで，成案の採決を参議院先議・衆議院後議（最後の議決）とし（国93），衆議院議長による奏上の妥当性の根拠としたのである。ここには，昭和30年改正国会法により両議院関係に組み入れられた議案所持主義[21]の先駆けをみることができるが，衆議院の議決の優越性の観点からは極めて違和感の強いものとなった。翻って，予算と衆議院先議条約の両院協議会を，衆議院からの請求とする規定（国85）が，衆議院の議決の優越性の素直な表現であることは言うまでもない。

次案までの考え方では，最後に議決した議院の議長が奏上することになつていたのでありますが，それを改ためて，衆議院優先の建前から，議決案の奏上は衆議院の議長から全部やれということを言つて来たのであります。」

(2) 前掲委員会議録6頁。「第65条 これは現行議院法第31条に対応する規定でありますが，従来は後議の院の議長から奏上の手続きをとることになつておりましたが，今度はすべて衆議院議長から奏上をし，また内閣に送附することといたしました。この場合参議院が後議の場合におきましては，参議院の議決をどうして知るかということを申しますと，それは後の83条に規定がありまして，参議院から衆議院にその旨を通知することになつておりますから差支えはないわけであります。（中略）第2項は，内閣総理大臣の指名についての奏上は衆議院議長からこれをいたすことになりました。」

21 Ⅲ-11参照。国65①も30年改正により，参議院において最後の議決があった場合には参議院議長から奏上あるいは送付することに改正された。

1 内閣総理大臣の指名

10 両院協議会の議題

先例集472号［内閣総理大臣の指名についての両院協議会においては、両院協議会規程第8条の規定によって、各議院で指名した以外の第三者を議題とすることができない］は、同条の解釈を誤っているとして、「指名の場合は両院協議会で第三の者を指名するという成案が得られたとしても、それは何ら協議会の原因となった事項を超えるものではない」旨の指摘がある[22]。

両院協議会規程8条［協議会の議事は、両議院の議決が異った事項及び当然影響をうける事項の範囲を超えてはならない］は、旧憲法下、貴衆両院議長が、両院協議会規程（1回帝国議会、明24.3.2制定）の取扱いに関して協定した（「両院協議会規程取扱方ニ関スル件」18回帝国議会、明36.5.30）中の、「両院協議会ノ議事ハ両議院議決ノ一致セサル事項及当然影響ヲ受クヘキ事項ノ外ニ渉ルヲ得サルコト」をそのまま継承したものである。対等の両議院関係の中で修正回付・不同意の場合のみを対象（議院法55）とする取極めと同一の規定を用いて、衆議院の議決の優越との関係によって大幅に拡大した両院協議会のバリエーションに対応することとしたのである（Ⅲ-11-4、5参照）。

両院協議会規程8条は、総理指名、予算、条約、法律案それぞれの、両議院関係制度の中で解釈されるものである。先例集472号はそのことを述べているのであって、もっぱら「両議院の議決が異った事項及び当然影響をうける事項の範囲」の文面によって、総理指名の両院協議会の議題を限定している訳ではない（参先418も参照）。両議院協議会の議題が、前提となる各議院それぞれの指名から離れることは、両議院関係制度から離れることに他ならない。両院協議会の機能が重視されるべきことは当然ではあるが、そのことと総理指名の両院協議会の議題の範囲とは別の問題である。

図のように、総理指名の両院協議会は、他の案件の両院協議会と異なり、必ず、参衆両議院の指名をそれぞれ協議案として、順次採決し、いずれの指名も出席協議委員の3分の2に達せず成案になり得ないことを確認した

---

22 佐藤『憲法（下）』834頁、野中ほか『憲法Ⅱ（第5版）』185頁参照。

第Ⅲ章　事例からの考察

上で，成案に得るに至らなかった旨を宣告して終了している（参委先367参照）[23]。総理指名の両院協議会においては，「衆議院と参議院とが異なった指名の議決をした場合」に，国会が「国会議員の中から国会の議決で，これを指名する」ための必要十分条件として，「衆議院の議決」が「国会の議決」となることを衆参双方が確認しあっているのである。

---

[23]　例えば，170回（臨）平 20. 9. 24 総理指名両院協議会会議録。対比としてⅢ－13 掲載事例171回平成20年度一般・特別会計補正予算両院協議会会議録参照。

2 衆議院の解散

> **事例** 162回国会（平17.8.8）参議院本会議において、郵政民営化6法案（閣法、衆議院送付）が否決され、衆議院に返付された。この事態を受けて政府与党は解散方針を確認。内閣は解散閣議等の手続を進めた。一方、返付を受けた衆議院において、民主党が内閣不信任決議案を提出。議院運営委員会理事会、委員会を経て開かれた本会議において、議長（河野洋平君）が小泉内閣不信任決議案（岡田克也君外7名提出）を議題とする旨を告げたとき、解散の詔書が伝達された。

1 内閣不信任決議案その他、解散の本会議からみる7条解散

　ここでは、解散詔書の伝達[1]及び伝達に関わる本会議をとおして、いわゆる7条解散を概観することとする。参考として、事例の「郵政解散」当日の流れを後掲する。他の解散事例も（内閣不信任決議案が提出されているかいないか、更に、内閣不信任可決後であるかどうかは別として）、また、本会議を開かない、あるいは開けない場合の解散事例も、詔書伝達の骨格は変わるところがない。

> **参考Ⅲ-3 解散の効果**
> （1）解散の効果は、いうまでもなく衆議院議員全員の身分を任期満了前に奪い、総選挙を導くことにあるが、その効果発生の時点は(2)のように、7条解散の端緒となった、後述の「抜き打ち解散」と整合性を持つものとして理解され、定着している。
> （2）「詔書が衆議院に到達した時に発生する」（宮澤／芦部『全訂日本国憲法』402頁参照）。つまり、議員が了知し得る時点ではなく、議長に詔書が伝達された時点で解散の効果が発生することになる。

　憲法7条の国事行為による解散の作法は、解散をする者とされる者との「あうん」の協働によって築かれたものでもある。議院の自律権、議院の

第Ⅲ章 事例からの考察

判断によって生成する先例とは自ずと趣を異にするものであり、先例集に記載されるものでもない。詔書の伝達は議院運営委員会の直接の協議対象にはならないものである[1]。

ところで、この作法の核心である詔書の伝達及び朗読そのものは、帝国議会のそれが、変遷を経てもなお、ほぼそのままに受容された[3]。解散権の所在が国事行為を媒介とするものである以上、それは必然であったということもできようか[2]。

詔書の伝達と朗読の変遷は、会議録によれば概略以下のとおりである。

◇ **帝国議会最後の解散** （92回帝国議会昭22.3.31)

議長（山崎猛君）ただいま詔書降下の旨内閣総理大臣より伝達せられました。ここにこれを捧読いたします。諸君の御起立を望みます。「朕は、帝国憲法第7条によつて、衆議院の解散を命ずる。」

◇ **国会最初の第2次吉田内閣による解散** （4回国会昭23.12.23)

議長（松岡駒吉君）ただいま内閣総理大臣より詔書が発せられた旨伝えられましたから、これを朗読いたします。静粛に願います。……議員諸君は着席していただきます。「衆議院において、内閣不信任の決議案を可決した。よつて内閣の助言と承認により、日本国憲法第69条及び第7条により、衆議院を解散する。」

◇ **三度目の第4次吉田内閣による解散** （15回（特別）国会昭28.3.14)

議長（大野伴睦君）ただいま内閣総理大臣から詔書が発せられた旨伝え

---

1 例外的には、28回国会昭33.4.25の［話合い］解散（注6参照）、外に21回国会（昭30.1.24）の［天の声］解散（議運委会議録11号3頁参照）。なお、137回（平8.9.27）の解散以降、議運理事会では、解散閣議について内閣から議運委員長への連絡が報告されるようになり、それなりの確認が行われるようになった。いずれにしても、様々なチャンネルのあうんの協議によって、後掲［事例の補足］の表のように、分単位で、内閣、衆議院双方の所作が定まることとなる。参先31（注）［衆議院解散の通知を本院の会議中に受けたことはない］も参照。

2 国会となって初の昭和30年版先例集・解散の章［平成15年版25、26、27号］が、昭和17年版の解散の章のスタイルをそのまま継承したことも、そのように理解することができる。

られましたから，これを朗読いたします。「別紙詔書が発せられました
からお伝えいたします。昭和 28 年 3 月 14 日 内閣総理大臣 吉田 茂　衆
議院議長　大野伴睦殿」［別紙］「日本国憲法第 7 条により，衆議院を解
散する。」御名御璽 昭和 28 年 3 月 14 日 内閣総理大臣 吉田 茂

◇ 四度目の第 1 次鳩山内閣による解散　（21 回国会昭 30. 1. 2 4）三度目の解散
と同様

◇ 五度目の第 1 次岸内閣による解散　（28 回国会昭 33. 4. 25）以降，現在（後掲
図参照）のように定着（なお，詔書朗読の際，［総員起立］との記載は，六
度目の第 1 次池田内閣による解散（36 回昭 35. 10. 24）以降。）

　国会最初の解散（4 回，昭 23. 12. 23）において，内閣不信任決議案可決休
憩後に開かれた議院運営委員会は，速記を止めてその間に「詔書が来たと
きにその取扱い方，発表方法」をどうするか協議した痕跡がある。そこで
は，「憲法 69 条及び 7 条」による解散の詔書に対応した作法が協議された
はずである（議運委会議録 21 号 2，3 頁参照）。

　二度目の解散，平和条約発効を経た，第 3 次吉田内閣の「憲法 7 条に
よる解散」（14 回，昭 27. 8. 28）は，「抜き打ち解散」[3]と世上称されたもので，
本会議での詔書伝達と異なり最早明らかでないが，伝達された詔書を，急
遽招集した各党代表の前で朗読した岩本副議長は，別紙の詔書本文「日本
国憲法第 7 条により，衆議院を解散する」だけでなく，表紙の伝達書も含
め，細大漏らさず読み上げることで，突然の解散が紛れもない事実である
ことを伝えたのではないだろうか。次の三度目，15 回国会の解散時の入
念な議長の発言はそれをそのまま踏襲したものと推測する。そして五度
目，28 回国会の，岸内閣によるいわゆる「話合い解散」[4]（昭 33. 4. 25）に至
り，帝国議会における解散の作法（詔書降下に対する作法）への回帰がよ

---

[3]　解散が想定された常会（国旧 2 但書により 8. 26 召集）であったが，解散権が総
理の絶対的権限と言われるもととなる，まさに突如の解散であった。それは，翼
賛機関に対する大命降下の如きスタイルであるが，7 条解散がこうした手法によっ
て確立されたことが，その後の政治構造の形成に与えた影響は小さくはないであ
ろう。

[4]　注 6 参照。

第Ⅲ章　事例からの考察

り鮮明になったのである。7条解散の作法と言い得るものであろう。

　先例集25号［解散の詔書は，会議中であると否とを問わず伝達される］の分類によって解散を簡略に分類すると，以下のようになる。

(イ)　会議中の伝達〈内閣不信任決議案の議事中又は可決後〉
　　　4回（常）昭23.12.23　可決後休憩，再開して参法可決成立後
　　　　　　　　　　　　　　第2次吉田内閣［憲法69条及び7条により解散］
　　　15回（特）昭28.3.14　可決後休憩，再開後
　　　　　　　　　　　　　　第4次吉田内閣［憲法7条により解散］
　　　28回（常）昭33.4.25　討論1人目終了後　第1次岸内閣
　　　88回（臨）昭54.9.7　議題として　第1次大平内閣
　　100回（臨）昭58.11.28　議題として　第1次中曽根内閣
　　126回（常）平5.6.18　可決後休憩，再開後
　　　　　　　　　　　　　　宮沢内閣［憲法7条により解散］
　　147回（常）平12.6.2　議題として　第1次森内閣
　　162回（常）平17.8.8　議題として　第2次小泉内閣

(ロ)　会議中の伝達〈その他〉
　　　21回（常）昭30.1.24　代表質疑（2日目）答弁中　第1次鳩山内閣
　　　36回（臨）昭35.10.24　暴力排除決議，公明選挙決議後
　　　　　　　　　　　　　　第1次池田内閣
　　　44回（臨）昭38.10.23　代表質疑終了後　第2次池田内閣
　　　54回（常）昭41.12.27　議席指定後（召集日）第1次佐藤内閣
　　　62回（臨）昭44.12.2　代表質疑終了後　第2次佐藤内閣
　　　70回（臨）昭47.11.13　解散に関する緊急質問許可後
　　　　　　　　　　　　　　第1次田中内閣
　　117回（常）平2.1.24　参法可決成立後　第1次海部内閣
　　137回（臨）平8.9.27　議席指定後（召集日）第1次橋本内閣
　　157回（臨）平15.10.10　同意人事議決後　第1次小泉内閣

171回（常）平21.7.21　開会宣告後
　　　　　　　　　　麻生内閣　※7.14内閣不信任決議案否決
181回（臨）平24.11.16　閣法（衆先）可決後休憩・再開後　野田内閣
　　　　　　　　　　※再開は，参本会議において上記閣法可決成立後

(ハ)　会議の開かれない日の伝達
14回（常）昭27.8.28　本会議設定なし
　　　　　　　　　　第3次吉田内閣［7条解散の初例］
　　　　　　　　　　※詔書伝達後，各会派代表の参集を求めた
91回（常）昭55.5.19　内閣不信任決議案可決（5.16），以後本会議設
　　　　　　　　　　定なし
　　　　　　　　　　第2次大平内閣［憲法7条により解散］
　　　　　　　　　　※議長応接室に各会派代表の参集を求め，詔書伝達
105回（臨）昭61.6.2　本会議開会に至らず（召集日）
　　　　　　　　　　第2次中曽根内閣
　　　　　　　　　　※91回と同様（野党は出席せず）

　内閣不信任決議案がらみの解散あるいは総辞職を眺めると，内閣不信任決議案可決に伴う解散が4例[5]，そして，内閣不信任決議案提出後（可決必至の状況での）総辞職が次の2例である。20回（臨時）国会（昭29.12.7）第5次吉田内閣総辞職により，前日提出の吉田内閣不信任決議案消滅／129回国会（平6.6.25）羽田内閣総辞職により，前々日提出の羽田内閣不信任決議案消滅。以上が，少数与党あるいは少数与党化した内閣に対する，内閣不信任決議案の強制力の結果とでも言い得るものである。
　内閣不信任決議案を否決した国会での総辞職が2例ある。151回国会（平13.4.26）第2次森内閣総辞職（3.5不信任決議案否決）／177回国会（平23.8.30）菅内閣総辞職（6.2不信任決議案否決）。与党内の対立その他，総辞職に至る経緯をみれば，これも上記の系譜の一端に連なるものと言えよう。
　内閣不信任決議案の議事中の解散が5例（28回国会は，趣旨弁明，討論

5　唯一の「憲法69条及び7条による解散」である4回国会の解散も少数与党という現実の賜物である。

第Ⅲ章　事例からの考察

通告2人のうち1人目（反対）終了後[6]，その後の4例は議題宣告後）あるが，いずれも会期終盤に至っての解散である[7]。内閣不信任決議案の審議をほとんど回避していること。そして，「㈹会議中〈その他〉」の解散事例がいずれも召集から早期のものであること。以上に鑑みれば，内閣不信任決議案審議中の詔書伝達と，「会議中〈その他〉」の詔書伝達の間には，会期の中での，解散時期の差以上のものはなかなか見いだし難い。これが，7条解散を本会議から眺めた様相ということになろうか。内閣不信任決議案の提出そのものが，7条解散に組み込まれているのであるが，いずれにしても，解散に関わる本会議は，その時々の政治状況を色濃く投影するものでもある。最後に最近の例をあげておく。

2　7条解散の様相

171回国会（平21.7.21）麻生内閣による解散は，本会議開会宣言のみでの解散詔書伝達の初例となった。前会の会議（7.14）で内閣不信任決議案が否決され，もはや，本会議にかけるべき案件もなかったのである。ちなみに，内閣不信任決議案を否決した国会での解散も初例であった[8]。7月17日（金）の議院運営委員会理事会において，与党は，解散のために本会議設定の名目が必要との考え[9]から，法案の緊急上程の希望があるとし

---

[6] 28回国会（昭33年）のいわゆる「話合い解散」。自社党首会談で，内閣不信任決議案を提出し十分な議論のうえ解散することを合意。当日の討論通告は自（反対），社（賛成）各1名，議運委において，社は，賛成討論まで行うことを主張。自は，総理の何らかの所信発言を認めるべき旨主張して対立。結局「話し合い解散の性質からみて，両党の代表が平等かつ公平に発言を行われるまでは少なくとも政府において解散を行われることのないよう要望する」ことを多数で可決した。議運委会議録34号1頁（昭33.4.25）参照。

[7] 88回（臨時）国会（当初会期30日間）は召集9日目であるが，前国会，会期末の対立によって審査未了となった多数の積残し法案処理後の解散。前国会の延長線上の国会であったと言うことができよう。

[8] 本文に記した内閣不信任決議案を否決した国会での総辞職事例と併せて考えれば，そこに，内閣の信任とは関係の希薄な不安定な政治の状況をみることができよう。

[9] 解散詔書は，本会議中突然に伝達されるものという，（言わば大命降下的な）儀式性を装った伝統的理解であって，本文で7条解散の作法と述べたことの一つの要素である。

て，21日（火）の本会議設定を提案したが，野党は，もはや，かりそめの理由を積極的に受け入れることはなかった。既に，内閣不信任決議案否決の前日13日に，麻生総理が21日の週早々の解散と8月30日の総選挙を宣言し，（就任以来1年に近い解散時期の模索と任期満了の切迫という限定の中で）主体的な解散権の行使を強くアピールしていたのである。

　解散の本会議が野党欠席となりかねないことを憂慮する河野洋平議長の意向を踏まえ，小坂憲次議院運営委員長は理事会を休憩，その後，大島理森自民党国対委員長が，内閣官房長官に21日の解散を確認。この確認を受けた再開後の理事会において，21日の本会議が漸く合意されることとなった。解散の日の議院運営委員会は，与党の当初提案のとおり，経済産業委員会議了（野党欠席）の小規模企業共済法改正案（閣法）の緊急上程を挙手多数で決定しているが，意味のないことであった。

　続く，181回（臨時）国会（平24.11.16）野田内閣による解散の際は，総理自身が党首討論（11.14）の場で，進んで16日の解散を明言した。総理が，前国会，消費税増税法案成立（8.10）を果たすために行った「近いうち」の約束不履行を責め続けられるという特異な状況の中で[10]，強く主体的な解散を意図したものであった。解散権行使を取り巻く状況は麻生内閣による解散と近似したものであったと言えよう。

　解散の宣言によって，解散の前提条件ともなっていた前国会以来の懸案，公債発行特例法案の成立，衆議院議員小選挙区の格差是正（0増5減）法案の成立と，定数削減の来る通常会終了までの実現が瞬く間に合意に至った。

　解散当日は，まず，参議院本会議において，前日委員会議了の公債発行特例法案，0増5減法案等を可決（成立）[11]して休憩。続いて，衆議院本会

10　180回8.29，内閣総理大臣問責決議案可決。なお，問責決議案について，参考Ⅲ-10参照。

11　(1)　公債発行特例法案について，Ⅲ-5：注12参照。

　　(2)　0増5減法案は衆法（自公提出）。倫選特委（11.15）においては，自公提出案を可決（反対：共産，社民），続いて，民主案（180回参議院未了案と同一内容（Ⅲ-4：注7参照），小選挙区0増5減と連用制的比例枠導入を伴う比例定数削減（40人）を目的とするもの）について，まず，小選挙区部分削除の民主提出

第Ⅲ章　事例からの考察

議は，当日委員会議了の国家公務員退職手当法改正法案等4法案（閣法）を緊急上程し，可決して休憩。そして，解散の閣議決定後一連の手続と並行して，参議院において，送付された同4法案につき各委員会議了。本会議を再開して，緊急上程により可決（成立）。

以上を経て，衆議院本会議において，議長の再開宣告直後，解散の詔書が伝達された。なお，その直前に開かれた議院運営委員会は，本会議の再開のみならず，裁判官訴追委員等指名の議事を行うことを決定しているが，前記171回国会，議院運営委員会における法案緊急上程の決定と同様に，蛇足であろう[12]。

解散時期の分類に用いた，先例集25号「(1)会議中に伝達された場合(ロ)その他」の「その他」は，上記，171回及び181回国会の解散を除き，いずれも，その軽重は別として，本会議に内容が伴っていることに注意しなければならない。両国会においては，総理自身による事前の解散の明言によって，まさに解散詔書の伝達とその朗読のためだけに，本会議が開かれ，あるいは再開されることとなったのである。このこともまた，ねじれの時代の7条解散の諸相の一面である。

　修正案を可決し，修正部分を除く原案（比例部分）を可決した（修正案，残る原案ともに，反対：自民，生活，公明，共産，社民）。（民主案は，参議院において未付託未了）

[12] 126回国会平5. 6. 18宮沢内閣不信任決議案可決休憩後，（内閣側の解散手続の完了を踏まえた）本会議再開前の議院運営委員会は，本会議の再開を確認したのみである。同様に野田総理の解散日の明言に則った一連の衆参議事の完了と，解散手続の完了を踏まえれば，本会議再開の確認以外の装いに何かの意味を見出すことはできないであろう。

2　衆議院の解散

【事例の補足：162回国会平17.8.8郵政解散当日の流れ】

衆　議　院	内　　閣
【衆議院に返付（13：54）←参・郵政法案否決13（13：44）】 民主 内閣不信任決議案提出（14：30）	（自公党首会談（14：30）／自民役員会）
（15：30）議運理事会（郵政法案返付報告14）／決議案の議事及び議運委17：30 本会議18：00開会を合意 （閣議の遅れ15に伴い変更：議運委18：30 本会議19：00）	閣議（15：11〜17：19） （終了後，官房副長官から議運委員長に連絡） 上奏，裁可（17：55） 総理副署（伝達書調製）
（18：30）議運委 決議案の上程及び採決までの議事を決定	
（18：50）本会議予鈴	官房長官 議長次室に入る
（19：00）本会議本鈴 議長入場・官房長官を除く全大臣入場・大臣席に 官房長官は，議長応接室に移動	←伝達書（内閣総務官から）
（19：02）本会議 〇議長 これより会議を開きます。 （議事進行係の内閣不信任決議案上程動議可決後） 〇議長 小泉内閣不信任決議案を議題といたします。	官房長官 議長席後方扉外側に移動（内閣不信任決議案が議題となるため，総理その他の大臣は全て冒頭から大臣席に着席） 官房長官入場
（19：03）◆官房長官が事務総長に伝達書を手交 ◇事務総長，伝達書を確認後，議長に手交 〇議長 ただいま内閣総理大臣から，詔書が発せられた旨伝えられましたから，朗読いたします。[総員起立]	官房長官 大臣席へ
（19：04）日本国憲法第7条により，衆議院を解散する。	（東京官報販売所掲示：解散詔書公布）

---

13 『議事解説』63頁は，解散の意義に関して「解散ハ政府ト衆議院又ハ政府ト貴族院トノ間ニ意見ノ衝突アル場合ニ命ゼラレテヲリ，貴族院ト政府トノ所見ヲ異ニシテモ，貴族院ニ解散ガナイカラ貴族院ノ意見ガ果シテ輿論デアルカドウカ確メル為ニモ衆議院ノ解散ヲ御命ジニナルノ外ハナイ。解散後ノ衆議院ノ意思ガ明

第Ⅲ章　事例からの考察

ニナレバ貴族院ヲシテ反省ヲ促ス結果トモナル訳デアル」としている。郵政解散の意味を考えれば，彼我の差を考慮してもなお興味深い。

14　議運理事会では，事務総長がまず協議すべき案件について一通り説明を行うのが通例であるが，ここでは，駒崎事務総長が，まず先議案件である内閣不信任決議案の提出報告を行い，続いて返付議案受領（郵政民営化6法案）を報告し，返付議案の取扱い協議を求めた。郵政改革6法案の参議院否決によって解散が確実の状況であっても，衆議院のケジメとして返付議案の取扱いについて協議を求めたのである。

15　閣議の遅れは，解散に反対した大臣の罷免（憲68②，7-5）のため休憩を挟んだことによる。通常であれば，この閣議は20分程度で終わるものである。

③ 臨時会及び特別会の会期，会期の延長

> **事例** 178回（臨時）国会召集日（平23.9.13），衆議院本会議は会期を9月16日までの4日間と議決（野党反対）した〈参議院本会議は会期の件を取り上げないことを異議なく決定した〉。
> 　9.15（会期終了前日），野党7党の幹事長等が衆参両院議長にそれぞれ，9月17日より10月14日まで28日間の会期延長を申入れた。
> 　9.16（会期終了日），衆議院本会議は9月30日まで14日間の会期延長を異議なく議決した〈参議院本会議は会期延長を議決しなかった〉。

〈法規と先例の概要〉

国11：両議院一致の議決で定める。 同12：①両議院一致の議決で延長可。 ②回数制限／常会1回，特別会・臨時会2回。 同13：両議院の議決が一致しないとき，又は参議院が議決しないときは，衆議院の議決による。 衆規20：①臨時会の会期＝議長が各常任委員長の意見を徴し参議院議長と協議した後，議院がこれを議決。②特別会の会期＝議長が参議院議長と協議した後，議院がこれを議決。 同21：会期の延長＝前条①準用。	★先例集記載なし 　会期及び会期延長協議の契機 ☆召集日に議決しなければならないこと及び例外事例（先2） ☆会期延長の議決［会期終了日，前日等］（先4）［会期終了日，最高度の先議性（先292）］ ☆議長の議運委員会意見聴取を明記（先2.4）

1　会期（延長）協議のスタート

(1)　臨時会の会期協議は，議院運営委員会理事会における内閣官房長官の召集期日，目的等の説明を正式の契機とするが，それ以前から，与党が召集期日と会期について粗々の提起をしている。特別会の召集については，各派協議会における特別会に関する諸々の協議も踏まえ，官房長官が各派協議会に出席し報告する。召集の閣議決定・詔書公布は，上記内閣官房長

第Ⅲ章　事例からの考察

官の出席（参議院へも同様に出席）後に行われる。

(2)　会期延長は，幹事長等の会派代表から両院各議長への会期延長申入れ[1]によって，それぞれ議院運営委員会理事会の協議がスタートする。

(3)　先例集２，４号中「議院運営委員会の意見を聴取し」は，議長と議院運営委員会が諮問・答申の関係にあることを意味する（諮問・答申の関係について，参考Ⅱ－８参照）。衆規20条の「各常任委員長の意見を徴し」も，常任委員長会議への諮問と答申の関係として運用される。13回国会以降，議長に代わり議院運営委員長が常任委員長会議の座長を務めており（委先315，317参照），議院運営委員会，常任委員長会議ともに，正副議長は，出席はするが，実際に協議に加わることはない。

(4)　議院運営委員会の（答申の）決定は，参議院議長に申し入れるべき会期（延長）幅，延いては本会議の議決の対象とすべき会期（延長）幅を一つに統合する機能を果たしている。本会議において，議長が複数の会期（延長）幅を議題とすることはない。なお，会期及び会期延長の件の議事は，１回国会以来一貫して，動議ではなく議長発議によって行っている。これは，議長の参議院議長との協議を組み込んだ衆規20条（参規22）の趣旨から来るものである。また，同条の趣旨によって，議院運営委員会で（答申することを）否決された会期延長については，参議院議長との協議の対象にならないので，本会議の議題となることはない。野党からの延長申入れは，徐々に増える傾向にあるが[2]，与党が受けいれないのであれば，本会議の議題になるに至らない。

1　(1)　127回（特）国会平６年は，当初会期が８月14日までの10日間であったが，野党の主張を踏まえて，細川総理の所信・質疑を行うため，衆議院の議運理事会における同委員長の提起により，８月12日，同月28日まで14日間の会期延長が行われた。

　　(2)　国会初期を中心に，参議院からの申入れ，内閣からの申入れ，参議院／内閣それぞれからの申入れの例，議院運営委員会あるいは同理事会における会派の提起や常任委員長会議における議長の提起の例がある。会派による運営の深化のみならず，両院間の問題，議院と内閣の問題が与野党間の問題に変換されていったことを，ここにも読み取ることができよう。

2　174回平22.6.16（会期終了日）において，菅内閣成立（6.8）に伴う所信質疑（参質疑終了6.15）だけでなく，衆参予算委の開会を求め，野党が９日間の会期

3　臨時会及び特別会の会期，会期の延長

2　会期及び会期延長決定の基本形[3]

衆議院	参議院
議運理事会：会期（延長）協議 ↓ 常任委員長会議 ↓ 議運委員会：議決　　→	議運理事会：会期（延長）協議 参議院議長に協議申入れ （衆議院事務次長から事務総長に伝達） 議運理事会，常任委員長懇談会 上記について協議 （本会議で議決を行うことにつき協議が整わない場合）
衆議院議長に回答　← （参議院事務次長から事務総長に回答）	
	（協議が整った場合） 議運委員会：議決 ↓
衆議院議長に回答　←	
↓ 本会議（議長発議により議決）	本会議（議長発議により議決）

　　延長を申し入れた。議院運営委員会においては，挙手少数により，議長に会期延長をしないことを答申した。参議院にもその旨連絡。

3　(1)　48回昭40.5.19の会期延長（農地報償法案の参議院審議のため）が，常任委員長会議（混乱）→（議運委員会なし）→参議院協議→本会議（自単独）で行われて以降，おおむね，常任委員長会議→参議院協議→議院運営委員会→本会議の順で行われるようになっていた。その後，76回（臨）昭50.11.22の会期延長議決（社公欠席，酒・たばこ値上げ法案の審議のため）後の空転打開の過程で，社公の抗議（議院運営委員会で決定した後に両院議長が協議するという手続によらないで議決をしたことはルールに反するとの抗議）を入れて議会制度協議会が開かれ，同国会2回目の会期延長議決（12.20）以降，先例集記載のとおりに復し，現在の順序が確立した。

　　(2)　特別会においては，構成前であるので各派協議会決定により参議院との協議を行う。なお，参議院の常任委員長懇談会には，特別委員長，調査会長，憲法審査会会長も出席する。また，通常選挙後の臨時会においては，同常任委員長懇談会は開かないのを例としている（参先17参照）。

第Ⅲ章　事例からの考察

3　衆議院の議決の優越とその意味

　臨時会，特別会の会期は，両議院一致の議決によって定め，両議院の議決が一致しないとき又は参議院が議決しないとき[4]は，衆議院の議決したところによる旨規定されている（国11, 13）。会期の延長も同様である（国12, 13）。なお，会期延長は常会については1回，特別会及び臨時会については2回を超えてはならない旨，昭和33年改正により規定された（国12②）。

参考Ⅲ－4　会期延長の回数制限

　(1)　昭和33年（28回国会）改正による国会法12条2項の追加は，25回（臨時）国会（昭31. 12. 6）の会期延長議決（スト規制法存続議決案の参議院審議のため）の混乱（速記不能。先455参照）収拾のために行われた自社党首会談を契機とするものである。この時，鳩山総裁・鈴木委員長は，「2大政党下の国会運営につき，過去を反省し，国会運営の能率的正常化をはかるため，次期国会において国会法の改正その他所要の措置を講ずることとし，両党において速やかにその具体的成果を得ると」申し合わせた。その項目は，次のとおりである。
　①　議長の権威を高めるための措置，②　懲罰事犯取扱いの措置，
　③　両党の対立紛争の場合の措置，④　会期延長案の取扱いの措置，
　⑤　国会運営能率化のため，議院運営委員会のあり方についての再検討。
　(2)　会期延長をめぐっては，それまで回数制限がなかったために，小刻みで突発的な延長によって，瞬間沸騰的で激烈な混乱を度々招いた。「会期終了日の開会時刻を午前10時」とした過去の先例は，こうした突発的な延長に備えて時間的余裕を確保しておく必要が日常的にあったことの名残であった（平6年版先212, 131回（臨時）国会平6. 7. 21議運理事会決定により廃止）。

　会期及び会期延長は，国会法によって衆議院の議決の一方的優越が規定されている訳であるが，両院の議院規則はともに，議長が各常任委員長の意見を徴し，もう一方の議長と協議した後に，議決する旨を規定する（衆規20, 参規22）。この両院の議長の協議が，図のように衆議院からの通告と参議院からの回答という一方通行の往復になっているのは，ひとえに衆議

　4　参考Ⅱ－7［国会法5次改正］参照。

3 臨時会及び特別会の会期，会期の延長

院の議決の一方的優越の帰結である。

　両院間の調整を規定するのであれば，両議院関係制度を規律する国会法に規定されたはずであるが，両院間の調整を規定するものではないので，議院規則によって，議院における手続の一環として，他の議院の議長との協議が規定されているに留まる。会期は，国会の時間的活動領域を決める重要な構成案件であり，会期の始めに決定されるべき先議案件[5]であるから，衆議院の議決の一方的な優越によるスピードが必要とされる。この合理性によって，例外的に国会法によって衆議院の優越の範囲を拡張しているのである。会期延長の件もまた，会期終了日は絶対的な最優先の先議案件[6]となるので，同様となる。

5　(1)　暫定衆規（参考Ⅲ−2参照）13条は，会期は「会期の始めに」議決すること明記していた（制定衆規20・参規22が「会期の始めに」を明記しなかったのは，1回国会の会期の議決が召集の翌々日となったことを踏まえたものであろう）。会期が，「議院の成立」に由来する議長，副議長選挙（参考Ⅲ−1−5参照）と同様，召集日に決定すべき構成案件と理解されるのは，帝国議会臨時会の会期が開院式・議会開会の要件（議院の成立）を超越した，勅命によるものであった（旧憲43②）ことの継承でもある。会期の決定は，「会期の始めに」行う開会式（国8）の当然の前提であって，会期決定のないまま（衆議院が会期を議決しないまま）開会式を行ったことは一度もない。

　(2)　事例に掲げた178回（臨）召集日，衆議院の議事日程は，「1 議席の指定，2 会期の件，3 常任委員長の選挙，一 国務大臣の演説」。

　(3)　同じく，参議院の議事日程は，「1 議席の指定，2 常任委員長の選挙，3 会期の件，4 国務大臣の演説に関する件」である。「会期の件」と「常任委員長の選挙」の順が衆参で異なる。ここには，「会期の件」についての衆参の法的立場の違いがあらわれているが，参議院の議事日程においても，「会期の件」と「国務大臣の演説に関する件」の順が逆転することはあり得ない。

6　(1)　先292参照。「会期終了日においては，議長不信任の決議案より会期延長の件を先議する」とするもので，多くの未処理法案を残した13回国会の会期終了日（昭27. 7. 30），議運委員会で議長不信任決議案より会期延長の件を先議すべきことを決定したことを淵源とする（翌日の議運委会議録77号1-4頁も参照）。

　(2)　上記の本会議（22：52〜23：48）は，副議長が議事を行い，1日間の会期延長を発議，発言時間を10分に制限（国61），制限に対し異議申立（記名（投票時間制限）により否決），投票漏れありとして騒然とする中，討論通告の4名について，それぞれ発言権を放棄したものとみなし（先266），会期延長の件を記名（投票時間制限）により可決［採決無効の動議を記名により否決］，翌31日午前10時

第Ⅲ章　事例からの考察

4　会期の召集日議決

　先例集2号は，「会期の件は，特別会及び臨時会の召集日に議決しなければならない」と説明するが，参議院先例録18号は，「召集日に議決するのを例とする」と説明する。この差異もまた，「両議院の議決が一致しないとき又は参議院が議決しないときは，衆議院の議決したところによる」という衆議院の議決の一方的優越の帰結である。

　衆議院は，召集日に会期が決定されないと翌日以降が会期中と言えるか疑義が生じるおそれがあるので何としても議決を行うべきとし（今野『国会運営の法理』309頁参照），これに対して参議院は，会期を定めることの大きな意味は，終期を定めることにあるので召集日に会期を決定できなくても会期はそのまま進行する（29回昭33.6.10参議運委会議録第1号2頁，河野謙三参議院事務総長答弁参照）と考えていると，言われてきた。

　しかし，上記は，29回（特別）国会召集日（昭33.6.10）に，衆議院が，役員配分をめぐる自社の対立によって，召集日に議長・副議長の選挙を行うことができず，事務総長が会期の議事について議長の職務を行ったこと。そして，参議院の議院運営委員会が，衆議院の議決の在り方に疑問を呈して本会議休憩のまま流会とすること。以上について，双方がその正当性を極論として語るものである[7]。

　会期の議事を事務総長が行うことが既にあり得ないことを差し引けば，両院の差は，衆議院の議決の一方的優越によってもたらされる先例集2号と参議院先例録18号の相違に尽きる。先例集2号が説くところは，衆議院には会期の初めに可及的速やかに会期を議決すべき義務があるということに他ならない。

　　の本会議開会を宣告して散会。なお，31日は，議長不信任決議案撤回，副議長不信任決議案提出を受けて，本会議（14：03開会）冒頭に，副議長不信任決議案を議題とした。

　7　参議院側の批判と衆議院側当事者の反論について，『国会法の理念と運用』鈴木隆夫論文集87-95頁参照：信山社2012。法的妥当性如何という観点から離れれば，事務総長による会期の議決は，議運委員会が構成されるまでの協議の場である各派協議会（先142）を，現在のように前議運委員長等の議員ではなく，事務総長が主宰した時代の産物である。

3 臨時会及び特別会の会期，会期の延長

　127回（特別）国会召集日（平5 8.5）の本会議において，開会を宣告した事務総長が，（衆規105②により）議事日程（会期の件は日程4）を延期し，明6日午前10時から会議を開く旨を宣告して散会（21：34）したことは，正副議長の選挙（日程1，2）を行えなかった（Ⅱ－3イ(2)参照）以上当然のことである（先2参照）。127回国会は，会期そのものに合意がなかった（注1(1)参照）のであるが，同様に正副議長の選挙を行えなかった29回国会外2例の各特別会のように，たとえ会期については異論がないとしても，召集日の議決に拘ることが妥当であるとは，もはや，衆議院においても考えられていない。事務総長の，議長としての職務は，議院の構成の最優先案件であり，他の構成案件の不可欠の前提でもある，正副議長の選挙に限定されていることは，Ⅲ－1－5において見てきたとおりである。

　一方，「会期を定めることの大きな意味は，終期を定めることにあるので召集日に会期を決定できなくても会期はそのまま進行する」との考え方は，衆議院の議決の一方的優越という制度の下でのみ成り立つものであって，そのことを捨象して語られるのであれば意味がない。

　国会法13条においては，「両議院の議決が一致しない」とき，自動的に衆議院の議決したところになるのと同様，衆議院の議決があれば，その後，衆議院が「参議院が議決しないとき」（参考Ⅱ－7：国会法5次改正（国13）参照）を意識することはないし，参議院においてもそれが意識されることはない。議決をするかしないかは，その時の状況にいずれが良く適合するか，参議院が柔軟に取捨選択しているのである[8]。

8　(1)　会期について，参議院が議決をしなかった例がこれまで12件（参先20，先6参照）。通常選挙後の臨時会で正副議長の選出が遅れた場合や，召集日に所信演説がなく，会期に反対がある場合等をあげることができる。
　(2)　会期延長について，参議院が議決をしなかった例がこれまで49件（参先27，先6参照）。このうちの多くが，衆議院の延長議決当日，参議院は本会議を設定していない。会期延長に続いて行うべき必須の議事がなければ，反対のある会期延長の議決のみ行うことは避けることが多い。
　(3)　衆議院の議決日以降に，参議院が会期を議決した直近の例は，59回（臨）昭43.8.3。衆議院の会期延長議決日以後に，参議院が延長の議決を行った直近の例は，94回昭56.5.20。

第Ⅲ章　事例からの考察

【事例の背景と補足】

〈178 回（臨時）国会会期延長までの背景〉
　野田内閣成立後最初の国会であり，野党は，（会期4日間による）衆参本会議の所信演説と代表質疑だけでなく，衆参予算委員会における質疑，各委員会における大臣所信・質疑等を求め続けた。会期延長については，野党の 28 日間の延長申入れを踏まえ，会期終了日の朝に至り，与野党幹事長等会談において，衆参予算委員会における質疑等を念頭に 14 日間の延長で合意した。

〈補　　足〉
　(1)　召集日（平 23.9.13)[9]，参議院は，再開後の本会議において「日程第 3 会期の件」は取り上げないことを異議なく議決し，続いて「日程第 4 国務大臣の演説に関する件」である内閣総理大臣の所信演説を行った。召集日に，協議が整わないからといって会期の件の議決を飛ばして演説を行うのは，日程の順序が示すとおり「会期の件」の先議性からして妥当ではないので，敢えて，会期の件は議決しない（衆議院の議決による）ことを明確にしたものであろう（参先 246 ㈢参照）。与野党が逆転していなければ，賛成多数で会期の件を議決し，続いて所信演説が行われるケースであった[10]。
　(2)　会期終了日（9.16），朝の与野党合意を踏まえて，衆議院は午前 11 時の議院運営委員会理事会から一連の手続をスタートし，午後 1 時の本会議において会期延長を異議なく議決した。
　一方，昼（代表質疑の本会議休憩中）に延長申入れを衆議院から受けることとなる参議院は，与野党合意を踏まえ，10 時開会の本会議に先立つ議院運営委員会理事会において，会期延長を議決しないことを合意，続く委員会において代表質疑（2 日目）の議事（質疑 2 人目終了で休憩，再開後に残る 6 人質疑）を決定した。
　本会議は，上記決定のとおりいったん休憩（11：20）。──休憩中，衆議院の会期延長申入れに関して（既に合意のとおり）協議整わず，──本会議を再開（13：01）して代表質疑を継続し，質疑終了の後，散会した。
　会期延長の件は日程に掲載されていないので，召集日の会期の件について行ったことと同様の措置を敢えてとる必然性はなかったのである[11]。

9　当日の議事日程は，注5(2)参照。
10　注8参照。なお，同じくねじれ下の 170 回（臨）召集日（平 20.9.24），参議院は，議事日程「1 議席の指定，2 常任委員長の選挙，3 会期の件」のうち，日程 3 会期の件に触れることなく，福田内閣総辞職に伴う総理指名の議事を行った（両院協議会関係の議事を含む）。これは，野党が反対で合意不可能な会期よりも，「他のすべての案件に先立って」行うべき総理指名を優先したものであろう。

3 臨時会及び特別会の会期,会期の延長

---

11 当日の参議院議院運営委員会において,西岡参議院議長は「皆様方,委員長始め大変御努力いただいて,今決定をしたわけでございますけれども,私としては,今回,参議院としての意思を明確に本会議で示すべきだと思っておりまして,本当は採決をすべきだと思っております。しかし,委員長の御苦労を勘案いたしますと,今回は委員会の決定に従います」と発言している(参議運委会議録3号1頁)。当初から会期幅を十分にとるべき旨主張してきた,議長としての思いから出たものであろう。

第Ⅲ章　事例からの考察

4　議案提出の機関承認

事例　153回（臨時）国会（平13），「国会法の一部を改正する法律案」[1]がA議員（発議者外に6名，賛成者30名）から衆議院議長に提出されたところ，所属会派の執行部が承認（機関承認[2]）したものではないので，議院運営委員会理事会で取扱いが協議され，先例どおり本法案を受理しないことが確認された[3]。

〈法規と先例の概要〉

議案発議の賛成者要件　国56①：衆議院は20人以上，参議院は10人以上（予算を伴う法律案は，衆議院は50人以上，参議院は20人以上）。[国57，57の2，衆規28－28の3，143]	★先例集記載なし 所属会派の機関承認を要する［機関承認なく提出された場合，議運理事会の協議対象となり，結果として受理されていない］

1　「議員は，その属する会派の承認の有無にかかわらず，議案を発議することができる」との規定を国56①に加える内容。かつて会派の承認を得られなかった議員の率直な気持ちを表現するものであった。

2　(1)　本項全般について，原田一明「議会先例としての「機関承認」の意味」『憲法改革の理念と展開（上巻）』を参照。

(2)　「昭和27年の第13回国会に当時の自由党が初めて行ったものでございますが，昭和31年に日本社会党がこれに倣い，昭和38年以降は議員提出議案のすべてが機関承認を得て提出されております。」（162回平17.6.8郵政民営化特委，駒崎事務総長答弁。同委員会議録10号16，17頁参照）。

(3)　先例集において，機関承認の記載があるのは先84のみであって，「議員の開会中の海外渡航について，請暇願とともに，渡航計画書に当該議員が所属する会派の機関が了承した旨の書面を添えて議長に提出し，議院運営委員会理事会に諮る」と説明している（Ⅱ－2ハ参照）。なお，同号は議運理事会決定に基づくものであって，他会派を見做った横並びによって慣行となった議案提出の機関承認とは意味が異なる。

3　議運理事会においては，所属会派理事の，先例に沿った取扱いをすべきとの発言を受けて，委員長から，所属会派の機関承認を受けていないのであるから受理しないと発言があり，表記のとおり受理しないことが確認された。前注(2)の郵政

4 議案提出の機関承認

1 会派による議案提出

　議員の議案提出については，国会法の昭和30年改正（いわゆる自粛立法）により賛成者要件が課された。おみやげ法案の乱発を防ぐため[4]の改正と言われるものである。この要件とともに，衆議院においてはもう一つの法によらない要件，つまり会派の機関承認の要件が「確立された先例」として存在すると語られる。

　しかし，「確立された先例」の意味は問われなければならない。議院の内部にあっては，自律権によってそのことが正当化されるものではなく，その内実によって正当性が認識され共有されるべきものであることは，既に述べたところである。注目すべきは30年改正に先んじて機関承認が存在したことの意味である。機関承認と賛成者要件は寧ろ同一・一体であり，賛成者要件の裏を返せばそこには，具体的手続の有無[5]にかかわらず，実態として機関承認があるということに他ならなかった。賛成者要件の法定が，自粛という立法目的によってぎりぎりのところで，議員の議案提出権制約の正当性を獲得しているとすれば，（会派に関わる事柄を法規に規定しないという法体系の前提を抜きにしても）会派による制約の法定が不可能であることは明白であろう。国対からの提出に一本化することによって，所属議員の議案提出権を会派執行部の管理下に置くことの別表現として，

　　民営化特委では，機関承認のない日本郵政公社改革法案を不受理とした議運理事会において，今後は議会制度協議会の中の議論ということも考えられる旨議運委員長等から発言があったと，質問した委員が紹介している。

[4] 小会派の議案提出権を奪うものでもあったが，それまでの小会派提出法案の扱いを反映するものでもあった。例えば，13回昭27.3.28労働委員会は，同一の「夏時刻法廃止法案」3案のうち，最初に提案された共産案を除く2法案（改進，社会右，左，農協案／自由案）を併合修正し，共産案を議決不要とした（併合修正として委先98㈠掲載事例，議決不要の宣告について委先127㈡掲載事例）。労働委員会議録1，2頁及び当日の本会議録5，6頁参照。

[5] 「会派による議案提出」の実質においては，機関承認手続のない参議院も，衆議院と異なるところはない。機関承認の手続が参議院の会派に生成しなかったのは，政党化が顕著になる以前の会派の自由度の高さに由来するものであろうし，また，衆議院の会派に機関承認が手続として生成したのは，議員立法の過半を，そして，成立にまで至る議員立法の大半を，衆法が占めきたという事実の反映でもあろうと考える。

第Ⅲ章 事例からの考察

賛成者要件が議院法（29条）から呼び戻されたのである。なお，議院法の時代の賛成者要件の本質はまさに協賛機関としての制約であって，唯一の立法機関と規定された中での制約とは異質のものである。

　二大政党への収斂を踏まえて，会派の協議による安定した国会運営を指向した30年改正は，賛成者要件に仮託して「議員による議案提出」を「会派による議案提出」に変換し，議員立法の出発点として固定したのである。そして，「会派による議案提出」手続として，発議者，賛成者を調えることとほとんど一体的に，機関承認の印[6]は押され続けることとなる。機関承認は，議院の判断に関わるものではなく，優れて会派の自治として行われ，また，その延長として，会派それぞれと事務局の約束事となったものである。従って，先例集に記載される性質のものでもなかったのである。

2　賛成者要件と機関承認の分離／「確立された先例」の意味の変容

　こうした「会派による議案提出」に初めて異議を唱えたのが，末尾に記す「国民投票法案」の取扱いをめぐる事例である。その異議は，固有の会派自治の問題（議員本人と会派との関係性）を意識的に捨象し，賛成者要件充足の一点によって，衆議院事務局の不受理の非を問うものであった。このことによって，機関承認は，賛成者要件とは別の，先例による要件と認識され，議院の判断の理非が問われるものともなったのである。そして，後に，国家賠償訴訟において，機関承認が「確立された先例」と説明され，そのように認識もされることとなったのである。

　爾来，機関承認を得ないまま提出行為を行い，議院の運営の問題として浮かび上がらせること自体が，ひとつの政治的アピールの手段ともなっ

---

[6] 提出に際し，例えば自民党は，党4役（幹事長，総務会長，政調会長，国対委員長）のサインを要件としている。それは与党として，閣法の事前審査と同一の意味を持つものとして生成したものであろう。また，事務局は，幹事長名によって，党4役の承認のない議案を受理しないようにとの文書による要請を受けている。そこでは，議案の提出だけではなく，委員会における修正案，附帯決議等議決を伴うもの全般について承認を要件としている。他の会派は，手続上，国対委員長の押印（会派により外に国対事務局長の押印）を要件としている。

4 議案提出の機関承認

た。会派が議員の同志的結合体であるとすれば，所属議員の活動が，会派の方針による制約を受けるのは当然であるが，そこには議員の権能との摩擦が生まれることもまた当然であろう。政治課題が多様化，複雑化する状況にあって，問題（解決）提起の段階——法案起草の段階——においては特に，議員個々の主体性とその判断の多様性が，会派の一律の管理に収まり難くなっているのは間違いのないことであろう。上記のような機関承認の意味の変容も，そのことの必然的な顕われに過ぎなかったとも考えられよう。

冒頭の事例は，上田訴訟提起後の機関承認のない議案の一例である。機関承認のない法案が提出された場合は，その都度，議院運営委員会理事会の協議にその取扱いが委ねられ，その結果として，受理されず提出がなかったものとなっている。「確立された先例」は，会派の自治から逸脱した議案を，（会派の協議による）議院の統制によって，正規の提出から外し，会派の自治を補強するものとして作用していることになる。機関承認のない議案は，議院の審査の対象（会派の協議による運営に基づく審査の対象）に値しないとの判断によって正当化されるものであろうが，会派によらない議案の提出が，会派内の結合の弛緩だけでなく，会派を越えた新たな政治的紐帯の萌芽，既存の会派バランスの変動要因となるかもしれないことに鑑みれば，この「確立された先例」の互助的側面もまた，そこに読み取ることができよう。

会派の管理・統制から外れた議案を受理しないことを，議案提出のあて先である議長の諮問機関，議院運営委員会（理事会）が，一貫して異論なく是としているかどうか，更に，一貫して是としたことを踏まえて，いちいち議院運営委員会（理事会）にお伺いを立てることなく，事務局の判断で不受理の判断が完結するかどうか，この段階に至って初めて，改めて「確立された先例」——議院の自律権によって，その判断を明確に決定づけている規範——と言い得るはずである。実際には，議院が，議員の議案提出権を，法によらない要件によって規制することには，ためらいがあるということに他ならないであろう。

平成15年の先例集改定の際には，下記裁判の結果も踏まえ，機関承認

第Ⅲ章　事例からの考察

の要件を先例集に新たに記載すべきか否か検討を重ねたが，記載には至っていない。議員の議案提出の機関承認は，議院の運営の有り様と密接に関係した問題である。会派の協議による運営の中で，多様な意見はどのように汲み上げられ，また，どのように，議論に活かされていくべきなのか。機関承認の問題は，今後とも，広い視野によって検討され，判断されるべきものである。

> **参考Ⅲ-5　「確立された先例」という表現のルーツ**
> (1)　機関承認のない法律案の取扱いが議院運営委員会理事会で協議されるようになったのは，上田議員の国民投票法案をめぐる問題より後，平成8年以降である。その前年には上田議員が訴訟を提起している。
> (2)　それ以前の協議例はすべて共同提出への参加にまつわるものであり，上田訴訟以後の，機関承認のない法律案の取扱い協議とは意味が異なることに注意が必要である。一例を掲げておく。
> (3)　通常選挙後の66回（臨時）国会（会期11日間）終了日（昭46.7.24）議院運営委員会理事会において，「日中国交正常化に関する決議」を行うことを，自民党内に反対があるため，正式に断念した。そのことについて，議院運営委員会で，各野党が遺憾の意を表明，続いて，自民の委員が決議の断念について「確立されておる慣例」と表現した（議運委会議録4号3頁参照）。
> 　この発言が，後に機関承認が「確立された先例」であると理解されるルーツとなったのであるが，この「確立されておる慣例」が指し示しているのは，国政に関する決議（政策決議）は各派共同の提出により，全会一致によって行われるべきという慣例である。そのために，当時から既に現在と同様，国政に関する決議案は，議院運営委員会理事会で，案文はもとより，本会議上程まで合意してから，各派共同によって提出するという手続の慣例が確立していたのである（Ⅱ-4(b)ホ参照）。上記，自民党委員の発言は，「党内コンセンサスが今回の決議案について得られなかったという以上，やはり自由民主党として，これを院の議決に持ち込むわけにはまいりません」ということに尽きる。自民党は「党内コンセンサス」の欠如の故に決議案提出への参加が不可能 ＝ 決議案提出が不可能 ＝ 院の議決に持ち込むことが不可能なのであって，ここでは，「党内コンセンサス」という言葉が示すとおり，会派内の問題に留まっているのである。

4　議案提出の機関承認

【事例の背景：国民投票法案】

　国対から事務局（議案課）への提出という一本の流れによって，会派は議員立法を執行部の管理下に置いてきたのであるが，126回国会（平5.6.14），社会党の上田哲議員が，「国政における重要問題に関する国民投票法案」を外2名の発議者及び92名の賛成者の署名を添えて，機関承認を得られないまま議案課に提出した。同課は，国対との協議を議員に要請して預かり。議員が事務総長等，事務局に抗議を続けている間に，政治改革法案の頓挫による宮沢内閣不信任決議案の可決・解散のあおりを受けて，法案は預かりのままとなった（6.18）。

　後に，議員が，法規に定められた要件をすべて充たしている法案を機関承認がないことを理由に事務局が受理しなかったことは違法であるとして国家賠償訴訟を起こしたことにより，機関承認の問題が広く認識されることとなった。

東京地裁に訴訟提起（平成7.1.11）／請求棄却（8.1.19）*1
東京高裁控訴棄却（9.6.18）*2　最高裁第2小法廷上告棄却（11.9.17）

[判旨の概要]
*1　議員の法律案提出に機関承認が必要であることは衆議院の確立された先例であり，裁判所としてはその自律的判断を前提として当否を判断すれば足りる。
*2　議院の自律権の範囲内に属する事項について議院の行った判断については，他の国家機関が干渉し，介入することは許されず，当該議院の自主性を尊重すべきものと解するのが相当。

〔追記(1)〕　本文では，「会派による議案提出」という視点から，機関承認について述べたが，ここでは，「会派による議案提出」の事後調整とも言い得る事例について触れておく。

180回，公職選挙法及び衆議院議員選挙区画定審議会設置法改正法案[7]（民主提出）の委員会採決前日（平24.8.26），既に「民主」から離脱して

7　衆議院議員小選挙区の格差是正（0増5減）と連用制的比例枠の導入を伴う比例定数削減（40人）を目的とするもの。8.27の倫選特委員会採決は，民主単独となった（8.28の本会議について，Ⅱ-4(b)ロ(7)参照）。結局，同法案は参議院において委員会未付託未了となった。なお，次国会に提出された同一法案について，Ⅲ-2：注11(2)参照。

第Ⅲ章 事例からの考察

「国民の生活が第一」所属となっていた4人について，双方の会派の要請を踏まえて，同法案の賛成者から削除した（提出者は該当議員なし）。

「会派による議案提出」が徹底される中で，提出者あるいは賛成者となっている議員が当該議案に反対する会派を構成することとなって，採決にまで至るケースがなかったため，これまで，会派異動によって生じた「会派による議案提出」のその後の不整合はほとんど潜在的な問題に留まっていた[8]。本事例は，提出者，賛成者の訂正を認める「特別の事情がある場合」（先156）に該当するものとして，顕在化した「会派による議案提出」の不整合が再調整されたものである。

先例集156号［議案の発議者又は賛成者の追加又は取消しは，その案の配付後はこれを許さない。しかし，配付後であっても，死亡，除名，その他特別の事情がある場合の訂正はこの限りでない］中の「特別の事情がある場合」の該当例は，委員会において提案理由説明を行うため賛成者から発議者への変更／所管又は関連委員会の委員長就任のため発議者から削除／共同提出議案の発議者を国務大臣等就任に伴い削除した結果，一つの会派の提出者がいなくなるため，当該会派の議員を賛成者から提出者に変更／他の公職への立候補により賛成者要件を欠くこととなるため事前に賛成者を追加／等々多様である。

「会派による議案提出」が，会派による運営の対象に相応しいものとして安定して存続し得るために，合理性がある場合には，議案の提出要件，存続要件を補完するものとして，提出者，賛成者の訂正（追加，削除，変更）が行われている。注8の措置が回避されたこと，そして，本事例のように，会派構成の変化に伴って「会派による議案提出」の再調整が行われたこともそのように理解できよう。

---

[8] 類似的であるが，連立の組替えに伴う内容変更のため撤回再提出が念頭におかれた法案について，撤回（衆規36前段）に応じない連立離脱会派（の議員）を削除し得るか。連立の中で提出に加わっていなかった会派（の議員）を新たに追加し得るか。こうしたことの是非が検討されたことはあるが具体化しなかった。

4　議案提出の機関承認

参考Ⅲ－6　議案の賛成者要件と存続要件
　(1)　衆議院においては，議案提出の賛成者要件は議案の存続要件としても規定された（昭30年改正，衆規36の2）。この意味を，当時の大池事務総長は「賛成者が，途中で，おれはあの法案に不賛成だということで定数を欠きましたような場合には，速やかに補充してもらう。どうしても補充できなかった場合は，その議案は消滅として取り扱う」と述べている（22回（特）議運委会議録1号追加：昭30.3.14各派協議会改正案逐条審査）。しかし，ほどなく，不賛成を理由とする賛成者からの削除は想定外のものとなる。会派による運営の深化にともなって，会派による管理・統制もまた深化したのである。なお，転機を物語るものとして，発議者，賛成者の相当数が採決に当たって欠席あるいは反対票を投じた「売春等処罰法案」をめぐる議論を参照（22回昭30.7.22議運委会議録46号2-5頁）。
　(2)　参議院は昭30年改正において賛成者要件を存続要件として規定しなかった。前段として，参議院は初めて半数改選となる昭25年の第2回通常選挙を前にした7回国会，閉会中審査議決の是非を協議しこれを是として運用した。半数改選による準立法期よりも参議院の継続性に重心を置く運用である。そして昭和31年25回（臨時）国会，通常選挙を跨いだ初の参法継続案（任期満了により発議者・賛成者の一部欠如）の取扱いについて協議し，発議者・賛成者の欠如と参法存続との関係を包括的に整理した（7回昭25.5.1参議運委会議録65号3-5頁：継続調査要求及び継続審査要求の取扱いに関する件（5.2参本会議録50号108頁も参照），25回（臨時）昭31.11.24参議運委会議録9号2，3頁：議員発議に係る継続審査議案の取り扱いに関する件参照。準立法期について，Ⅱ－5ニf参照）。
　(3)　参先145号が「発議者が全部なくなったときは議案は消滅するが，1人でも残っているときはその議案は影響を受けない。また，賛成者が全部なくなっても，議案は影響を受けない」とする根拠は，同号が注として全文掲載するとおり，上記，25回（臨時）国会の議院運営委員会の決定に他ならない。
　参法存続の一般原則である同決定の内容［一　議案の発議者又は賛成者であって，議員の任期満了その他の事由により議員でなくなった者は，発議者又は賛成者から削除する。二　右の結果議案の発議者又は賛成者が減少した場合において，1　発議者が減少しても発議者が一人でも残っている限りその議案は影響を受けない。2　発議者が全部なくなったときは議案は消滅する。3　賛成者が減少して成規の数を欠くに至った場合又は賛成者が全部なくなった場合にも議案は影響を受けない］が，準立法期を超えた継続参法への対応，つまり，賛成者要件と準立法期との折り合いを核としている

第Ⅲ章　事例からの考察

ことは明白であろう。いずれにせよ，通常選挙を跨ぐ参法の継続を考慮すれば，30 年改正において，参議院が，賛成者要件を存続要件として規定することは，そもそも選択肢として存在し得なかったのである。

ただし，その後の，継続性から準立法期優先への重心の以降に伴い，この決定の意味は最早見え難いものとなっている。参先 137 号は「通常選挙が行われる閉会中においては，議案の継続審査は行わないのを例とする」ところである。

(4)　以上が，議案存続に関わる規定あるいは運用の，衆参それぞれの由来と変遷であって，その差異が，それぞれの議事運営上の考え方の差異，例えば賛成者の立場が衆参で異なることを要因とする訳ではない。「賛成者となった議員は，その議案の発議者に対して質疑をすることができない」（参先 299，衆先には該当記載なし）ということは，内容を知悉しているから賛成者になっているという当然の前提によって導かれるものであって，衆参で異なるところはない。衆議院の先 245〔議案の賛成者は，発議者に代わって趣旨弁明をすることができる〕も，賛成者は内容を知悉しているという一点を踏まえて，発議者の突発的な体調不良等に対応した緊急避難的措置の説明であって，賛成者の特別な立場を殊更に示すものではない。

機関承認手続の有無に衆参で違いがあることの理由をこうしたことに見いだすのは難しい。

〔追記(2)〕　機関承認の問題についても追加しておく。

180 回平 24.4.27，議員定数 500 以下の一院制を 2016 年までに実現する内容の憲法改正原案が，120 人の賛成者（衆議院における賛成者要件 100 人以上：国 68 の 2）を得て，民，自，公等 8 会派の議員と無所属議員から提出された。機関承認がないため議運理事会の協議対象となり，受理しないことが会期末に至って確認された（9.7 の議運理事会）。

重い賛成者要件が規定されている憲法改正原案の提出にも，他の議員立法と同様に，会派による運営の統制が及ぶことが確認されたことになる。憲法改正手続法による改正国会法により，既存の委員会とは，明確に，一線を画するものとして設置された憲法審査会は，委員会審査省略（国 56 ②但）及び中間報告（国 56 の 3）の不適用以外は，基本的に一般の議案審査の規定等を準用するものであるが（国 102 の 9 [9] 等），この機関承認の問題が

9　(1)　国 102 の 9 は次のとおり。

4 議案提出の機関承認

そうであったように、議案の本会議趣旨説明をめぐる運用を始めとする既存の衆参両院の先例との関わりは未整理であり、今後の問題である。

注9のとおり、憲法改正原案の審査を、会期の不継続から解放し、最高度に自由度の高いものとして、憲法審査会に託する立法意図が、憲法改正原案を、闊達、かつ、入念な議論の対象と捉えていることは、間違いのない筈である。そのことを十分に踏まえた運営が創造されるべきことに、異論はないであろう。

---

① 第53条［委員長報告］、第54条［少数意見の報告］、第56条第2項本文［議案の付託］、第60条［委員長・発議者の他院における説明］及び第80条［請願の議決］の規定は憲法審査会について、第47条［付託案件の閉会中審査］（第3項［懲罰関係］を除く。）、第56条第3項から第5項［③会議に付するを要しない・④廃案・⑤送付議案について不適用］まで、第57条の3［内閣の意見聴取］及び第7章［国務大臣の出席等］の規定は日本国憲法に係る改正の発議又は国民投票に関する法律案に係る憲法審査会について準用する。
② 憲法審査会に付託された案件についての第68条［案件の後会不継続］の規定の適用については、同条ただし書中「第47条第2項の規定により閉会中審査した議案」とあるのは、「憲法改正原案、第47条第2項の規定により閉会中審査した議案」とする。
(2) 議院規則の準用については、衆議院憲法審査会規程26条等、参議院憲法審査会規程26条等参照。

第Ⅲ章　事例からの考察

5　議案の本会議趣旨説明

事例1　169回国会（平20.1.29）議院運営委員会において，与党（自公）提出の「国民生活等の混乱を回避し，予算の円滑な執行等に資するための租税特別措置法の一部を改正する法律案」外2法案は，いずれも本会議において趣旨説明を聴取しないこととし，議長においてそれぞれ所管の委員会に付託することを挙手多数により決定した（混乱）。

事例2　174回国会（平22.5.18）議院運営委員会において，野党発言の後，内閣提出の「郵政改革法案」外2法案について，当日の本会議において趣旨説明を聴取し，質疑を行うことを挙手多数により決定した（野党（自公共みんな）質疑通告をせず，本会議趣旨説明・質疑欠席）。

〈本項の関連：Ⅰ-6，Ⅱ-1〉

1　制度の成立ち

「各議院に発議又は提出された議案につき，議院運営委員会が特にその必要を認めた場合は，議院の会議において，その議案の趣旨の説明を聴取することができる[1]」との国会法56条の2の規定は，同法の2次改正（2回，昭23法154）により追加されたものである。先例集251号は「重要な議案について，会議においてその趣旨の説明を聴取する」として，「議院運営委員会の決定により，会議において，内閣提出議案にあっては関係国務大臣から，参議院提出又は議員発議の議案にあっては発議者から趣旨の説明を聴取している。この場合，議案が委員会に付託される前に聴取したこともあり，また付託された後に聴取したこともある」と説明する。

---

[1]　予算（案）は国56の2の対象とならない。そのルーツである読会制度が，注2のように法律案を対象とするものであったためでもあるが，それは，委員会制度を除けば，政府演説・代表質疑と予算の関係，予算の審査スタイル等も含め全体的に，帝国議会の審議システムを継承したことを示すものでもある。参考Ⅰ-10参照。

5　議案の本会議趣旨説明

　国会法において，議院の議案審議プロセスは「議案が発議又は提出されたときは，議長は，これを適当の委員会に付託し，その審査を経て会議に付する（56②本文）」と規定された。ここに委員会中心主義が規定されたのであるが，西沢は「第1回国会でこの方法で運用してみますと，従来の本会議中心主義[2]への郷愁と申しましようか，あこがれとでも申しましようか，そんなものが現われ始めて来たのであります。すなわち，どうしても重要法案については本会議で提案理由の説明を聞き，これに対して質疑したいとの強い要望からいたしまして，たしかこれは臨時石炭国家管理法案［臨時石炭鉱業管理法案］であつたと思いますが，議院運営委員会の申合せで，法案は国会法の規定によつて委員会に付託する，従つて，委員会では審査を進めてもよろしい，しかしながら，本会議ではこの法案を議題とするわけではないけれども，その提出理由を聴取する，そして，その説明について質疑を行うということはさしつかえないじやないかというので，申合せができたのであります。そこで，第2回国会で国会法の改正が行われました際にこの点が取上げられまして，この申合せ通りの条文が加[3]えられたと説明している。改正に至る前段として，1回国会に設置された議院運営委員会の議院の全機能発揮に関する小委員会においては，「提出された議案の趣旨徹底に関する件」について「国会法によりますれば，読会制度の廃止と常任委員会制度の採用によつて，議案が提出されると，ただちに委員会に付託され，その審査を経て本会議に付される結果，委員会の審査省略の場合を除いては，本会議において議員全部が議案の趣

---

[2] 法案審議の三読会制度については『議事解説』205-212頁参照。大枠は以下のとおり。大体論の審議となる第1読会においてはまず，法律案の趣旨弁明，質疑を経て，特別委員に付託される。委員会の審査終了後，第1読会の続会において，委員長報告，質疑，討論，採決が行われる（採決は，第2読会を開くか否かの採決）。続く第2読会は逐条審議が原則とされたものであるが，全条を一括して，修正案趣旨弁明，質疑，討論，採決が行われる（採決は，法律案の可否を決するもの）。続いて第3読会省略の動議が提出され，動議可決によって第2読会の議決が確定議となる（この動議が提出されなければ，第3読会が開かれ，討論，第2読会の議決に対し採決が行われて可否が確定することになる）。

[3] 西沢文書中13［立案過程における審議手続の変遷］参照。

第Ⅲ章　事例からの考察

旨弁明を聴いて論議する機会がなくなつたため，議員全体に議案の趣旨が徹底しないきらいがあるのであります。この点については，従来の読会制度を復活すべしとの論もありましたが，しかし，今にわかに以前の制度に復帰することは，いろいろの点から難点もあり，慎重な研究を要し，かつ将来の活発にして数多い議員立法の審査に思いをいたしますれば，現行の委員会制度の体系を崩すことなく，国会法の許す範囲での運用の妙を発揮すべきであるとの結論に達し，議案の趣旨徹底のために，まず議院運営委員会において必要と認めた重要議案については，ときには自由討議の制度を活用し，または動議で趣旨弁明を求めることとする。のみならず，その他の議案については，委員会で説明した提案理由を議員に印刷配布することとし，なおまた議長は議案の委員会付託を本会議に報告すること」[4]とされたところであった。

> **参考Ⅲ－7　国会法56条の2の源流②**
> （1）本条が，議院運営委員会の権限として規定された理由については，Ⅱ－1，参考Ⅱ－1においても既に触れているが，参議院側からは事前の事務協議において，委員会付託の前に本会議の議決によって行う案が提示されている。この案については，当時の大池衆議院事務総長の「事実の問題としては法案が出てまいれば，議長がただちに適当な委員会に付託してしまいますから，そうすると付託をする前に一日くらいずつ日を置いて，この問題はどうするどうするということをきめていかなければならないのであります。これは私どもの方は大体先日行いました現実そのままになるわけであります。それともう一つは参議院のような案にいたしまして，議院の付託前に一々やるということにいたしますと，かりに反対党の方で議事妨害をいたしたいというような場合に，これをすぐ趣旨弁明を聴こうということになりますと，数百の請願［ママ］について一々合法的に［直ちに趣旨説明を聴取すべしとの］議員の動議が出せるわけになる。これではとうてい運行上不可能になるという意味で，議院運営委員会が特にその必要を認めたものだけに限つてやることになります」との説明が了とされた（2回昭23.3.24議運委会議録19号3頁参照）。
> （2）上記により，本会議趣旨説明は「議院運営委員会が特にその必要を

4　1回昭22.10.11会議録44号1，2頁，同10.8議運委会議録30号1，2頁参照。
　1回国会の趣旨説明聴取例は，参考Ⅱ－7（国56の2）参照。

認めた場合」つまり，同委員会の決定による旨国会法に明記することによって，委員会付託の遅延を防ぎ，委員会制度に影響のないものにしようと腐心したことが分かる。本会議の議決によることとすれば，議長との諮問・答申の関係による議院運営委員会の協議決定を越えた議事妨害の具として，請願までもが趣旨説明を行うか否かという本会議の議決の対象とされて，本会議の運行，延いては，国会の運行に悪影響を与えかねないと，誇張をまじえて説明したのである。

(3) もちろん，前国会（1回国会）における本会議趣旨説明がそうであったように，また，「特にその必要を認めた場合」と規定されたように，委員会制度のもとでは，本会議趣旨説明の対象となるべき議案はあくまでも限定的なものとの理解があったのである。しかし，本文に記すとおりやがて大きな変化を遂げることになる。

(4) 参議院はこの時既に，本会議趣旨説明は実質的に委員会制度に組み込まれると考えていたのであろう。参議院が，議案の趣旨説明は委員会に付託する前に聴取するのを例とし，委員会付託後に本会議で趣旨説明を聴取する場合には，質疑は行わないこととしているのも一貫した考えによるものと理解できる（参先278，304）。

2　制度の変容

国会法56条の2はこのように，議員全員への重要議案の趣旨の徹底を目的とし，委員会制度の体系を崩すことはないという限定を強く意識した上で[5]，委員会制度に接ぎ木されたのではあるが，やがて，「議院運営委員

---

[5] (1) 5回（特）委員会付託前本会議趣旨説明の初例となった労働組合法案外1案の取扱いをめぐる議論（昭24.4.27議運委会議録26号1-3頁）参照。本会議趣旨説明が限定的に運用されていたことについて，16回（特）昭28.6.23議運委会議録9号1，2頁参照。その後，本会議趣旨説明，特に委員会付託前が一般化し，激増していくのは，本文のとおり19回以降である。

(2) 当初，本会議趣旨説明はすべて，前日までの議運委員会決定により議事日程に掲載して（当日の議運委決定により行うこととなった場合は動議により）行っていたが，議事日程記載あるいは動議という手続を一律に踏むことはなくなる（24回昭31.3.23，当該法案の撤回要求動議の否決に続き，議長の宣告によって趣旨説明を行った本文記載の公選法改正法案が契機）。

以後，議事日程に掲載しない場合も，議事日程掲載と同様に，議長の宣告のみによって行われるようになる。本会議趣旨説明は，件数の増加とともに，その手続においても特別のことではなくなり，やがて，議運理事会の機能と強く結びつ

第Ⅲ章　事例からの考察

会が特にその必要を認め」るか否かの協議の必要性が，必然的に議長の権限である議案の委員会付託を押し止める機能を生み，結局，議案の本会議趣旨説明は委員会制度に組み込まれたものとして意識されることとなる。

19回国会昭和29年，議院運営委員会において内閣提出（予定）法案について官房長官の出席説明を求めた際，委員長が「最近各党の国会対策委員長あるいは幹事長会議等で，重要な法案はなるべく本会議で趣旨説明をし，一応の質疑応答をしたいという申合せがあるようです。あるいは国会法の改正にも関連しておることですが，こういうこともありますから，従つて今出される，あるいは出されようとしておる法案の中から各党がこれを摘出して，そういうことを申し出る場合が今までより非常に多くなつて来ると思いますから，政府におきましては，あらかじめそういうことを心構えとして持つていてもらいたい。今世間うわさに上つておる警察法あるいは教育の中立性確保に関する法律案のごときは当然でございますが，その他にも，今回は本会議で説明を要求するものがずいぶん多くなると思います。これらは各党との間で緊密な連絡をとつて，なお内閣にも申し出る場合があると思いますから，そういうことをあらかじめ御承知おき願いたいと思います」と発言している（29.2.10議運委会議録11号2頁参照）。

更に，自社体制となって以降の24回国会昭31年，議院運営委員会において，社会党理事の要請に自民党理事が「重要法案をまず本会議で説明してから委員会に回す，このことは，特に重要なものについては過去においてもそういう方法をとって参ったわけでございますが，今国会においても，特に重要なものについてはさような取扱いをすることに私どもも賛成でございます。ただ，重要なものということにつきましては，本委員会において両党で話し合いの上，いずれのものが重要であるかということを，今後よく話し合った上でということが必要であると思います」と応えている（31.1.31議運委会議録7号1，2頁参照）。

同じく，同24回国会（31.5.15）公職選挙法改正案（鳩山内閣提出の衆議院議員小選挙区法案）の委員会採決直前の攻防の中，去る3月24日に行わ

くこととなる。その後について，Ⅰ：注14(2)(3)参照。

5 議案の本会議趣旨説明

れた同法案の内閣修正（正誤的な内容）が本会議の承諾（国59）を得ていないとして紛糾，休憩する事態となった（公選特委会議録33号31，32頁参照）。同法案は内閣修正の前日（3.23）に本会議趣旨説明が行われており，社会党はそのことをもって既に議題となっていると主張したのである。結局，休憩中に，この問題を問われた議院運営委員会理事会において，今後は本会議趣旨説明を行ったものは議題とみなし，院議を経ることで収拾されたのであるが，ここにおいては既に，本会議趣旨説明は委員会制度に組み込まれたものとの認識が，委員会制度の体系とは別のものとする理屈を上回るものとなっている。

やがて，各会派は趣旨説明を要求する議案を予めマークし，その議案の提出と同時に議案課に趣旨の説明を要求する文書を提出，そのことをもって議長の委員会付託を止めることが手続として制度化されることとなったのである[6]。

そして，制度化された委員会付託の保留機能は，本会議趣旨説明が必要と認めるか否かという法定された議院運営委員会の協議の目的を越え，重要議案を抱えることとなる委員会のスケジュールをめぐる駆引きの場を提供するものとなり，結果として委員会制度を強く拘束することとなったのである。このことが，議院運営委員会理事会が議院運営委員会を実質的に代替することとなったこと等と密接に関係したものであることは既に述べたが，それが，いわゆる55年体制による国対政治の深化と表裏の関係にあったことは言うまでもない[7]。

---

6 後会継続付託議案の趣旨説明（注11参照），特別委員会院議付託議案（Ⅲ－8：注3参照）の趣旨説明を除く，言わば純粋な委員会付託後の趣旨説明が51回昭41年以降途絶えたのは，この制度化の顕われである。

7 (1) 重要議案だけではなく，多くの議案が重要議案の「まくら」として「つるし」の対象とされることとなった。

(2) 126回平5.6.15，議運委員会は「議案の趣旨説明と付託に関する件」について議論を行い，「委員会中心主義の下では，提出された議案は，直ちに委員会に付託されるのが原則である。趣旨説明は，重要な議案について議院運営委員会が特に必要と認めた場合，本会議においてその趣旨の説明を行い，当該委員以外に対しても，その趣旨及び内容を明らかにする制度である。国会改革の一環として，議院運営委員会がこの制度を運用するに当たっては，審議の充実を図るという認

第Ⅲ章　事例からの考察

　そして更に進んで，議案のすべてが，ほとんど例外なく委員会付託保留の対象とされることとなった[8]。この段階に至っては，各党の国対，そして各国対と直結した出先としての，議院運営委員会理事会と各委員会理事会，この三者の関係によって，議院の運営全体が細部からスケジュールをめぐる対立に転換され，手続化されたと言っても過言ではない[9]。異質のものとして接ぎ木された規定の「運用の妙」によって，委員会制度を越えて議院の運営全体，国会の運営全体を強く拘束する制度が築き上げられたのである。

3　本会議趣旨説明要求と委員会付託

　上述のような駆け引きの中で議案は，①議院運営委員会の決定により趣旨説明・質疑を行う。②趣旨説明を要求する会派が要求を取り下げる[10]。③議院運営委員会において趣旨説明を聴取しないことを決定する。以上のいずれかを経て委員会に付託される[11]。

　常会においては，①の趣旨説明・質疑は20回程度に及ぶ。4回程度が総理大臣出席のもとで行われる重要広範議案である。

　議院運営委員会理事会において，常会にあっては，野党第1党の登壇回数を25回と置いて各野党に按分される回数の範囲で，各野党が選択した

　　識に立ち，その本旨に則った円滑な運営を目指すこととする」との申合せを行い，現状への危機感を共有したのであるが，その後に活かされることはなかった。
 8　前注の議運委員会申合せが行われた翌年（129回国会）には，野党第1党（自民）がすべての内閣提出議案，与党提出法案に趣旨説明要求を付した。その後も136回平成8年以降，再びほとんどすべての議案に，時の野党第1党が要求を付すようになった。与党もまた，野党提出法案に要求を付するのである。
 9　予算をめぐる駆け引きに議運が直接関係する場面は，公聴会や予算の本会議上程に直結するものを除けば，多くはない。このことについては注1参照。
 10　要求会派が小会派（議運理オブザーバー）のみとなった場合，③によらず議運理事会の段階で委員会付託を決定することがある。この決定の根拠は理事ではないオブザーバーとしての地位に由来するものである。
 11　前国会，趣旨説明について決着をみていない継続議案も，会期の初めに委員会に付託されるが（先193号参照），再度趣旨説明要求が付され実質的に未付託の状態に置かれて，趣旨説明を聴取するかしないかのタイミングが問題となることに変わりはない。

5 議案の本会議趣旨説明

議案をもとに調整が行われる（野党第1党が質疑をしない議案について趣旨説明・質疑が行われることはない）。この協議は，予算委員会以外の各委員会の審査が始まるタイミングを睨み，予算委員会が，全大臣出席の基本的質疑を終えて一般的質疑に入る頃から本格化する。趣旨説明は，まず税制改正法案，公債発行特例法案[12]など総予算との一体的処理が念頭におかれる重要な歳入法案から行われるが，趣旨説明聴取議案と野党質疑会派の総枠は，総予算の衆議院通過の頃までに概ね合意されることとなる（与党の質疑議案はこの中から適宜選択）。臨時会においても，常会での手法を踏まえて協議が行われ，早期の合意が図られる。

どの議案を，①の趣旨説明の対象とするかは上述したとおり，事前に概ねまとめて合意されるものであって，②の趣旨説明要求の取下げ，あるいは，③の議院運営委員会の決定によって委員会に付託される議案の大半は，そもそも趣旨説明の対象とはならないことが元から明白なものである[13]。趣旨説明要求による委員会付託の保留によって帰着するものは，①，②，③いずれとなる場合も，既に述べたとおり，ほとんどが，いつどの順番でそれを行って所管の委員会に付託するかという問題ということになる。

所管の委員会が重要議案を抱えることになればなるほど，また，国会の

---

12 ねじれの中，平成23，24年度の各公債発行特例法案は，総理の退陣条件あるいは解散の条件となってそれぞれ成立までに難航を極めた。181回平24.11.16の解散を前に，「予算を円滑に執行することで，国民生活の安定を確保し，経済活動に混乱を招かないための時限的な措置」として，27年度までの各年度の特例公債を可能とする修正が施され24年度の公債発行特例法案は急遽成立した（Ⅲ-2-2参照）。一定の歯止めがなされた上とはいえ，国会の審議の規律を問うことなく，財政の規律の在り方を変更したことには違和感を禁じ得ない。「戦後初となった大規模な予算の執行抑制──特例公債法案をめぐる経緯と論点──（三角政勝）」参照『立法と調査』335号：2012所収。

13 ①の議案の趣旨説明がすべて行われた時期に至っても，②による委員会付託が遅々として進まない状況に陥れば，まとめて③の議運委採決による決定が行われるということも起こる訳である。174回平22にあっては，二度にわたりこの手法がとられることとなった（5.11には9件について，5.25には8件について，それぞれ，趣旨説明を聴取しないことを議運委決定）。

第Ⅲ章　事例からの考察

運営全体をめぐって対立が激しければ激しいほど，連動して協議は膠着し，合意は困難を極めることになる。事例1，事例2は，議院運営委員会の決定による①，③のケースのうち，混乱を伴ったものであるが，ともに激しい対立がその後も続くこととなった。

以上のように，国会法56条の2の「議院運営委員会が特にその必要を認めた場合」がもたらした影響はあまりにも大きい。それは，制度を作る際の――対象とする議案の判断を（本会議から遮断して）議院運営委員会の権限と明記することで，本会議混乱の憂いを断ち，議院の運営，国会の運営への悪影響を回避したいという――議事手続上の配慮とは全く別のベクトルに向かい，ほとんど際限のない「政治的かけ引き」を保証するものとなったのである。

参考Ⅲ-8　重要広範議案〈参考Ⅱ-6参照〉

（1）重要広範議案は，国会審議の活性化と行政機関における政治主導の活性化を目的とした平成11年の制度改正（党首討論，政府委員の廃止と副大臣・大臣政務官の導入等）の一環として，146回（臨時）国会から導入されたもので，これにより内閣総理大臣が出席する議案の趣旨説明・質疑は，議院運営委員会理事会が特に重要かつ広範な内容を有すると認めもの（重要広範議案）に限られることとなった。総理に対する憲法63条による議院の出席要求という高次の縛りによって，議員の個別の答弁要求を一律に調整・抑制したということになろう。これ以前は，ほとんどすべての趣旨説明・質疑に，議員の答弁要求によって，総理は例外なく出席していたのであるが，同時に導入される党首討論の定期的な開催が想定されたこと等との兼ね合いから，国会審議の活性化と政治主導の調整が図られたのである[14]。

（2）重要広範議案の指定は，本文のとおり，議院運営委員会理事会が行い，この議案の趣旨説明及び質疑は，内閣総理大臣の出席のもとで行われる。

（3）重要広範議案については議院運営委員会理事会に参加する全会派に質疑が保証される（制度開始当初は，本文記載の登壇回数25回をベースとした各派割当とは別枠と考えられていたが，159回国会平16年以降，総選

14　国会審議活性化法の制定・施行に伴う申合せによって，国会審議の全般の在り方を，重要広範議案の導入を含め運用レベルから包括的・複合的に見直したのであるが，同床異夢を抱え込む申合せの宿命が，党首討論の低迷だけではなく，特に委員会審議の活性化とは寧ろ逆方向に作用したことは否定できないであろう。

挙の結果により小会派の規模が縮小したこともあり，別枠とはされなくなった）。

(4) 重要広範議案については，委員会審査においても総理出席の機会が設けられる。

(5) 重要広範議案の指定は，登壇回数の縛りの範囲で野党の要望を踏まえて合意されてきたが，混乱を極め審議が著しく滞った174回国会平22年にあっては，子ども手当法案等について合意に至らなかった。委員会審議における総理出席の有無，参議院の委員会審議への影響を念頭に激しく対立したのである。（参議院においても，衆議院と概ね同様の議案が重要広範議案となっている。）

【事例の背景と補足】

事例1 (1) 平成19年7月29日，参議院議員通常選挙により衆参ねじれの状態となった秋の臨時会（168回国会）は，テロ対策海上活動補給支援特措法案をめぐる対立によって，（みなし否決・再議決（憲59④，②）を視野に）翌年1月15日まで越年延長された。1月11日，参議院は，同法案を否決・返付，同日衆議院の再議決によって成立した。

(2) 続く常会（169回国会）は当初から，3月末に期限の到来する揮発油税の暫定税率撤廃を目指す野党民主党が，当該暫定税率の存続規定をはじめ他の多くの税制の存続規定を含む「所得税法改正法案」，「地方税法改正法案」（ともに閣法）の年度内成立阻止の強行姿勢を崩さず。与党（自公）は対抗して，失効する所得税，関税，地方税の諸規定を4月から2ヶ月まとめて延長するいわゆる「つなぎ法案（ブリッジ法案）」3件を，1月29日に提出，議院運営委員会（緊急開会・野党欠席）の決定により，趣旨説明を聴取せず財務金融委員会と総務委員会にそれぞれ付託することを決定したものである（翌30日の本会議も設定）[15]。

(3) その後，財金，総務の両委員会も理事懇談会において翌30日の委員会を設定した（野党欠席）。送付後60日経過による衆議院のみなし否決・再議決を想定すれば，つなぎ法案を年度内に成立させるためのぎりぎりの

---

15 (1) 本会議設定についてⅡ-4(b)イ，議運委員会の緊急開会についてⅡ-4(b)ロ(6)参照。

(2) つなぎ法案は，補正予算等の委員会，本会議可決後に提出（22時）。野党抗議退席のまま協議中の議運理事会室を多数の民主党議員が外から封鎖。議長応接室で開会される議運委員会は更にずれ込んだ。

第Ⅲ章　事例からの考察

タイミングであり，また，4月から2ヶ月のつなぎ期間の内には，同じく衆議院のみなし否決・再議決によって閣法そのものの成立を見込めるものであった。

（4）翌30日，両委員会において3法案可決（混乱）。双方の執行部に常識ある対応を求めてきた河野洋平議長[*1]は，議院運営委員会と本会議の開会延期を要請して両党幹事長と協議，江田五月参議院議長との協議を経て，両院議長・各党幹事長書記局長会談が開かれ，両院議長の斡旋[*2]に各党が合意するに至って当面の対立は回避された[16]。

[*1] 常会の初め（1.22），河野議長は衆参正副議長会談を呼びかけて認識の共有を図った。以後2度にわたる両院議長あっせんの伏線となったものである。会談後の河野議長の会見要旨は次のとおり。「本日，衆・参の正副議長にお集まりいただきました。いよいよ通常国会がスタートしましたが，昨年の参議院選挙の結果，衆・参で多数会派が異なる，いわゆる「ねじれ国会」となり，臨時国会では，テロ特措法をめぐって，衆議院の再議決という結論で終わりました。この通常国会においては，国民生活に密接に関連する法案が提出されることを踏まえ，私は開会式の式辞で「衆・参両院がともに議論をつくして合意形成に努力し，国民生活の安定向上に努めなければならない」と申し上げました。衆議院，参議院の代表者である我々が，話し合って両院の架け橋となり，それによって，議会が国民の期待・信頼に応える一助となればと思い会談を行ったものであります。」

[*2] 斡旋は次のとおり。①，総予算及び歳入法案の審査に当たっては，公聴会や参考人質疑を含む徹底した審議を行ったうえで，年度内に一定の結論を得るものとする。②，国会審議を通し，税法については各党間で合意が得られたものについては，立法府において修正する。③，①②について，両院議長の下で，与野党間で同意が得られた場合は，いわゆるセイフティネット（ブリッジ）法案は取り下げる。

　なお，合意に当たって，河野議長が，①の「年度内に一定の結論を得る」の意味は，衆参両院で総予算及び歳入法案の審査については従来の審査の慣例に従う趣旨である旨，念押しの発言を行ったが，歳入法案について年度内に一定の結論が得られることはなかった。（その後二度目の議長斡旋等の経過については，Ⅲ-12を参照。）

16　翌日，財金，総務両委員会は，委員会報告書撤回申出（先241参照）及びつなぎ法案の撤回を許可（衆規36後段）。

5 議案の本会議趣旨説明

> **事例2** (1) 通常，前日までの議運理事会で，趣旨説明を聴取する議案とその日時，質疑会派が順序と時間も含め合意されるので，本会議趣旨説明当日の議運委員会の決定は理事会合意のとおり異議なく行われる。強い反対を押し切る場合には，前日までに議運委員会を開いて決定することもあるが（その場合は議事日程掲載となる），本事例では，前日17日の理事会で野党の合意のないまま趣旨説明を行うことを押し切り，更に翌18日当日の理事会も対立したまま，委員会の決定に至ったものである。なお，野党は質疑通告をせず[17]，本会議においても趣旨説明が始まる前に退席した。
>
> (2) 平成21年の政権交代後最初の常会となった本国会は，会期終盤に至っても多くの委員会で審議が停頓し，窮した与党の強硬手段の連発によって委員長解任決議案等が次々と提出されることとなった[18]。そうした状況下，本事例の郵政改革3法案は，既に対立が続く総務委員会[19]において，5.28（金）に提案理由説明から，質疑，採決まで一気に行われた（混乱）（5.31（月）本会議可決[20]，参議院送付）。その後内閣の更迭を経た本国会は，通常選挙を控えて会期の延長なく終了し（6.16），郵政改革3法案も，参議院において委員会未付託のまま未了，廃案となった*3。
>
> *3 平22.6.2（水）鳩山由紀夫総理辞意表明／6.4（金）鳩山内閣総辞職閣議決定，民主代表選，衆参それぞれ菅君を総理指名／6.8（火）[21]菅直人総理任命・内閣成立／6.11（金）菅総理所信演説／6.14（月）衆代表質疑，6.15参代表質疑。（野党は衆参各3日間の予算委を要求，与党は拒否）／6.16（会期終了日）参本会議は流会（江田議長不信任

---

17 質疑通告が出ている状態で欠席の場合は，議長は欠席の質疑通告者についても順序によって発言を許可し，出席がないので発言権を放棄したものと認める旨を宣告することとなる（先266参照）。

18 Ⅲ-7［事例1補足］参照。参通常選挙を控えて会期延長を想定し難い状況にあり，会期終盤に至って，参与党から衆与党に早期送付について強い要請があったところでもある。注22参照。

19 放送法改正法案採決により総務委員長解任決議案提出／否決（5.27）。

20 野党国対委員長が横路議長に抗議中に本会議開会ベル（本鈴）が鳴り，更に野党不在のまま本会議が開会されたことに対する反発が，2度目の議長不信任決議案提出の大きな要因となった（Ⅲ-7［事例1］）。

　なお，本会議開会時刻（本鈴）及び10分前の予鈴時刻は議運委員会で委員長が宣告する。更に，予鈴・本鈴を鳴らす前にその都度，議運委員長の指示により各会派の国対に確認のため通告している（本会議前に開かれる各党代議士会等の進捗状況等により，若干の開会時刻の調整が行われることがある）。

21 週明け6.8の総理任命は，その後の国会日程（所信質疑）と通常選挙期日を考慮したもの。

第Ⅲ章 事例からの考察

> 決議案,菅総理問責決議案外1決議案上程されず),同日,参通常選挙日程閣議決定（6.24公示,7.11投票）[22]。

---

[22] 参通常選挙の期日については公選法32条参照。通常選挙前の常会は選挙期日を念頭にいれて召集される。このことによる会期の固定性が運営に強い影響を与えることともなる。なお,通常選挙前の国会の参議院における議案の取扱いについては参先137,参考Ⅲ－6(2)参照。

6 議長の決裁権

事例 177回国会（平23.3.31），参議院本会議において，「国民生活等の混乱を回避するための平成22年度における子ども手当の支給に関する法律の一部を改正する法律案」（衆議院提出）を採決の結果，賛成票120票，反対票120票の同数となったため，議長（西岡武夫君）は，憲法56条2項の規定により可と決し，本案は可決，成立した（参先337）。

〈法規と先例の概要〉

憲56②：両議院の議事は，……，出席議員の過半数でこれを決し[1]，可否同数のときは，議長の決するところによる。[旧憲47：両議院ノ議事ハ過半数ヲ以テ決ス可否同数ナルトキハ議長ノ決スル所ニ依ル]	☆議長は，選挙の投票には加わるが，表決に加わったことはない。表決の結果が可否同数であるときは，議長の決するところによる（先311）[帝国議会4事例の日付と速記録頁を記して「いずれも消極に決している」と説明]

1 消極に解することの先例集上の変化

議長は表決権の行使を自制する。これは議長の議事主宰者としての中立性の配慮によるものである。可否同数となった場合には，議長は積極にも消極にも自らの意思によって可否を決することになる。以上が衆参を問わない現在の共通する認識であろう。

現在の認識といったのは，かつて議長決裁権の行使について（衆議院が）「消極に解する」ことを先例としていたからである。ここでは，そのことについて考える。

昭和38年版先例集（333号）までは，昭和17年版先例彙纂411号「議

---

1 Ⅲ－1－6参照。

第Ⅲ章　事例からの考察

長決裁権ヲ行フ場合ハ消極的ナルヲ例トス」をそのまま受け継ぎ，帝国議会の事例を掲載し「議長は消極に解するのを例とする」として，強い規範性を持たせていた。

昭和53年版以降（現行311号）は，「議長が決裁権を行う」として，帝国議会の事例を掲載し「いずれも消極に決している」と説明する。先例集は，帝国議会の事例によって，消極に決したという事実を語るものへと変化したのである[2]。

参考Ⅲ－9　議長が消極に決した例（帝国議会）

2回議会（明24.12.17）〈10回国会の事例まで定数300／23回は定数381〉
　商法及商法施行条例ノ一部ヲ改正スル法律案の第三読会開会について，64対64
10回議会（明30.3.15）
　自家用酒税法中改正法律案の第二読会開会について，54対54
10回議会（明30.3.24）
　重要輸出品同業組合法案の第二読会開会について，87対87
23回議会（明40.3.27）
　第二女子高等師範学校位置ニ関スル建議案，131対131

(1)　上記4例のうち議案の賛否が問われた事例は23回議会のみである。同建議案は前日の会議において131（可），132（否）で否決されたところ，後の点検によってその投票中に同一氏名の投票（いずれも否）が2票あり，調査の結果うち1票は隣席の議員が誤って投票したことが判明したため，翌日の会議において，議長がこれを報告，誤投票をした議員が陳謝した後，その1票を無効とする旨を宣告して，次いで可否同数になったことにより昨日の否決の宣告を取り消し，更に議長の決裁により否決とする旨を宣告したものである（先例彙纂411，先307参照）。

(2)　議員の瑕疵がなければ議長が決裁権を行使するまでもなかったことを踏まえれば，議長には消極に決する選択肢しかなかったのであって，先例集上，こうした事例によって消極行使の規範を導き補強してきたとすれば，この規範はやはり脆弱性があったと言わざるを得ないであろう。

---

[2]　衆議院における事例を踏まえた変更ではないこと，帝国議会の事例をそのまま掲載して，「いずれも消極に決している」としていることに鑑みれば，説明を変更してもなお規範性が読み取られることは否定できない。そうであったとしても，それは議長が自由に可否の判断を行うに際しての，歴史的参考材料以上のものではないのであるが。

6　議長の決裁権

　昭和38年版先例集までの「消極に解するのを例とする[3]」が示していたものは，憲法56条2項（帝国憲法47条）が規定する議長決裁権は，常に消極に行使されるという一貫性であったが，参議院における議長決裁権行使の初例，75回国会会期終了日（昭50.7.4)「政治資金規正法の一部を改正する法律案（閣法，衆議院送付）」採決において，河野謙三議長が積極に行使して可としたこと[4]，このことを踏まえて，規範の説明から事実の説明へと転換したのである。

2　消極に解してきたことの意味

　この変更以前の議長権限の制約的解釈は何を意味したのであろうか。先例集311号は，「議長は，選挙の投票には加わる[5]が，表決に加わったことはない。表決の結果が可否同数であるときは，議長の決するところによる」と説明する。
　「表決に加わったことはない」とは，言外に議長は決裁権だけでなく表決権も有しているということを表したうえで，それを行使したことがない

3　現行先例集にも「例とする」との表現は多く用いられている。例えば12号は「常会は，毎年1月中に召集されるのを例とする」というものであるが，国会法2条が「常会は，毎年1月中に召集するのを常例とする」と規定していることを勘案すれば，先例集の「例とする」との表現の規範性が理解できるであろう。

4　(1)　参先337は「採決の結果可否同数となったときは，憲法第56条第2項の規定により議長が決する。その例は次のとおりである」として75回の事例及び本事例を掲載。
　(2)　75回，参議院本会議は，公選法改正法案及び政治資金規正法改正法案の両案の中間報告（前会の続）の議事を経て，公選法改正法案を可決（賛成186，反対49)，政治資金規正法改正法案を議長決裁により可決（賛成117，反対117)。

5　(1)　議長は総理指名の選挙にも加わる。なお，参先66は「議長席にある議長又は副議長は，選挙及び内閣総理大臣の指名の投票を行わず，また，表決にも加わらないのを例とする」としている。
　(2)　選挙においては，上位2人による決選投票の得票が同数の場合はくじで当選者を決めるのであって，議長が決裁権を行使するものではない。従って，議長の，選挙に対する自制は法的な判断によるものではなく，あくまでも政治的に相応しいか否かという価値判断によるものということになる。両院の違いが際立つのは選挙手続（記名）による総理指名の場合であるが，いずれにしても議院それぞれの価値判断であるから，どちらが相応しいかを問うようなものではない。

第Ⅲ章　事例からの考察

ということ，つまり，表決権の行使は自制しているということを表現している。それを踏まえて，決裁権が行使されるのであるが，昭和38年版までは，その決裁権を「消極に」行使すべきと考えてきたのである。その理由は以下の如くではなかったろうか。

ここで表現されていたものは過半数原則の徹底である。可否同数ということは，過半数を得ていないという意味では否決と同等であり，議長の決裁権は，その結論を確定する手段と認識されることになる。このことの前提となるポイントが，既に述べたように，議長は本来，表決権と決裁権の双方を有すると解することにある。

議長の表決権行使の自制は，個々の採決と関係なく観念として存在するものではなく，あくまでも個々の採決のすべてに，いわゆる棄権（表決権行使の放棄）6として組み込まれている。そして，このことによって，次の両論——「議長モ議員トシテノ表決権ヲ有シ，其ノ上決裁権ヲ有スルトノ説ニ対シ，表決権ト謂フモ決裁権ト謂フモ等シク問題ニ対スル議長ノ意思表示デアルカラ，同一人ガ二度同一問題ニ対シテ意思ノ表示ヲ為スコトハ出来ナイトスル説デアル。法律論トシテハ前説即チ議長ハ表決権ノ外ニ決裁権ヲモ有ストスルノガ正シイト信ズルガ，政治論トシテハ表決権ハ行ハズシテ決裁権ノミヲ行使スル方ガ穏当デアル」（『議事解説』119頁）——法律論と政治論との両立を達成しているのである。

議長が表決権行使を主体的に自制して放棄した採決の結果が可否同数となるからこそ，過半数原則の徹底によって，決裁権の行使は一貫して消極に解すべきものとなり，議長の決裁は，現状維持的であるべきとの保守的観念とも矛盾のないものとなるのである。

3　議長決裁権の現在

こうした自制による消極解釈の一貫性がその視線から外してきたもの

6　(1)　棄権の意味については，Ⅲ－1－6参照。
　　(2)　議事主宰者としての議長の表決の自制は，記名採決時の氏名点呼の対象から議長が除外されることによって明示されている。

が，皮肉にも決裁権行使における議長の意思そのものであった。このことを直視させたのが，昭和50年の参議院議長の積極行使であったということになるが，いずれにしても，当時の与野党伯仲下にあって，可否の判断が現状維持という消極性によって拘束されるべきではない局面があることを，参議院の議長自身が誰よりも強く認識したということになろう。

　表決権の自制は，法律論と政治論の観念的な両立としてではなく，決裁権が議長自身の判断によって行使されること，この言わば当然の前提を配慮したものへと転換したことになる。53年版先例集が，参議院議長の積極行使を入れて変更されたことにも，こうした背景と必然性があったと考える。

　なお，委員会の表決については，国会法50条が，過半数原則及び委員長の決裁権を明記するところである。委員長が表決に加わらないのは議長と同様であるが，決裁権の行使については，当初から，委員長の判断により，消極，積極いずれにも決してきたところであり，一様ではない（委先118，119参照）。議長の決裁権行使に関する先例についても，委員長の決裁権行使の有り様をも踏まえた検討がなされるべきであったと考える。

　いずれにせよ，決裁権の消極行使の規範性の強調は，いわば議長の権限行使から議長の個性を抜くことによって生成・発展してきた，会派による運営の個性と無縁ではないであろう。

【事例の補足】

> 　衆参ねじれの状況下，東日本大震災からの復旧・復興財源問題等によって，年度末を間近にしても「平成23年度における子ども手当の支給等に関する法律案（閣法）」成立の見通しがないため，3月22日，与党民主党は，半年間の「つなぎ法案」として「国民生活等の混乱を回避するための平成22年度における子ども手当の支給に関する法律の一部を改正する法律案」を衆議院に提出。同法案は，同月29日に衆議院を通過し，参議院に送付された。
> 　参議院の主導権を握る野党自民党は，22年度の水準を維持する「つなぎ法案」と，3歳未満に限り7,000円を上積みすることを盛り込んだ「23年度の子ども手当法案（閣法）」は全く異なるもので，同じ政府・与党から

第Ⅲ章　事例からの考察

> 違った内容の二つの法案が提出た状態[7]では，参議院で「つなぎ法案」の審議に応じることはできないとしたため，同月30日，菅内閣は「23年度の子ども手当法案」の撤回（国59）を衆議院に求め，翌31日の衆議院本会議において異議なく承諾された[8]。このことを踏まえて同日，参議院において「つなぎ法案」の審議が行われたものである[9]。

---

[7] 歳入法案である国税，地方税改正のための閣法2件に関しては，同じ論法から，野党の自民，公明両党の共同によって，日切れ部分の「つなぎ法案」が，「国民生活等の混乱を回避するための租税特別措置法等の一部を改正する法律案」，「国民生活等の混乱を回避するための地方税法の一部を改正する法律案」として提出され，いずれも3月31日成立した。

[8] 本会議に先立ち，官房長官が議運理事会に出席，遺憾の意を述べた（与野党国対委員長会談にも出席）。

[9] その後，会期延長を経て8月4日に至り，民自公3党の幹事長，政調会長会談によって，子ども手当について年度内で廃止したうえで，来年度から所得制限を盛り込んだ新たな児童手当制度に移行することで合意。つなぎ法による現行子ども手当は今年9月で失効するため，特別措置法案を今国会に提出し，10月〜来年3月は子ども手当を暫定的に継続させる。10月以降の支給額は特措法案により，現行の一律月1万3,000円から，3歳未満と第3子以降（3〜12歳）に月1万5,000円，3歳〜中学生に月1万円にそれぞれ変更することでも合意した（8月26日平成23年度における子ども手当の支給等に関する特別措置法として成立）。

7 一事不再議

> **事例1** 174回国会平成22年2月25日の本会議において，衆議院議長横路孝弘君不信任決議案（自民提出）が否決された。同国会においては，6月1日に至って，再度，自公など4会派が共同で，同議長に対する不信任決議案を提出したが，同日の議院運営委員会において，同決議案を本会議に上程することが否決された[1]。

1 一事不再議とは

一事不再議とは，会期制と結びついた議院の意思の明確性・安定性に関わる不文の原則，つまり，同一会期中，既に議決したものは，再びこれを審議しないという，言ってみれば常識の世界のものである。一事不再議が常識であるが故に，いわゆる「追っかけ改正」のように，その例外としての常識，つまり事情変更が妥当する場合があること[2]も，これまた常識で，普通であれば両者は常識的に調和するものである。もし，常識であると考えることが衝突した場合には，最終的には，議院自らの理非の判断によって解決することになる。要するに，一事不再議に該当するか否かは，本来，議院の判断によって完結するものなのである。

そうであるが故に，独立した両議院間の関係を，一事不再議を理由とす

---

1 決議案は，辞職勧告決議案を例外として，委員会審査省略要求（国56②，衆規111）を付して提出される。不信任決議案，解任決議案は，議運理事会の協議を経て，委員会で，本会議の議題とすることを決定。本会議においては，委員会審査省略議決の後，議題とされる。決議案全般について，Ⅱ-4(b)ホ・ヘ参照。

2 委先123は「参議院に送付した法律案の一部を改正する内容を含む法律案を議決する」としている。立法目的を異にすることによって「法律案の一部を改正する内容を含む法律案」，つまり追っかけ改正の法案が提出されることは異例のことではない。同号は，本院の意思が確定した後の新たな議決という典型によって，追っかけ改正の手法が一事不再議から解放されていることを例示しているのであって，議決のタイミングを限定して問題にしているわけではない。

第Ⅲ章　事例からの考察

るものによって語ることは適切ではない。そのことは本章-11「両議院関係制度」(第Ⅲ期ねじれ下の現象)において，国会法56条の4の意味を問うて詳述したので重複は避けるが，同条についての従来の説明は，「議院」において完結する不文の原則，一事不再議を「両議院関係」に持ち込むことによって，結果として先議・後議によって成り立つ「両議院関係」を歪めていると考える。ここでは，あくまでも「議院」の一事不再議について考察を行うこととする。

「両議院関係」への一事不再議の当て嵌めと並んで一事不再議を分かりづらくしているもう一つの要因は，尋常ならざる場面において，常識の世界のものである一事不再議あるいは事情変更を根拠として，対立する双方が自らの優位性を獲得しようとすることにある。それは，事例に掲げたように，与野党の対立による混乱が会期を通して頻発する状況を示すものに他ならない。尋常ではない場面の一事不再議は，このことを十分に認識して語られるべきである。まず，規則，先例集から一事不再議に関連するものを取り上げる。

2　回付案，両院協議会成案の審議

衆規253条1項は「参議院の回付案及び両院協議会の成案は，これを委員会に付託しない」と規定し，2項において「回付案に対する質疑及び討論は，その修正の範囲に限る。成案については，成案の範囲に限る」と規定する(参規178も同趣旨)[3]。

国会法83条3項[乙議院において甲議院の送付案を修正したときは，これを甲議院に回付する]と，同法93条[両院協議会の成案は，両院協議会を求めた議院において先ずこれを議し，他の議院にこれを送付する。②成案については，更に修正することができない]の下位規定として，衆規253条(参規178)が，回付案と両院協議会成案について議院の審議のあり方を規定している。そこでは，回付案に同意するか否か，成案のとおり

　　3　衆規253の「回付案」「成案」一律の規定は，旧衆規219[議院法第55条ニ依リ貴族院ヨリ回付シタル修正案ヲ議シ及協議会ノ報告ヲ議スルニハ三読会ヲ経ルヲ要セス]を継承したもの。

可決するか否かという，審級的限定に相応しいものとして，委員会の審査には付さず（1項），その上で，本会議において議事を進めるにあたっては，「質疑及び討論」は，「修正の範囲」，「成案の範囲」に限ることとし，前の議決の内容と再議にかかる部分は除外されている（2項）。なお，2項は，先例彙纂601号［回付案ニ対スル質疑討論ハ其ノ修正ノ範囲ニ限ル］を継承するものである。成案に対する質疑・討論の範囲については先例彙纂に明記するところではなかった。対等の両議院関係によって，両院協議会が修正回付・不同意に限定されたものであったため（議院法55），「両院協議会ノ議事ハ両院議決ノ一致セサル事項及当然影響ヲ受クヘキ事項ノ外ニ渉ルヲ得サルコト」とも確認されており（「両院協議会規程取扱方ニ関スル件」，Ⅲ－1－10参照），成案に対する議論の範囲が限定されることも言わずもがなのことであった。この取極めは現行の両院協議会規程8条にそのまま継承されたが，両院協議会の対象が，議案の修正回付・不同意を超えて拡張されたことに伴い，質疑討論を「成案の範囲」に限ることが，回付案について「修正の範囲」に限ることと併せて，2項に規定された。

　再議決については，一事不再議との関係から衆規253条の趣旨を踏まえれば，まさに異なるところのない再度の議決であるので「質疑及び討論」にはなじまないと解するのが妥当である。参議院が否決の場合あるいは否決とみなした場合は，参議院において積極的な意思の付加がない。また，回付案について「質疑及び討論」を行い不同意とされた後に再議決が行われる場合も想定すれば，再議決に際して「質疑及び討論」が入ることの妥当性は一段と想定しがたい[4]。

---

[4] ねじれの状況下，いわゆるテロ特措法の再議決（168回（臨）平20.1.11）を皮切りとする一連の再議決に関する議事においては，すべて野党から討論の要求があったが，議運理事会の協議により，再議決の対象となる「本院議決案」に対する討論ではなく，みなし否決による再議決，回付案不同意による再議決も含め，与党が提出した「直ちに再議決を求める動議」に対する討論として行われたところである。

第Ⅲ章　事例からの考察

3　複数の修正案の採決
〈法規と先例の概要〉

衆規 145：同一の議題について議員から数箇の修正案が提出された場合は，議長が採決の順序を定める。その順序は，原案に最も遠いものから先きに採決する。 ［衆規 144：議員の提出した修正案は，委員会の修正案より先きに採決しなければならない。］	☆数個の修正案がある場合に，共通の点があるときは，まずその共通の部分から，又は共通でない部分から採決する（先316）［委先116］ ☆数個の修正案がある場合に，互いに共通の部分があっても，議院に諮り又は諮らないで各案ごとに採決する（先317）

　先例集316号は，衆規145条のとおり各案ごとに順次採決を行うと，再議となってしまう共通部分は別にまとめて採決を行うことを述べている。一方，先例集317号は，互いに共通の部分があっても，同条のとおり採決を行うことを述べている。以上のことは，本会議修正案と委員会で可決した修正案との関係についても当てはまる。

　先例集316号は，一事不再議に対する配慮の典型ではあるが，一方において，採決の複雑化[5]，そして何よりも，修正案それぞれの一体性・整合性・独立性の解体を伴う採決方法でもある。こうした副作用を越えてなお，一事不再議を優先した採決が行われるのは，逐条審議的な土壌があってこそのものであろう。

　会派による議案・修正案の提出と党議拘束を前提とした議案審査の中で

5　(1)　『議事解説』198-200頁参照。
　(2)　先317号（各案採決）が掲げる13回昭27.5.27の事例は，労働関係調整法等の一部を改正する法律案（内閣提出）外2法案（日程1～3・前会の続）に対し，それぞれ修正案が3件提出されたものである（計9件）。議長は採決順序の説明を行い「修正案相互の間には共通の点がありますが，便宜上別個のものとして各別に採決することといたします」と発言している（本会議録46号16頁）。
　(3)　ちなみに，同3法案を緊急上程した前会5.24の会議は，修正案未配付の不備を巡って混乱。修正案趣旨弁明2人目に入る前に休憩してそのまま流会したが，同日の議運委員会においては，共通部分に配慮した採決（採決された修正案の共通部分を次の修正案から抜いて順次採決）を事務総長が説明し，各党が了承していたものである（議運委会議録50号4頁）。

は，委員会先例集116号が説明する「共通事項があっても，各修正案全体の趣旨目的等にかんがみ別個のものとして各案ごとに採決した事例は少なくない」[6]のレベルを超え，共通部分を斟酌した採決は，最早，想起され難いものとなっている。

4 議決不要[7]

> **事例2** 171回国会平成21年6月18日の本会議において，「日程第1臓器の移植に関する法律の一部を改正する法律案（164回国会，中山太郎君外5名提出）」，「日程第2臓器の移植に関する法律の一部を改正する法律案（164回国会，石井啓一君外1名提出）」，「日程3臓器の移植に関する法律の一部を改正する法律案（168回国会，金田誠一君外2名提出）」，「日程4臓器の移植に関する法律の一部を改正する法律案（根本匠君外6名提出）」の4案（いずれも前会の続）を一括して議題とし，討論終局宣告の後，採決に入り，まず，日程第1を採決の結果，可決したので，議長（河野洋平君）は，日程第2，第3及び第4の3案はいずれも議決を要しないものとなった旨を宣告した。

---

6 先例集，委員会先例集ともに，一事不再議重視の視点をなお継承し，共通部分による採決を各案ごとの採決に優先して構成している。

7 (1) 参議院には，議決不要の手法は存在しない。ただし，本事例で取り上げた臓器移植法改正案（衆議院送付）と参法対案一括の審議（7.13）においては，衆議院に倣って，衆議院送付案可決後，参法対案について，議長が議決不要の宣告を行った。参先186，326参照。

(2) 議決不要の手法を参議院がとらない理由は，一つには，後議となることが一般的な参議院においては，対案（参法）について，明確な結論を出さずに審査未了としてきたことにあろう（Ⅲ-11［第Ⅲ期ねじれ下の現象］参照）。また一つには，参議院では，衆議院と異なり，複数の不信任決議案や解任決議案が提出された場合（複数の会派から同一の決議案が複数提出された場合も含む）等においては，議運理事会の協議により，議運委員会において，本会議に上程する決議案を選別（委員会審査省略の否決によって，小さい会派提出の決議案，問題の法案と関連性の薄い決議案等を除外）してきたことにあろう（113回昭63.12.23参議運委会議録15号1頁，123回平4.6.7同会議録19号1頁，180回平24.8.10同会議録26号1頁，注9(3)(4)参照）。

第Ⅲ章　事例からの考察

〈先例の概要〉
☆議決した議案と同一事項を内容とする議案は，議決を要しない（先320）
　(1)　議決を要しないものとなった旨を宣告した例＝一括議題とした不信任等の決議案中の一案議決後，残る案については議決を要しないものとなった旨を宣告する
　(2)　議決を要しないものとして処理した例＝委員会において，一括議題として審査した議案中一案可決（修正議決）後，議決を要しないとされたものは，本会議に上程しない
☆委員会において議決を要しないと議決した議案及び請願は，議事日程に記載しない（先206）

　先例集320号は「議決した議案と同一事項を内容とする議案は，議決を要しない」として，事例を「(1)議決を要しないものとなった旨を宣告した例」と「(2)議決を要しないものとして処理した例」に分類して掲載している。
　(1)のケースは，直接本会議の議題となるものについての事例，即ち委員会の審査を省略して上程される決議案についての事例，それも政策に関する決議案ではなく，不信任決議案や解任決議案といった，同一の複数の決議案に関するものである[8]。いずれも国会初期の事例であるが，大会派順で一括して議題とされ，採決もその順によっているので，結局，最初の大会派提出決議案の議決によって議院の意思が確定している[9]。「事例2」は，

---

　　(3)　衆議院においては，先議性への配慮から，こうした決議案について，上記(2)のように，議運委員会の採決によって，上程する決議案を明確に選別することは行われない（先320(1)，Ⅱ-4(b)ヘ(3)(5)参照）。
[8]　(1)　決議案全般の一般原則，各決議案の特性等について，Ⅱ-4(b)ホ・ヘ参照。
　　(2)　同一の者に対する決議案，例えば議長不信任決議案が複数提出された場合，付される理由（衆規28～28の3，参規24）はそれぞれ提出会派によって異なっても，「議長を信任せず」という決議そのもの，つまり院の意思を問う議決の対象は同一である。
[9]　(1)　一括議題となっているので，趣旨弁明，討論まではすべての決議案について行われる。一方，一括議題としないで，逐次議題とすることを宣告し，大会派提出のものを議題として議決後，残る決議案について，審議を要しないものとなった旨宣告したことがあるが，この場合は，議題とならなかった小会派の決議案については，趣旨弁明，討論の機会はない。

7 一事不再議

中間報告の制度（国56の3，参考Ⅱ－7［国会法2次改正］参照）によって，委員会の審査終了を経ずに直接本会議の議題となった「同一事項を内容とする」4法案をめぐるものであり，外形上は(1)のとおりであるが，例外的な事例ではある[10]。

　言うまでもなく法律案は委員会の審査を経て本会議の議題となるのが原

　　なお，下記，19回吉田内閣不信任決議案審議不要の事例は，共同提出により人数に逆転がある。議題となったのは日程1社左派・右派共同提出案（135名提出）／審議不要となったものが，改進案（55名提出），日程2自案（8名提出）。党内不一致により提出が本会議当日となった改進は，議運委において，既に議題とすることが決まっていた社左右共同提出案ではなく，野党第1党の改進案を議題とすることを求めたが，挙手少数により否決。また，趣旨弁明を要求し，逐次議題ではなく，一括議題とすることを求めたが，同じく採決により認められなかった（改進案は後日75名提出に正誤された）。

　　(2)　先320(1)の掲載事例の外，一括議題とし議決不要を宣告した主な例は，6回昭24.11.25森農林大臣不信任決議案2案のうち1案，7回昭25.5.1吉田内閣不信任決議案2案のうち1案。他に，解散要求決議案が13回，33回国会の2例（33回については注20(2)参照）。／逐次議題として審議不要となった主な事例は，13回昭27.2.27岡崎国務大臣不信任決議案2案のうち1案，同国会6.26吉田内閣不信任決議案2案のうち1案，19回昭29.4.24吉田内閣不信任決議案3案のうち2案。

　　(3)　180回平24.8.29参議運委員会（同委会議録28号1，2頁参照）において，自公提出の「内閣総理大臣野田佳彦君問責決議案」の委員会審査省略を否決（自公を除き反対）の後，公明は他の野党会派提出決議案について，上程には賛成するが「税と社会保障の一体改革に対する一方的な批判や，三党合意に関連して到底納得できない批判が理由とされており」到底肯定できないので，本会議での採決には参加しない旨表明。続いて，国民の生活が第一外6会派提出の「内閣総理大臣野田佳彦君問責決議案」の委員会審査省略を可決（本会議討論については可否同数・委員長決裁により可決）。この結果，同日の本会議において，国民の生活が第一外6会派提出の決議案が緊急上程され，可決した。

　　(4)　上記二つの決議案は，注8(2)のとおり，同一の決議案である。議運委員会においては，消費増税法案等をめぐる提出理由の相違によって別の決議案として本会議上程の選別が行われ，本会議においては，「本院は，内閣総理大臣野田佳彦君を問責する」という一点によって，決議されたということになろうか。

　　(5)　同一決議案について，大会派提出の決議案を議決し，他は議決不要としてきた衆議院の手法との相違が顕著であるが，いずれにせよ，問責理由をめぐって同床異夢を内包したまま，院として総理を問責することとなったのである。

10　本件審議の経緯及特性等について，事例2の背景と補足参照。

則（国56条②）であるから「同一事項を内容とする議案が数件あるとき」は当然，下記のように，委員会採決の際に何らかの整序が行われることとなる。そのうち，委員会において，一括議題として審査した議案中一案可決（修正議決）後，議決を要しないとされたものは，本会議に上程しない。それが，先例集320号の「(2)議決を要しないものとして処理した例」であり，関連する同206号ある。

5　対案の処理[11]

法として両立し得ない同一事項，あるいは同一内容を含むもので，「閣法 VS 野党提出法案」あるいは「与党提出法案 VS 野党提出法案」の観点から，野党提出法案は対案と通称される。

両者の関係は，A法案が成立すればB法案は最早法律として成立し得ないものであって，言い換えれば，議院の確定意思の対象として両立し得ないものである。双方が同一事項について異なる内容を持つ場合だけでなく，A法案＝B法案＋a，A法案＝B法案－aの場合もあり得る。一見すると共通部分の問題とも考えられるが，一個の独立した法案としてそれぞれ存在するものである以上，一法案についての複数修正案の場合と同列に扱うことはできない。

以下，委員会における同一事項を内容とする複数法案の整序（対案の処理）を踏まえて分類する[12]。

11　(1)　参議院における，参法対案との一括審査と衆議院送付案採決の優先について，Ⅲ-11［第Ⅲ期ねじれ下の現象］参照。
　　(2)　対案を交えての審査は，野党の政策立案能力アピールの場として，また，論点の明確化という利点からも広く活用されるようになった。これにつれて，本会議の法案趣旨説明・質疑が対案とともに行われることも普通のこととなった。
　　(3)　衆法発議者（趣旨説明者，答弁者）の大臣席（ひな壇）着席も，102回昭60.6.24公選法改正法案（定数是正）（自民案，野党案），116回（臨）平1.12.12消費税廃止法案（参法発議者），126回平5.4.13政治改革法案（自民案，社会案）といった例外としての着席の時期を経て，128回（臨）平5.10.13/14の政治改革法案（閣法，自民案）以降は，普通のこととして定着した。
12　対案がどのように処理されるかは，与野党間の駆け引き，政治情勢などにもよるが，その時々にふさわしいと判断された方法が採られてきた（特殊な例としてⅢ-2：

7 一事不再議

☆閣法（与党衆法も含む。以下同じ）VS 対案衆法
  *1 委員会 〈対案衆法を否決して，閣法を可決（修正の場合も含む。以下同じ）〉[13]
   →本会議［対案衆法，閣法の順序で一括議題。対案衆法を否決，閣法を可決］
  *2 委員会 〈閣法可決，対案衆法［一事不再議により］議決不要宣告[14]（議決又は議決によらず）〉
   →本会議［閣法可決］＊野党衆法は議事日程に掲載せず[15]。上述の先例集320号(2)の事例
  *3 委員会 〈閣法を可決，対案衆法はそのままで以後議題とせず[16]〉
   →本会議［閣法可決］＊結果として野党衆法は審査未了となる

注11(2)参照）。前注(2)前段で触れたことの帰結として，閣法，野党対案ともに採決の対象とする＊1の手法が現在では定着している。

13　本会議は委員会から報告の順（委員会採決の順）で一括議題。Ⅱ－4(b)ロ(7)参照。
14　(1)　委先127参照。現在では＊2の手法は行われなくなっている。165回（臨）平18.12.13教育基本法に関する特別委員会が，日本国教育基本法案（民主提出）について議決不要の議決を行った。これは，教育基本法案（閣法）の採決を与党が強行（同委11.15，本会議11.16）したことの事後の代償措置として行われた，同委（12.13）の教育問題に関する集中審議（教育基本法案及び日本国教育基本法案について）に付随してとられた措置である。
　(2)　＊2のケースで本会議に上程された法案が否決された場合には，委員会における議決不要の宣告は無効となり，議決不要の対象となった法案の審査が可能となる（＊3のケースで委員会に残された法案も同様）。一事不再議は，審議のそれぞれの段階において適用される原則（『国会運営の理論』鈴木隆夫・1958聯合出版153，154頁参照）であって，上位の本会議における否決が，結果として委員会に再度の整序の機会をもたらすことになる。
15　先206参照。なお，同号は「議決を要しないものと議決した議案」としているが，委員長の宣告によって議決を要しないものとしたものも同様の扱いとなる。
16　(1)　委先127［なお，右の宣告をしない場合においても，以後委員会の議題としないのが例である］参照。
　(2)　対案衆法修正（閣法審査未了）例として，143回（臨）平10.10.2金融特委議決の，金融機能再生緊急措置法案（民主案）参照（金融機能安定化緊急措置法及び預金保険法改正案（閣法）は審査未了）。

第Ⅲ章　事例からの考察

☆衆法同士固有のケース

　*4　委員会　〈与党衆法，対案衆法ともに撤回[17]。新たな衆法を委員会提出又は共同提出〉

　　→本会議［新たな衆法可決］

　*5　委員会　〈複数の衆法を併合して一案とする修正[18]〉

　　→本会議［併合修正の対象となった衆法を一括議題とし，委員長報告のとおり修正議決］（一本化された新たな衆議院提出法案として参議院

17　177回平23.6.9の本会議において「東日本大震災復興の基本方針及び組織に関する法律案（閣法）」の撤回を許可（国59），同日本会議後の，東日本震災復興特別委員会において「東日本大震災復興再生基本法案（自民案）」の撤回を許可（衆規36）し，民主，自民，公明の三派共同の提案による「東日本大震災復興基本法案」を委員会提出法律案とすることを決定した（国50の2）。こうしたケースで閣法が撤回の対象となるのは異例なことであるが，同国会においては，政府与党が内閣提出議案の修正又は撤回によってねじれの状況に対処せざるを得ない場面が幾度となくあったところである（Ⅲ-6［事例の補足］参照）。

18　(1)　先283，319，委先98参照。なお，同一法案3件のうち，2案併合修正，1案議決不要とされた事例について，Ⅲ-4：注4参照。

　(2)　普通，修正案は「○○法案を次のように修正する」から始まり修正の中身が改め文により示されるが，併合修正の場合は，冒頭が「A法案，B法案に対する併合修正案」となり，中身は新たな法案（全部修正）としての形式となる。*4の場合と同様，双方の合意が前提となるものである。

　(3)　166回平19.4.12憲法特別委員会において「日本国憲法の改正手続に関する法律案（自公案）」と「日本国憲法の改正及び国政における重要な問題に係る案件の発議手続及び国民投票に関する法律案（民主案）」の両案は，自公提出の修正案によって，自公案をベースに「日本国憲法の改正手続に関する法律案」として併合修正された。修正協議では，民主案にある国政の重要問題に関する国民投票等を除き合意に達している。現時点ではこれ以上妥協の余地はなくても，併合修正によって，合意に至らない事項を検討事項として附則に付加し，自公民が概ね合意に達しているという事実，これからも3党の合意によって進めて行くという意思を，強行的な採決の状況下にあっても，暗黙の合意によって表現したものであろう。

　(4)　併合修正の事例はすべて衆法同士であるが，帝国議会には政府提出同士の例がある（先例彙纂363）。同号によれば「政府提出法律案ト議員提出法律案トヲ併合シテ一案ト為シタルモノナク，只，其ノ実質ニ於テ併合シタルモノアリ。即チ，政府提出法律案ニ議員提出法律案ノ内容ヲ包含セシメ，政府提出案ヲ修正議決シ，議員提出案ハ否決若ハ議決不要ト為シタルコトアリ」と記載されている。

に送付）

6 一事不再議と議長不信任決議案等，そして内閣不信任決議案の場合

冒頭の「一事不再議とは」で，与野党の抜き差しならない対立の頻発という，尋常ではない場面においては，常識の世界のものである一事不再議あるいは事情変更を根拠として，対立する双方が自らの優位性を獲得しようとする」と述べた。一事不再議によって尋常ではない事態が調和的に異論なく整序されることはない。二つの常識が衝突して抜き差しならない場合には，最終的には，議決の主体，議院自らの判断による以外ないのである。

177回国会，平成23年6月2日，菅内閣不信任決議案が大差で否決されて以降，一連の対立と膠着の過程で再度の内閣不信任決議案提出の可能性が何度も話題にのぼったのであるが[19]，過去，不信任決議案等について再度の提出が，事例1を除いて3例ある[20]。注20のとおり，議長斡旋に

19　(1) 与党民主党内の決議案への同調が多数に及ぶ情勢の中，一定のメドがついたあかつきには若い世代に責任を譲る旨の本会議直前の党代議士会における菅総理の表明が，大差による否決の要因となったが，その後，総理が達成すべき政治課題を設定して続投に強い意欲を示したことに対する強い反発があった。

　　(2) その後，会期延長議決（6.22）後2週間の空転を経た衆予算委員会（7.6）において，野党質疑者が，内閣不信任決議案否決後の民主党内の混乱，復興担当相の任命と更迭，総務政務官への自民党参議院議員の登用などをとらえて「内閣は大きく変わった」と語り，一事不再議の前提が崩れて明らかに事情の変更があったとの認識を強調した。

20　再度の提出事例は下記のとおり（事例1を除く）

(1) 24回・昭31年

＊1回目　太田国務大臣不信任決議案（3.20 社会提出），同日否決

　　鳩山内閣による公選法改正案（衆議院議員選挙小選挙区導入）提出（3.19）に反発。

＊2回目　自治庁長官太田正孝君不信任決議案（5.15 社会提出），5.16 議長斡旋により撤回

　　5.15 公選特委において，公選法改正案を修正議決（自民が区割部分を削除）したが，16日の本会議議事日程が，第1 公選法改正案，第2 地方自治法改正案，第3 地方自治法改正法施行法案とされた（審査終了は地行委で審査された日程2，3が日程1より先）ことに社会党が反発。結局，社会党の主張にそった議

第Ⅲ章　事例からの考察

よる撤回を除き，他はいずれも，再度提出されたものについて，議院運営委員会において，本会議に上程することを誇り，否決されて終わっている。いずれにしても，内閣不信任決議案については再度提出された例はない。

議長不信任決議案が提出されれば，院の構成に関わる最優先の先議案件として，速やかに本会議に上程される。また，常任委員長の解任決議案も

　　長幹旋案を自社両党が受諾し，本決議案を含め，社会党から提出された国務大臣の不信任決議案7件はすべて撤回された。本会議では日程2，3を日程1の前に繰り上げて議題とした。Ⅱ－4(b)ロ(7)参照。

(2)　33回（臨）・昭34年　（Ⅱ－3(1)参照。）
* 1回目　衆議院議長加藤鐐五郎君不信任決議案（12.17 社会提出），12.21 否決。[12.17 の本会議において安保改定阻止デモの国会構内乱入（11.27）に際して先導行為をしたとして議長が浅沼君外3名を懲罰委に付する旨宣告（社会欠席）。その際，社会党は議長による懲罰委付託の宣告を阻止すべく，本会議直前に議長不信任決議案を提出したが，当日の上程を容れられず]
* 2回目　衆議院議長加藤鐐五郎君不信任決議案（12.25 社会提出）。翌26日，議運委員会（社会欠席）において本会議に上程することを否決。[12.24 の本会議においてデモ規制法案を可決（自民単独）。12.25 正木副議長辞表提出／12.26 議運委では，議長は副議長を慰留中と発言。また，日程1解散要求決議案（社会提出）は延期し，日程2解散要求決議案（社会クラブ提出）を上程することを決定。更に，社会党による第2委員室封鎖で審査不能となった上記懲罰事犯について，院議によって閉会中審査手続を行うことを決定。同日の本会議（社会退場）は，動議により日程1を後回しとし，日程2を議題として否決（その結果，日程1は議決を要しないものとなった旨議長宣告）。その後，浅沼君外3名の懲罰事犯について，動議により，懲罰委員会での閉会中審査を決した（12.27 会期終了）]なお，当該懲罰事犯は34回国会審査未了。

(3)　145回・平11年
* 1回目　法務委員長杉浦正健君解任決議案（5.28 民主，社民提出），6.1 否決。[法務委は組織犯罪対策3法案の審査をめぐり紛糾。5.28 に野党欠席のまま可決。民主，社民両党は，議運理事会で本決議案の議事と組織犯罪3法案の議事を別の本会議とすることを主張したが容れられず。6.1 の本会議は，本決議案否決後，組織犯罪対策3法案が議題となる前に退場]
* 2回目　法務委員長杉浦正健君解任決議案（8.13（会期終了日）民主提出）。議運委員会において，同時に提出した議運委員長解任決議案とともに，本日の本会議の議題とすることを否決（民主は本会議欠席）[法務委は，野党欠席で外国人登録法改正案外1案（ともに参議院送付）を可決，緊急上程により可決成立]

7 一事不再議

先議案件として，当該委員会の審査議案が上程される際には，当然，その本会議の初めに本会議に上程される。こうしたことを踏まえ，議院運営委員会においては，異議なく上程が決定されるものである。注1で述べたとおり決議案には委員会審査省略要求が付されているので，本会議においても，直ちに議題とすることが異議なく決定される。

この先議性の裏返しとして，野党が事情変更を根拠としてこの種の議案を再度提出した場合には，議院運営委員会理事会における協議では，与党は，一事不再議を理由として本会議上程に反対して折り合わず，結果，本会議への上程は議院運営委員会で否決されて葬られることになる[21]。

いずれにせよ，一事不再議を理由としては，こうした決議案の提出自体を，押しとどめることが可能な訳ではない。それでは，内閣不信任決議案の再度提出例がないということ，つまりこれまで，野党は対峙する内閣の不行跡，不手際の責任について事情変更の論理を主張してこなかったということをどのように考えるべきであろうか。

GHQの指導の下の内閣不信任決議の可決による解散を経て，平和条約発効後の昭和27年8月28日，第3次吉田内閣が行った7条解散，いわゆる「抜き打ち解散」[22]以降，解散権が総理の伝家の宝刀といわれるようになった現実があり，一方その影響も受けて内閣不信任決議案のほとんどが，会期末のセレモニーあるいは究極的な議事妨害の類いになってしまったという表層の現実はあったとしても，そのことの背後には，内閣不信任決議案が，その可決による衆議院の解散あるいは内閣の総辞職という議院内閣制にとっての根幹に直結するものであるということ，苟も内閣の生殺与奪を握る衆議院の権限そのものが，政府与党と野党との会期をとおした緊張関係の中にあって，一度だけ提出するものという観念を生んできたと考える。内閣の信任・不信任は，憲法69条により内閣の存続に直結する

---

21 与党が途中で分裂状態になるか，少数与党に転落して，そうした段階で再度の提出があれば本会議への上程は議院運営委員会で可決されることも考えられなくはない。しかし，そのような状況に至れば，20回（臨時）国会（昭29）の第5次吉田内閣や129回国会（平6）の羽田内閣のように，まず何よりも，内閣不信任決議案の提出によって，内閣存続の問題に直結するであろう。

22 Ⅲ-2：注3参照。

第Ⅲ章　事例からの考察

ものであり，国務大臣単体の責任や，議院の自律の問題として，議院の運営の権限を担う者の責任を問う議長不信任決議案等とは全く異なる。等しく「議院の意思」を問うものであっても，内閣不信任決議案は，一事不再議あるいは事情変更という「議院の意思に関わるもの」によって語ることが相応しいものとは考え難いのである。

参考Ⅲ－10　内閣総理大臣問責決議案（参議院）
(1)　参議院には内閣の信任に関わる権限はない。参議院の総理問責決議案が，内閣の責任を問うのではなく，件名のとおり総理個人の責任を問うのもそのためである。また，参議院が総理の責任を問うたとしても，その効果は，参議院の権限及びその範囲を表現する「補完と抑制」にとどまる。これが問責決議可決の政治的効果の意味である。ただし，参議院の意思をどのように汲むかということは量りようもないことではある。
(2)　しかし，この政治責任が無視されることは妥当ではないし，況や衆議院において内閣信任決議案を可決することによって，責任を回避し得るものでもない。
(3)　指摘するとすれば，総理問責決議案の本会議審議への出席を憲法63条（後段）によって参議院から義務づけられている総理自身が，決議が可決されれば，その場で，問われた政治責任について明確に語るべきである。参議院の意思に黙礼によって応えるのではなく，総理自身がまずは，憲法63条（前段）によって，責任に応え語るべきである。参議院としての政治責任の追求（問責）と応答はそうあってしかるべきものであって，参議院を動かさないことによって果たされる政治責任はない。
(4)　参議院においては，解散を求める多数会派の主導により，180回国会（平24.8.29）に行った野田総理に対する問責決議（注9(3)(4)参照）を根拠として，181回（臨時）国会召集（10.29）冒頭，野田総理の所信演説（及び質疑）を行わせなかった[23]。結局，各野党が緊急質問を行ってそれぞれ総理に答弁を求め（11.2）以降の予算委等の審議に復したのであるが，回次を代え，二ヶ月を越えて，上記(3)で指摘したことに至ったと言えるのではないだろうか。なお，緊急質問について，参考Ⅱ－2参照。

23　参議運委員会（11.2）においては，緊急質問の取扱いに関する件を議題とした際，民主委員が提出した「緊急質問を行うのではなく，野田内閣総理大臣から所信について演説を聴取することの動議」を否決した。憲法63条前段（内閣側の出席・発言権）をめぐって，内閣と議院が衝突する場面にあっても，与野党間の問題に変換された，議院の出席要求の問題に留まったのである（Ⅱ－7参照）。

7 一事不再議

【事例の背景と補足】

(事例1) 174回国会は平成21年政権交代後初の常会である。政治とカネをめぐる問題も含め，攻守を代えた与野党の攻防により，多くの委員会が，審議停滞と強行採決の交錯する場となり，結果として，不信任決議案，解任決議案が次々に提出されることとなった。その締めくくりとなったのが，事例1の議長不信任決議案と，内閣不信任決議案である。

各決議案と提出理由のポイントは下記のとおりであるが，提出側の論理を与党側の論理で言い換えれば審議の妨害の結果に他ならないことになる。①から⑧については，その否決によって正常化がいったん果たされるものであって，本会議は紛糾の都度のロンダリングの場となり，衆議院は正常と不正常がモザイクのように入り乱れることとなった。結果として通常選挙を控えた参議院においては，多くの法案が時間切れによって審査未了となったのである。

①予算委員長解任決議案（22.2.17提出），2.18否決
　〈合意のない総予算公聴会承認申請議決〉
②議院運営委員長解任決議案（2.25提出），同日否決
　〈子ども手当法案，高校無償化法案の趣旨説明の強引な本会議設定，議員辞職勧告決議案を取り上げない〉
❸衆議院議長不信任決議案（2.25提出），同日否決
　〈中立性に欠け公正円満な議会運営の役割を果たしていない〉
④内閣委員長解任決議案（5.13提出），同日否決
　〈国家公務員法改正案の強引な採決〉
⑤環境委員長解任決議案（5.18提出），同日否決
　〈地球温暖化対策基本法案の強引な採決〉
⑥総務委員長解任決議案（5.26提出），5.27否決
　〈放送法改正法案の強引な採決〉
⑦経済産業委員長解任決議案（5.28（金）提出），5.31否決
　〈北朝鮮制裁承認案件の強引な採決〉
⑧農林水産大臣不信任決議案（5.28（金）提出），5.31否決
　〈口蹄疫問題への対応の不備〉
❾衆議院議長不信任決議案（6.1提出），同日議運委において本会議上程を否決
　〈郵政改革法案の本会議上程の際の強引な運営〉（Ⅲ-5［事例2の背景と補足］参照）
⑩菅内閣不信任決議案（6.16提出（会期最終日）），同日否決
　〈政権・与党に対する総括〉

第Ⅲ章　事例からの考察

事例2　臓器移植法改正4法案（提出順に，いわゆるA案，B案，C案，D案）について審査を行ってきた厚生労働委員会は，審査を尽くしたと判断した段階に至って，理事会協議に基づき，委員長から議長に，「人生観，死生観に関わる問題で党議拘束なく会派横断で自由に提出された議案でもあり，会派の比率によって構成されている委員会の採決には馴染まない。臓器移植法制定時（140回平9.4.22，4.24，先242，委先267掲載事例，いわゆる「中山案」と対案的な「金田案」の2法案）と同様，中間報告によって審議を進めてもらいたい」旨を申し出た。このことを踏まえ，本会議において厚生労働委員長の中間報告を求め，更に直接，本会議の議題として審議を行ったものである。

既に4の議決不要で述べたとおり，委員会において整序の機会がなかったが故に，4案をどのように採決するかが大きな問題であった。その本質は，採決に当っても，4案は平等に扱われるべきとのいわば当然のことに尽きる訳であるが，それぞれの案を推進する議員にとってはとりわけ切実な問題であった。種々の事前の検討と協議，議院運営委員会理事会の協議を経て，議事日程の順，つまり提出順に順次採決を行うことになったのである。ここでは，『臓器移植法改正4法案の議事について』議院運営委員会理事会が周知のため全議員に配付した文書を掲載しておく[24]。

24　(1)　議運理事会において事務局が説明して了解を得た事項をそのまま文書化したものである。

(2)　事前の，議運委員長，国対委員長その他の関係議員への説明段階においては，平等性への配慮から「4案について一斉に投票に付して，その上位2案についてまた同じように投票に付すべき」との強い主張があったが，相対多数が組み込まれたものであり，憲法56条②の過半数原則に抵触する懸念を払拭できるものではなかった（Ⅲ-1-2～6参照）。

(3)　順次採決を行うこととするに当っては，その採決順序が問題になる。衆規145条を援用して現行法から遠い順に採決を行うことも一つの方法ではあるが，何をもって現行法から遠いとするかは立場によって異なり，遠近を合理的かつ中立的に判断することは不可能なことであった。結局，（法改正を行うべきことの先鞭をつけた）A案から順に採決を行うことが合理的かつ中立的と判断されたところである。

臓器移植法改正4法案の議事について（議員各位）

平成21年6月17日
議院運営委員会理事会

本17日（水）の議院運営委員会理事会において，明18日（木）午後1時開会の本会議における臓器移植4法案の議事手続について，以下のとおり確認いたしましたので，お伝えいたします。

☆本会議においては，まず，議長が4法案を一括議題とし，前会の議事[25]を継続する旨を宣告，次いで，討論の終局を宣告し，採決に入る。

☆採決は，ＡＢＣＤ各案ごとに，順次，記名投票を行うが，一議案が可決されたときは，議長は，以降の案は議決を要しないものとなった旨を宣告する。

☆従って，否決の場合のみ，順次，以降の案の採決を行うことになるが，この場合，先の案に賛成票を投じていても，以降の案に賛成票を投じることも可能である[26]。

☆なお，記名投票が続いたときは，議場閉鎖，議場開鎖を繰り返すことになるので，議場の出入りはご留意願いたい。

☆各案の記名投票に当たって，表決権は「賛成」，「反対」の意思表示で行使するものであり，態度表明として「棄権」はない。ただし，議場内にいる議員に関しては，表決権の放棄が認められており，記名投票を行う場合，議長が投票漏れの有無を注意しても，なお，投票をしない者は，棄権したものとみなされる。この棄権者は，欠席と同じ扱いとなり，過

---

[25] 前会は6月16日であるが，6月9日の中間報告以降の議事を掲載しておく。

（6.9）動議により4案につき委員長の中間報告を求めることに決し，厚生労働委員長が4案の審査の経過について中間報告。続いて，中間報告に関連して，各案それぞれの意義について提出議員が発言（議事進行に関する発言）。

（6.16）動議により4案は委員会から直ちにこれを本会議に移し一括議題としその審議を進めることに決し，4案を一括して議題として討論の後，4案の議事を次回の本会議において継続することを議事進行係の動議により決した。

（6.18）議長は，4案を一括して議題として討論の終局を宣告，まずＡ案を採決する旨発言。（後略）

[26] 党議拘束という予断を抜きにすれば，例えば，Ａ案が否決されれば，Ａ案に投じた賛成／反対の如何にかかわらず，Ｂ案について自由に投票できることは当然である。このため事前の説明段階では，採決が先行する案が否決された場合には，採決が後ろとなる方が有利ではないかとの指摘があったが，Ａ案に対抗して他の3案が提出された経緯に鑑みれば，Ａ案が先行して採決を引き受けることの合理性についても理解を得たところである。

第Ⅲ章　事例からの考察

> 半数の算定起訴となる出席議員には含まれない[27]。
> ☆議決の定足数は，法定議員数（480人）の3分の1以上，すなわち160名以上の出席となっているので，投票総数が160以上の場合は，当該採決は有効であり，その過半数を得た議案は可決となる。他方，投票総数が議決の定足数（160以上）に充たない場合は，議長は，当該採決の不成立を宣告し，次の案の採決に移っていくことになる。

27　いわゆる棄権その他表決全般について，Ⅲ－1－6参照。

8 国政調査

> **事例** 177回国会平成23年4月12日の本会議において、郵政改革に関連する諸法案を審査するため、委員45人よりなる「郵政改革に関する特別委員会」が設置[1]され、同日郵政改革3法案[2]は総務委員会から同特別委員会に付託替えされた。その後、同委員会の審査に入れないまま次国会に継続。178回（臨時）国会においても召集日（9.13）に同様の特別委員会が設置され、同3法案が付託されたが、再び審査に入れないまま次国会に継続。
>
> 179回（臨時）国会においては、召集日（10.20）に、郵政改革に関する諸問題を調査するため、委員45人よりなる「郵政改革に関する特別委員会」が設置され、同3法案が付託された。12.1審査に入り、次国会に継続。180回国会においても召集日（平24.1.24）に同様の特別委員会が設置され、同3法案が付託された。
>
> **補足**
> (1) 179回（臨時）国会は、会期当初の両院本会議における総理の

1　(1)　設置当日、自民の委員候補申出がないため、委員指名は行われず（先113、委先11、委先付録5表の備考参照）。5.13に至り、申出のない自民を除き委員指名、同日委員会を開会して委員長、理事を互選（自民分を除く）。6.1自民が委員及び理事候補届出（6.3自民理事互選）。本文のとおり、自公は所管大臣の所信・質疑を要求。理事会協議により、議案審査の特別委員会での大臣所信・質疑は不可能と判断され、結局、両大臣の挨拶に留まり（8.12）、審査に入れず。

(2)　なお、特別委員会設置に伴う付託替え（先230、委先7、参考Ⅱ－8参照）は、従来、委員長互選等の構成を待って行われてきたが、委員会開会の見通しがないため、設置当日、先行して行われた。

2　(1)　総務委員会においては付託されたままで審議に入れず。

(2)　郵政改革3法案（176回（臨）内閣提出）は、174回参議院未了となった3法案の施行期日をずらしてそのまま再提出したもの（Ⅲ－5［事例2背景と補足］参照）。176回から178回までは、3法案は閉会中審査の手続がとられたのみ。なお、後会に継続した議案は、会期の初めに付託することについて、Ⅱ－5ニ、先193参照。

第Ⅲ章　事例からの考察

所信・質疑が，3次補正予算提出（10.28）まで先送りされ，その間に，両院の各委員会における大臣の所信・質疑が先行して一斉に行われた。郵政改革に関する特別委員会においても同様に所信・質疑が行われた。

(2)　その後，180回国会に至り，民自公3党合意により，郵政改革3法案は撤回（平24.3.30承諾，国59），同日，新たに3党から提出された「郵政民営化法改正案」が，同特別委員会に付託・審査された。同法案成立後の5月8日，本会議の議決によって同特別委員会は廃止された。

(3)　なお，同特別委員会の廃止によって，社会保障と税の一体改革に関連する諸法案を審査するための「社会保障と税の一体改革に関する特別委員会（4.26設置）」とのスクラップ・アンド・ビルドとなった。本会議の議決による明確な廃止は，24回昭31.6.2行政監察特別委員会廃止（注8参照）以来である。

1　議案審査の特別委員会と調査の特別委員会　⇒Ⅱ－3ホ参照

特別委員会の設置　国45①：各議院は，その院において特に必要があると認めた案件又は常任委員会の所管に属しない特定の案件を審査するために設置できる。 衆規33：議院において特に必要があると認めた案件又は常任委員会の所管に属しない案件について，特別委員会が設けられた場合には，その所管に属する案件については，議長は，これをその委員会に付託する。	☆会期の始め又は必要の都度，議長発議，議員の動議，又は決議案に基づき，議院の議決で行われる（先112，委先3）［設置目的，委員数，名称を議決］

特別委員会は会期ごとに本会議において設置目的，委員数及び名称を議決することによって行われる。先例集112号は，設置目的によって(1)議案の審査のために設けられたもの，(2)法律案起草又は対策樹立のために設けられたもの，(3)特定事項の調査のために設けられたもの，の3種類に分類

している。(1)の特別委員会には,「教育基本法案を審査するため」に設置された「教育基本法に関する特別委員会」(平18・165回(臨時))のように審査対象議案を特定したものと,事例冒頭の「郵政改革に関する特別委員会」のように「関連する諸法案を審査するため」として審査対象議案を厳格に特定していないものがあるがその差は技術的なものである[3]。(3)の特別委員会は,「リクルート問題に関する調査特別委員会」(昭63・113回(臨時)/114回国会設置)のようにいわば事件性のある特定問題の調査を目的とするものである。(2)の特別委員会は,(3)以外の一般性のある,調査のための特別委員会と言うべきものである。

さて,「郵政改革に関する特別委員会」は,177回,178回(臨時)国会においては,(1)の議案審査のための特別委員会として,179回(臨時),180回国会においては,(2)の調査のための特別委員会として設置されたのであるが,この調査のための特別委員会が実際に目的としたのは,先の国会と同様に郵政改革3法案の審査であって,特段の差異があった訳ではない。先に設置された,議案審査のための特別委員会では,目的が議案審査に限定されているため,野党が3法案審査の前提として要求した所管大臣(郵政改革担当大臣,総務大臣)のいわゆる所信・質疑[4]が,同特別委員会理事会の協議において,国政調査であるため不可能と判断され,結局,郵政改革3法案の審査に入ることができなかったのである。

ところで,(2)の調査のための特別委員会には,課題の継続した調査によって対策樹立を目指す常設的な特別委員会と,議案審査を念頭においた

---

3 Ⅱ-3ホ(1)参照。これは審査対象議案の多寡による技術的な差異に過ぎないが,審査対象議案を特定しない場合には,委員会設置後に議長が衆規33により審査対象議案を付託することとなる。一方,審査対象議案を特定する場合は,改めて議長が付託手続をとることはない(院議付託と言われるもので,30年改正前の衆規33［……,議長は,議院に諮り特別委員会を設けこれを付託する］を継承した運用である。なお,参規29,29の3,参先172-176参照)。院議付託の議案に関連する野党対案等は,当該委員会に,議長が(所管に属する議案として)付託する。

4 委員会における所管大臣の所信質疑は,国政調査として,大臣新任時あるいは常会における実質的な委員会活動のスタート,新設の調査特別委員会の実質的な委員会活動のスタート等として行われる。後掲の表参照。

期間限定的な特別委員会の二種類[5]がある。179回（臨時）国会以降の「郵政改革に関する特別委員会」は，後者のものとして，——郵政改革3法案審査の前提となる，大臣の所信・質疑が可能な，調査を目的とする特別委員会として——設置されたのである（他方，先の177回，会期途中設置の特別委員会は，当該3法案の審査に入れない総務委員会の輻輳を避けて，審査の開始を図り早期の成立を目指す与党の意図があった。従ってこの特別委員会は，議案審査に限ったものとして設置されていた）。それだけのことであるが，ここには委員会の活動，なかんずく，「国政調査」の現状が浮き彫りになっていると考える。

2　国政調査の意味とその変化

委員会先例集178号は，「委員会における国政調査は，その所管事項について国務大臣等から説明を聴取し，質疑を行い，必要に応じて参考人の意見を聴取し，証人から証言又は書類の提出を求め，内閣，官公署その他に対し報告又は記録の提出等を要求し，あるいは委員を派遣してこれを行う。なお，調査のため小委員会を設け，あるいは他の委員会と連合審査会を開いたことがある。また，調査中の案件について，委員会において決議を行ったことは少なくない」と説明する。この説明を踏まえて委員会の活動を分類してみると，概略は後掲の表のようになる。公聴会（国51，衆規76，参規60）を除けば，議案審査と国政調査との間に大きな差異はない。

ところで上記の委員会先例集178号は，広義の国政調査ともいうべき憲法62条前段「両議院は，各々国政に関する調査を行ひ」から，狭義ともいうべき同条後段「これに関して，証人の出頭及び証言並びに記録の提出を要求することができる」との手段としての国政調査まで，国政調査の委

---

[5] 例えば136回平成8年，住専関連法案を審査した「金融問題等に関する特別委員会」は，「金融，税制，財政制度及び経済構造全般にわたる改革並びに金融機関等の諸問題について調査するため」として設置された。こうした(2)の範疇の特別委員会と(1)の議案審査の特別委員会の違いを一般論として言えば，(1)による場合がまさに議案審査に機能を限定したものであるのに対し，(2)による場合は，議案審査の前提として，議論すべき要素あるいは課題があると判断される，ということになる。

員会活動をひとまとめに描くものであるが、この178号が委員会先例集に登場するのは昭和53年版からである。登場の背景には、国政調査に対する認識の力点に大きな変化があったのではないかと考える。それは、個別具体の事項についての国政調査から、議案審査の場と並ぶ委員会の場[6]としての国政調査への力点の移動、いわば狭義の国政調査から広義の国政調査への力点の変化である。

　国会初期に特徴的な事柄を挙げれば、特定事項の調査を目的とした「隠退蔵物資等に関する特別委員会」（1回（特別）・2回）、「不当財産取引調査特別委員会」（2回～4回）、「考査特別委員会」（5回（特別）～9回（臨時）国会）、「行政監察特別委員会」（10回～24回）のような委員会が設置されたことである（先112(3)）。これらの委員会はそれぞれ設置の決議により、強制力によって「証人の出頭及び証言並びに記録の提出を要求することができる」権限が包括的に付与されており、そこでは憲法62条の後段部分を強く意識した独立権能的とでも言うべき手法によって国政調査が行われた（委先付録3表、委先184）。常任委員会においてもまた、国政調査は、その時々、アドホックなテーマについて行うという意識があったのである。

　以上のことは、本会議における調査案件についての委員長の経過報告によって裏付けられるのであるが[7]、第24回国会会期末（昭31.6.2）の本会議において行政監察特別委員会の廃止が議決されてこの種の特別委員会が絶え[8]、また、常任委員会についても、第22回（特別）国会（昭30.7.

6　衆規に該当規定はないが、参規33［委員会は、付託を受けた案件の審査又は調査のためこれを開くことができる］は、昭30年改正により「委員会は、その付託を受けた事件について、審査又は調査をすることができる」が改正されたものである。

7　先243、委先271号参照。なお、本文上記の各特別委員会は、設置の決議により報告書の提出が義務づけられておりこのことを根拠に本会議報告が行われた。行政監察特別委員会は本会議での口頭報告も設置決議により認められており、これによって、委員長は委員会の議決によって随時経過の報告を行った。

8　行政監察特別委員会の廃止は、同国会会期初め（昭30.12.23）の議運委員会において、（自由、社会両党幹事長、書記長、国対委員長の特別委員会設置に関する4者会談の取決めに基づき）本国会においても設置はするが、その仕事は残務整理に留めることが決定されていた（当日の議運委会議録2頁参照）。

28)，決算委員長の「国有財産（旧軍艦「梨」）の売払及び再取得に関する件」についての調査報告を最後に行われることがなくなった[9]。

　政治が55年体制によって安定に向かう中にあって，三権分立を損ないかねない国政調査，人権を侵害しかねない国政調査，そして政争の具としての国政調査，こうしたことの回避あるいは忌避のために，上述したように特定事項についての国政調査から，委員会活動の場としての国政調査への力点の移動，いわば国政調査の一般化が進行したのである。なお，10回国会召集日（昭25.12.10）の議院運営委員会において，国政調査の議長の承認（衆規94）に関する議院運営委員会への諮問・答申について「ほとんど全部といっていいほど従来は異議なしで通つておつた」との理由から，煩雑を避けるため今後「各常任委員会の国政調査承認要求の件につきましては，当該委員会の所管事項の範囲に属するものについては議長限りでおとりはからい願い，疑問があるものについてここで御相談を願うということに」異議なく決定している（議運委会議録1号1頁，先129，委先179参照）。既にここに，特定事項についての国政調査から国政調査の一般化への変化を読み取ることができよう[10]。国政調査承認要求の中身は，各常任委員会の省庁別所管（衆規92）内容の具体的な事項表示に他ならないものになりつつあったのである。

　一般化によって，特定事項の調査は総論としての国政調査に埋め込ま

9　議運委員会では，この報告が「委員長が報告に義務を持つ議案，案件，請願等のそのいずれにも合致しない国政調査の段階において発生したことのみの報告」であるので「今後の取扱いについては，これを先例となさずに十分研究して」取り決めるべきものとされ，先例としないという条件付きで報告を行うことを決定した経緯がある。また，行政監察特別委員会の最後の報告（24回昭31.4.10）となった「小，中学校における教科書関係事件について」も，議運委員会において少数意見の報告が認められるか否かが問題となり，結局，可能ではあるものの国54①のとおりに少数意見が提出された事実がないとして認めないこととなった経緯がある。

10　参議院は，昭和60年の同規則改正により常任委員会が調査を行うに当たって議長の承認を不要とした（参規74の3）のであるが，昭和30年の規則改正（参規74）によって事項別の所管に回帰していた参議院においては，既に省庁別所管内容の具体的事項表示としての意味もなかったものである。

れ，委員会の活動はやがて「議案審査（憲法62条後段による手段としての国政調査を含む）の場」と「国政調査の場」に収斂することとなったのである[11]。そして現在に至っては，議案審査を目的として設置された「郵政改革に関する特別委員会」には，（国政調査に該当する）所管大臣の所信・質疑を行う場がないと理解されることになったのである。なお，議案審査の特別委員会として，34回国会昭和35年に設置された「日米安全保障条約等特別委員会」は，日米安保条約及び同地位協定を議題とする前に，（審査入りの前提として）国会の条約修正権等について，外務大臣，総理大臣等に質疑を行っている（昭和35.2.19同特委会議録2号）。この時点では，議案審査の特別委員会であっても，現在のように，峻別されるものとは考えられてはいなかったということであろう。

　こうした国政調査の一般化は，国政調査の本質にかんがみれば正しい方向ではあった。憲法62条の国政調査は，その手段としての後段部分に偏重した独立権能的運用が主となるべきものではなく，議案審査並びに議院の行政統制に関わる包括的な規定としての前段部分に，まずはその意義が見出されなければならない。委員会にとっては，国政調査が，その所管の全体に関わるのが当然だからである。議案の審査と国政調査が有機的に融合して初めて，委員会ひいては議院はよくその権限を果たすことができる訳である。そのために，各委員会は具体的にどのようなテーマについて国政調査を行い，どのようにそれを進め役立てるか，そのことによって委員会の真価が問われることとなる。

　しかし，第Ⅰ章「導入」その他で既に述べたように，各委員会の活動は，一般論として言えば，いわゆる国対政治の中で，一律・横並びの管理によって，自主性，自立性を損ねている。国政調査の場は議案審査の場と並ぶ委員会活動の二本柱でありながら，日程闘争ともいうべき与野党双方の議案審査スケジュールの思惑の中で，多くが埋め草のような扱いとなって断片化されている。そこでの議論が，連動性をもって委員会の活動に活かされることは難しい状況にある[12]。

11　委先178はこのことが明らかにされているのであって，昭和53年版に至って，既に定着したものとして明記されたのであろう。

第Ⅲ章　事例からの考察

3　国会に置かれた原発事故調査員会

　客観的な事故原因等の究明のために高度の専門性と独立性，政治的中立性が要請された「東京電力福島原子力発電所事故調査委員会」（178回（臨時）国会平23.9.30成立の改正国会法（附則⑥〜⑪の改正，同年法111号）及び事故調査委員会法（同年法112号，平23.10.30施行（1年間で失効）による）においては，法によって，議院の国政調査権が国会の国政調査権として合成され，かつ，議員を排除した第三者委員会とされた。いわば議院の国政調査権が前提とするところを超えるものとして設置されたのである。また，同委員会が行使する国政調査権限の基盤として，国会に両議院の議院運営委員会の合同協議会が置かれた。この両院合同協議会が，両議院の議長が両議院の承認を得て任命する事故調査委員会の委員長及び委員の推薦を行い，かつ，事故調査委員会の要請を受けた場合において，必要があると認めるときは，（国会法のレベルで）国政調査を行うことができることとされた（事故調査委員会法3，15，国附則⑥〜⑧）。国政調査権の体系の中で，事故調査委員会法が規定する調査権限は，第三者委員会としての限界から，強制力を伴う議院証言法の範囲には及んでいない（事故調査委員会法3章）。実質的に同一レベルの調査権限を持つにとどまる両院合同協議会に対する国政調査要請の規定には，その政治的効果は別として，高度の専門性，独立性等を要するが故に，国政調査権を事故調査委員会に託すという以上の意味があったとは考え難い。実際に，事故調査委員会の発足（平23.12.8）から両院議長への報告書提出（24.7.5）の間，両院合同協議会に対して，国政調査の要請が行われる事態に至ることはなかった。

12　例えば，委員会提出法案（国50の2）の起草は，国政調査として，また，国政調査や議案審査の成果を踏まえたものとして行われるものであるが，国政調査の場の形式化，断片化によって，その連動性を会議録から読み取ることは難しい。起草の対象となる法案そのものは，政党間協議，理事会協議によって合意されたものが大半であって（Ⅰ-7参照），たとえ，閣法（与党衆法）の審査，対案との審査を踏まえたものであっても，その審査がどのように委員会提出法案に反映されたかを読み取ることは，簡単なことではない。議運委員会提出の法案についても，議会制度協議会や国会法改正小委員会，庶務小委員会等の事前プロセスの省略あるいは形式化が顕著である。

8　国政調査

　両議院の関係各委員会の合同によるのではなく，国政調査そのものと縁の薄い議院運営委員会の合同協議会を基盤としたことは，一見すると不可思議なことではある。

　議院運営委員会は省庁所管の外にある[13]ものであって，議院運営委員会が国政調査の承認要求（衆規94）を行うことはない。議院運営委員会において国政調査が行われた例として，24回国会（昭31.6.3）の「ビキニ原爆実験の被災事件にかかる補償の問題についての証人尋問」，そして，67回（臨時）国会（昭46.10.19）の「本院において行なつた，米国の繊維品輸入制限に関する決議（第六十一回国会）と日米繊維協定仮調印に関する件」についての佐藤総理からの説明聴取と質疑が思い当たるが，前者は補償と議員との関わり，後者は本会議決議との整合性を問うものであって，ともに議院運営委員会の所管に関わるものとして行われたものである。

　国会の機関として事故調査委員会を設置するに当たっては，基盤として議院の国政調査の合同の場が必須であるが，それに相応しいものとして両議院の議院運営委員会の合同協議会が法定された。議院運営委員会の合同協議会が国政調査を担う以上，法の前提として，各議院の議院運営委員会そのものが，もともと，原発事故調査に関わる権限を有していたはずであるが，そうしたものはなかなか見出し難い。

　逆に，議院運営委員会の合同協議会が調査権限を有するものとして法定されたことをもって，単体としての議院運営委員会もまた，調査権限を有するものとなったと理解すべきなのかもしれない。

　原発事故に係わる省庁を所管する関係各委員会の合同によるのではなく，両院の本会議を，国会に置く国政調査機関の基盤と想定し，更に，本会議の合同を代替するものとして，本会議に最も近いという立場によって，議院運営委員会の合同協議会を国会の機関による国政調査の基盤とし

13　衆規92-16［1　議院の運営に関する事項，2　国会法及び議院の諸規則に関する事項，3　議長の諮問に関する事項，4　裁判官弾劾裁判所及び裁判官訴追委員会に関する事項，5　国立国会図書館に関する事項］。参規74-16［1　議院の運営に関する事項，2　国会法その他議院の法規に関する事項，3　国立国会図書館の運営に関する事項，4　裁判官弾劾裁判所及び裁判官訴追委員会に関する事項］

第Ⅲ章　事例からの考察

たということにもなろう。

　事故調査委員会の調査報告（180回，平 24. 7. 5）を踏まえ，原子力問題に関して，国会あるいは議院における国政調査が連動して行われるべきことは，国会に事故調査委員会を設置したこと，この一点によって既に，当然の責務である。新たにその受け皿を設ける機運は，盛り上がらないまま，日々の政治の混迷の中で埋没したのであるが，議院運営委員会の合同協議会を事故調査委員会による国政調査の基盤とすることで，議院の各委員会との関係を断ち（それは議院証言法適用の可能性を喪失することでもあったが），結果として，事故調査委員会後の国政調査との自動的な連動を，事実上，断つものとして，事故調査委員会による国政調査が規定されたこと，むしろ，このこと自体が，政治の状況を色濃く反映したものであったとも言えよう[14]。いずれにせよ，事故調査委員会の国政調査に関する規定には，上述したような各委員会の国政調査をめぐる状況と，その反面として，議院運営委員会が他の委員会の上位に位置するかにみえる現状が，色濃く投影されていたと考える。

---

[14] その後 183 回国会に至り（召集日の平 25. 1. 28），衆議院に「原子力に関する諸問題を調査するため委員 40 人よりなる原子力問題調査特別委員会」が全会一致で設置された。委員会の使命について，設置当日の委員会において互選された森委員長は，「本委員会においては，今後の原子力行政が適切に推進されるよう監視していかなければなりません。また，事故後，我が国の原子力政策のあり方が国民的な議論となっていることを踏まえ，本委員会において活発に議論し，その方向性を見出していくことが期待されているところであります」と述べた。同委員会は，4 月 8 日，元国会事故調査委員会委員長及び同委員出席による参考人意見聴取・質疑，同月 19 日，原子力規制委員会委員長等への質疑によって，実質的に始動したのであるが，ここに至るまでの間隙を埋めるべく，既存の国会のスケジュール観を超えた活動が求められることは言うまでもない。

8 国政調査

【委員会活動の概略（委員会先例集 178 号による）】

☆常任委員会

議案審査 提案理由説明／質疑／討論／採決 （附帯決議）	<u>付託議案を議題として</u> 質疑・国務大臣等の答弁，参考人の意見聴取・質疑，公聴会（公述人の意見陳述・質疑），委員派遣，議院証言法による証人の証言・質疑，書類の提出要求，国会法による報告又は記録の提出要求，小委員会の設置，連合審査
国政調査 （法案起草／決議＝法案起草あるいは法案議決に伴う決議を含む）提案の説明・委員発言・採決	<u>衆規 94 による調査案件について</u> 国務大臣等の発言・質疑，参考人の意見聴取・質疑，委員派遣，議院証言法による証人の証言・質疑，書類の提出，国会法による報告又は記録の提出要求，小委員会の設置，連合審査

☆（議案審査を目的とする）特別委員会

議案審査 提案理由説明／質疑／討論／採決 （附帯決議）	<u>付託議案を議題として</u> 質疑・国務大臣等の答弁，参考人の意見聴取・質疑，公聴会（公述人の意見陳述・質疑），委員派遣，議院証言法による証人の証言・質疑，書類の提出，国会法による報告又は記録の提出要求，小委員会の設置，連合審査

☆（調査を目的とする）特別委員会

国政調査 （法案起草／決議＝法案起草あるいは法案議決に伴う決議を含む）提案の説明・委員発言・採決	<u>設置の院議による所管事項について</u> 国務大臣等の発言・質疑，参考人の意見聴取・質疑，委員派遣，議院証言法による証人の証言・質疑，書類の提出，国会法による報告又は記録の提出要求，小委員会の設置，連合審査
議案審査 提案理由説明／質疑／討論／採決 （附帯決議）	<u>所管に関連するものとして付託された議案を議題として</u> 質疑・国務大臣等の答弁，参考人の意見聴取・質疑，公聴会公述人の意見陳述・質疑，委員派遣，議院証言法による証人の証言・質疑，書類の提出要求，国会法による報告又は記録の提出要求，小委員会の設置，連合審査

第Ⅲ章　事例からの考察

❾　国家公務員等の国会同意人事

1　国会同意人事とは

〈先例の概要〉

☆国家公務員等の任命について両議院の同意又は事後承認を求める件は，両議院に別々に提出され，それぞれ両議院において議決される。両議院の議決が異なった場合は，両議院の議決がなかったものとして取り扱う（先365）。

☆議長は，まずその取扱いを議院運営委員会に諮問し，各会派の賛否の態度決定をまって議院に諮るのが例である。なお，第142国会，平成10年6月9日の議院運営委員会理事会における申合せにより，政府は，議決が必要とされる時までに10日程度の余裕をもって内示するよう努めることとされた（先366）。

「両議院の同意」は，両議院関係制度によって得るものではなく，あくまでも，内閣と衆議院との関係，内閣と参議院との関係によるものである。各機関設置の法に基づき，内閣は衆参それぞれに任命の同意を求め，衆参それぞれが，その議決を内閣に通知することで完結する。両院間でそれぞれの議決を通知しあうこともない。同意人事が両議院関係の対象とならないのは，本文で述べるとおり，元々が，衆議院の同意の一方的優越性を担保する制度，あるいは衆議院の同意のみを要件とする制度として生まれたためでもある。現行法はすべて，そうした担保を持たないので，内閣は，「両議院の議決が異なった場合は，両議院の議決がなかったものとして取り扱う」こととなる。

「国会同意人事」[1]とは，例えば，会計検査院法4条1項が「検査官は，両議院の同意を経て，内閣がこれを任命する」と規定するように，内閣が，国家公務員等の人事権行使について，それぞれ個別の法の定めによっ

1　国会同意人事の対象は，会計検査院検査官，人事官，公正取引委員会委員長・委員，原子力規制委員会委員長・委員その他の審議会委員等，日本銀行総裁・副総裁・政策委員会審議委員，日本放送協会経営委員会委員長等，36機関253名（184回（臨時）終了（平25.8.7）時点）。

て,「両議院の同意」を得ることを要件とする制度であるが,『憲法講義Ⅰ（第2版）』156, 157頁（大石眞, 有斐閣2009）は, 政府統制の方法として有意義なものとしつつ,「その「両議院の同意」のあり方が衆議院又は参議院による一院制的な決定を排除したかたちで法定された場合」, いずれか一方の同意が得られないときは,「統制を及ぼすべき内閣やその下にある行政機関の正統な機能が大きく損われるだけでなく, 会計検査院のような憲法上の独立機関が機能不全に陥るおそれすらある」として,「国会両議院による内閣任命人事同意権は, 内閣の人事権を奪うに等しいようなかたちで行使することは認められない, と解すべきであろう」と述べ,「日本銀行の総裁・副総裁などについても, ……, 同様に考えるべきであろう」と述べる（同書は,「日本銀行は, 人事院や公正取引委員会のような行政組織ではないものの, 金融の適切な機能を確保するなど, 金融政策は内閣の重要政策の一つであり（内閣府3条, 4条1項15号参照）, その要をなす中央銀行の役員の任命権を内閣がもつのは, それと密接に関連しているからである」と述べている）。

「衆議院又は参議院による一院制的な決定を排除したかたちで法定」されている現行の同意人事制度にあって,「内閣の人事権を奪うに等しいようなかたちで行使する」とは, 衆参を問わず, 内閣の提示に明白な非妥当性（例えば, 当該候補者選定の重要な判断要素となる, その経歴, 業績・見識についての明白な誤認）がある場合を除き, ①議決の結果,「不同意」とすること, 又は, ②議決そのものを行わないこと, こうしたことは行われるべきではないということであろう。

現行の同意人事制度は, 不同意の選択肢の暗黙の排除という予定調和の上で, 政府統制の実を, 両議院の同意という権威に求めているということになる。ねじれの状況下, 参議院に, しばしば, ①の結果[2]をもたらした

---

2 参議院不同意の例（180回の例を除き, 衆議院は同意の議決）。②の例については下記＊の外, 注25参照。なお, 171回まで自公政権時, 180回まで民主・国新政権時, 183回自公政権時。
　168回（臨時）19. 11. 14 労働保険審査会委員1名, 運輸審議会委員1名, 公害健康被害補償不服審査会委員1名

ものは，この予定調和の解体に他ならないが，そのことはさておき，ここではまず，同意人事が，衆議院の同意による「一院制的な決定を排除するかたちで」法定し直された軌跡を簡単に辿ることから，同意人事の意味を考えることとする。

2　国会同意人事に関する規定の生成と変遷

　昭和20年代に規定された国会同意人事の類型は以下のとおりである。

<u>A：両議院の同意を要件としつつ，衆議院の同意の一方的優越が規定されたもの</u>[3]

　1．検査官（会計検査院法：帝92回政府提出／昭22年法73号）

　<u>169回</u> 20.3.12 日銀総裁，日銀副総裁1名
　<u>169回</u> 20.3.19 日銀総裁
　<u>169回</u> 20.4.9 日銀副総裁1名
　<u>169回</u> 20.6.6 再就職等監視委員会委員長及び同委員4名（全員）
　<u>169回</u> 20.6.12（参議院未了）日銀政策委員会審議委員1名
　<u>170回</u>（臨時）20.11.21 再就職等監視委員会委員長及び同委員4名（＊下記参照），NHK経営委員会委員3名
　<u>171回</u> 21.2.23 人事官，再就職等監視委員会委員長及び同委員4名，中央社会保険医療協議会委員1名
　<u>171回</u> 21.6.5 食品安全委員会委員1名
　<u>180回</u> 24.4.5 日銀政策委員会審議委員1名（翌日，内閣は衆議院に提出の任命同意要求書撤回）
　<u>183回</u> 25.3.29 人事官1名，検査官1名
　＊再就職等監視委員会が，改正国家公務員法の施行の日（20.12.31）までに発足できないため，内閣総理大臣が代わりに権限を行使する経過規定が定められた（職員の退職管理に関する政令附則21条（20.12.25公布）。なお，政権交代後，別の機関を設置する国家公務員法改正案成立のめどが立たないため，民主政権は，177回（平23年）現行組織を活用することに方針を転換。両議院に再就職等監視委員会委員長等の任命を提示したが，両院とも議決に至らず。翌24年（180回）に至り，改めて同意を求め，両議院の同意を得た。
　3　会計検査院法4条は，「検査官は，両議院の同意を経て，内閣がこれを任命する。②検査官の任命について，衆議院が同意して参議院が同意しない場合においては，日本国憲法第67条第2項の場合の例により，衆議院の同意を以て両議院の同意とする」と規定。

9　国家公務員等の国会同意人事

2. 人事委員会委員（国家公務員法：1回閣法61号／昭22年法120号）

　［臨時人事委員長・同委員：同法附則により，同法施行までの間］

　　→ 人事官（同法施行前一部改正：3回閣法7号／昭23年法222号）

3. 国家公安委員会委員（警察法：1回閣法95号／昭22年法196号）
4. 地方税審議会委員（地方税法：2回閣法170号／昭23年法110号）
5. 日本国有鉄道監理委員会委員（日本国有鉄道法：3回閣法12号／昭23年法256号）

B：衆議院の同意のみが要件とされたもの[4]

6. 公正取引委員会委員長・委員（独占禁止法：帝92回政府提出／昭22年法54号）
7. 統計委員会委員長[5]（統計法一部改正法：5回閣法64号／昭24年法132号）

C：一院制的決定が排除された，上記A，B以外の例

中央更生保護委員会委員（犯罪者予防更生法：5回閣法124号／昭24年法142号）

外国為替管理委員会委員長・委員（同委員会設置法：6回閣法44号／昭24年法229号）

地方行政調査委員会議委員（同会議設置法：6回閣法37号／昭24年法281号）

---

[4] 独禁法29条②は，公正取引委員会委員について「……内閣総理大臣が，衆議院の同意を得て，これを任命する」と規定。

[5] (1)　当該統計法改正法案は，国家行政組織法施行と行政機構改革に伴い，統計委員会官制を廃して統計委員会の組織及び権限に関する事項を統計法（帝92回政府提出／昭22年法18号）の中に規定するもので，同法案6条の4④［委員長は，委員のうちから互選された者について，内閣総理大臣が衆議院の同意を得て命ずる］も，内閣による委員の任命を継承し，委員による互選を前置きするものであった（衆議院修正により，最初の委員長の閉会中任命と衆議院の事後承認（附則②③）も追加規定）。

(2)　後議の参議院は，「いわゆる我が国の官府統計の総合的調整機関でありますからして，新たにその委員会の長を任命するに当りましては，単に衆議院の同意を得るに止まるということであることは甚だ遺憾」として，両議院の同意を得るべきものと修正，衆議院に回付した（24.5.22）。参本会議録31号58頁参照。

(3)　衆議院は，参議院回付案を不同意とし，直ちに，再議決によって可決・成立した（5.24）。なお，不同意，再議決ともに全会一致。

第Ⅲ章　事例からの考察

　A, Bのうち，廃止・再編されたものを除けば，検査官以外はすべて，昭和20年代のうちに，Cに改正されている。A, Bのうち，憲法改正を踏まえ，衆貴両院が構成する最後の帝国議会で規定されたものが，A-1, B-6 である。ともに「一院制的な決定」が法定されたのであるが，A-1が「両議院の同意」を規定したのは，憲法（90条）に，決算と会計検査院の検査及び国会との関係が，そして，会計検査院の組織，権限が法律の定めによることが明記されたためであろう。一方，B-6 は，憲法上の機関ではないので，「両議院の同意」は必要とはされなかったということであろう[6]。

　衆参両院が構成する国会のスタート以降，最重要なものはAとして規定され，他のものはCの「一院制的な決定を排除したかたちで法定」されることとなる。そして，Aとして規定されたものも程なく，「衆議院の同意を以て両議院の同意とする」規定は削除されることとなる[7]。もちろん，参議院を同意人事そのものから排除するBは，参議院にとって，ありうべからざるものであった[8]。こうして，同意人事の元祖，憲法上の機関として別格の地位にある会計検査院の検査官を残して，瞬く間に「一院制的な

6　こうした戦後帝国議会の感性は，制定国会法が，弾劾裁判所裁判員については両議院からの選出とし，裁判官訴追委員は衆議院からのみの選出と規定したところにも発現している（国旧125①・126①）。

7　(1)　人事委員会は，3回国会，国家公務員法改正（閣法7号／昭23年法222号）により人事院に改組（国家公務員法施行前）。4回国会，同法改正（参法4号（委員会審査省略）／昭23年258号）により，初代人事官任命の両院同意と前後して，人事官は「C」に改正。

(2)　日本国有鉄道監理委員会委員は，5回国会，国鉄法改正（参法（委員会審査省略）3号／昭24年法192号）により，Cに改正。

(3)　国家公安委員会委員は，19回国会，警察法全部改正（閣法31号／昭29年法162号）により「C」に改正。

(4)　地方税審議会は，8回国会，新地方税法（閣法1号／昭25年法226号）により，昭23年制定法廃止。

8　(1)　公取委員長・委員は，13回国会，独禁法改正（閣法185号／昭27年法257号）により「C」に改正。

(2)　統計委員会は，13回国会，行政管理庁設置法改正（閣法191号／昭27年法260号）により廃止。

9 国家公務員等の国会同意人事

決定を排除したかたちで法定」される制度となり，衆参それぞれの同意は，等価のものとなったのである。

時を経て9，140回国会（平9.3.12）に至り，斎藤十朗参議院議長が，伊藤宗一郎衆議院議長への協力申入れの中で，会計検査院法4条2項の削除を要請。その後，同年の国会法改正（会計検査院に対する特定事項の検査要請（平9年法126号・国105新設）に関連して会計検査院法も改正）の局面で，「参議院側から再三の要請もあり，……，参議院及び内閣官房長官とも協議の上，先般の議会制度に関する協議会10において必要な法改正措置を講ずることに各党の合意を見」（145回平11.4.27，衆議運委会議録26号1頁），衆議院の議院運営委員会提出によって，両院とも異議なく可決，同項削除の改正法案成立に至った（平11年法36号）。

参議院が，検査官の任命同意について，衆議院の同意の優越規定削除を主張し，かつ，草創期以来の衆議院側の懸念11を越えてそれを実現させたのは，強い参議院という背景とは別に，参議院の排除は理に適わないという道理が，制度そのものにあったということであろう。改正の意図は，一院制的な決定を排除して，参議院が不同意とする権利そのものを確保することではなかったはずである。

3　不同意による欠員の事態をめぐって

不同意となる事態が度重なる中で，任期が満了した者が，後任が任命されるまで引き続きその職務を行う，いわゆる職務継続規定の欠缺が議論されもした。ここでは，同意人事機関の継続性に関連する以下の諸規定について簡単に触れておく。

① 一院制的な決定：既に存在しないことは前述したとおり。①にルーツがあるものには，職務継続規定がない。

9　この間の会計検査院法4条2項の適用事例について，平6年版先363参照。

10　いわゆる「議会制度協議会」。先144参照。

11　例えば注7(1)の人事官について，Aとして制定された経緯，Cへの改正意図と経緯について，参議院人事委員長の参法4号趣旨弁明参照（4回昭23.12.12参本会議録10号17，18頁）。また，衆議院側の懸念について，衆議院人事委員会における同法案討論参照（12.14人事委員会議録9号2頁）。

195

② 事後承認の規定：閉会中又は解散中に対応するための規定。人事官を除き同意人事の対象すべてに存在する（平成24年設置の原子力規制委員会委員長・委員については，発足時の任命についても事後承認の規定が置かれた（注25参照））。現在では，内示の機能強化（「事例とその補足」参照）によって，閉会中あるいは解散中の任命規定は行使し難いものとなっている[12]。

③ 最初に任命される委員の任期に差を設ける規定：総合科学技術会議（平成11年設置）がそうであるように，長期の展望を見据え，機関の任期毎の一体性と継続性の調和を図る例外的な規定。職務継続規定とは併存しない（原子力規制委員会委員について規定され，かつ，委員長・委員について職務継続規定も置かれた）。

④ 職務継続規定：任期満了となった委員の後任を任命できない場合に対応する暫定的で補完的な措置。衆議院議員選挙区画定審議会（平成6年設置）等，任期毎の機関の一体性を重視するものを除き，当該規定が置かれることが普通となった。

以上，大きな傾向としては，機関の継続性に関わる①，②，③それぞれの変化によって生じた不安定性を，④の職務継続規定を置くことで補完してきたと言える。しかし，性格上，新設の際又は付随的な改正として規定されるものであり，また，総合科学技術会議や衆議院議員選挙区画定審議会のように，固有の理由によって，そうした機会があっても，職務継続規定を置いてこなかったものもある。こうしたことが，職務継続規定の有無にばらつきを生じた理由である。いずれにせよ，暫定的で補完的な規定であるために，同意人事の在り方をめぐる議論の本筋では有り得ず，171回国会平成21年に，時の与党が提出した「両議院の同意に係る国家公務員等の職務継続規定の整備に関する法律案」（衆法16号）は，議院運営委員会理事会で議論はあったものの，未付託のまま審査未了となった。

12　なお，自公への政権交代後初の常会召集日（183回平25.1.28），安倍内閣は既に任命した3機関14人（原子力規制委員会委員長・委員（注25参照）を含む）について事後の承認を求めた。旧政権末期に事前の同意手続を踏むに至らなかった積残しというべきものであった。

4　両議院の同意の意味

以上のことを踏まえ，「両議院の同意」による政府統制の意味は，内閣との協働的機能にあると考える。「両議院の同意」を規定する機関設置法は，以下のように，機関の適正な構成，つまり機関の機能発揮の前提として内閣と国会との協働を組み入れている。

① 　機関設置の法は，当該機関の法的位置づけに応じ，構成の核となる人事について内閣の任命権を規定する。内閣には，その行使によって，法が求める機関機能の発揮のために，適正な構成を確保する責務がある。

② 　しかし，内閣の人事権行使の適正さの保証がなければ，適正な構成の確保，適正な機能発揮を期待できない場合がある。そこで問われるのは，機関の法的位置づけに応じて求められる，機関の専門性，中立・公平性，独立性，そして独立性を損なわない政府との連携，といったところであろう。

③ 　人事権行使の適正さを保証できるのは，唯一，機関設置の法の制定者である。こうして，「両議院の同意」が任命の前提として規定される。両議院の統制によって，機関の機能発揮が保証されるのである。

以上の如く，両議院の同意による政府統制が，的確な機関機能の開始とその継続の前提として機能するが故に，法の定めからは，不同意という選択肢は暗黙のうちに排除されているのでる。また，「一院制的な決定を排除するかたち」で同意人事制度が法定し直されたことは，内閣との協働から片方の議院を排除しないことの方が，適正な構成の保証のためには，より相応しいということに他ならない。

不同意の暗黙の排除という予定調和の解体を経験した後にあっても，内閣は，法の求めるところに相応しい人事案の提示に一層努めるべきこと，また，国会にあっては，与野党を問わず，内閣の提示に対して謙抑的に判断してしかるべきこと，という以外にはない[13]。政府統制権乱用の様相が

13 　(1)　なお，中央選挙管理会委員及び同予備委員は，国会議員以外の者で参議院議員の被選挙権を有する者の中から，国会の議決による指名に基づいて，内閣総

第Ⅲ章　事例からの考察

そこに見えれば,「両議院の同意」の規定によって排除したはずの,専門性,中立・公平性,独立性,そして独立性を損なわない政府との連携といったものに対する懸念が逆に忍び込むこととなって,同意人事の対象とされるほどに重要であるはずの,機関の機能発揮は著しく阻害されることになるのである。

理大臣がこれを任命するが（公選法5の2②），議決による指名については，議院運営委員会において，委員及び予備委員の定数各5人をそれぞれ両議院を通じての各会派の所属議員数の比率により一会派2人を限度として割当てを決定し，これに基づいて各会派から推薦された候補者について，本院及び参議院において，議長が指名する（先368）。

(2) 同条③は，党派性を入れた上で，1政党最大2名という上限を設定することによって中央選管の独立性・公平性を確保し，また，国会の議決による指名と規定することで，国会側に人選を委ねている。

(3) 改正政治資金規正法（平19年法135号）によって設置された，政治資金適正化委員会も同様に規定されたものであるが，割当会派からの推薦によることなく，169回平20.3.10同意人事両院合同代表者会議（事例の補足※1参照）において，次のように合意。この合意によって候補者を選定，両院の本会議においてそれぞれ議長が指名した。

(4) 1.政治資金適正化委員（5人）については，規正法19の32①の規定により，「学識経験のある者」のうちから，国会の議決により指名することとなっているところ，具体的には，原則として，以下の基準で人選を行うものとする。①弁護士1名，②公認会計士1名，③税理士1名，④学者及び政治資金に精通した有識者2名 2.(1)①～③については，それぞれの連合会ないし協会（日本弁護士連合会，日本公認会計士協会，日本税理士会連合会）に対して，［割当会派］自民，民主，公明の各理事が分担して，その趣旨を説明し，人選を行い，後日，その結果を両委員長に報告する。(2)④については，与野党で1名ずつ選考し，その結果を両委員長に報告する。3.両委員長は，人選結果を，各院の議院運営委員会理事会に諮り，その最終確認を経て，本会議の議決の手続を進めることとする（なお，177回平23.3.25新たな選任に当たり，両院議運委員長間で，2(1)のうち，「自民，民主，公明の各理事」を「与野党の各理事」に改めた（各院運理事会確認）。これは，前年の参通常選挙の結果による理事会派の変化に伴う措置である）。

(5) 法律上は，中央選管と同様，政治の側の問題を取り扱う機関の構成であるから，政治の側に人選を委ねているのであるが，実際の運用は，国会同意人事について内閣が行う人選との実質的な垣根は低いものとなった。内閣と国会の協働の新たなあり方を示唆するものであろう。

9　国家公務員等の国会同意人事

【事例：日本銀行総裁同意人事をめぐる問題とその影響】

(事例)　142回国会平成10年3月20日，平成9年法89号により全部改正された日本銀行法（10. 4. 1施行／両議院の同意にかかる部分は公布の日（9. 6. 18）から施行）により「日本銀行副総裁1名」，「同政策委員会審議委員4名」の任命について両議院の同意を求めるため，衆参それぞれの議院運営委員会理事会において，内閣官房副長官が，人事案の内示を行った（衆議院3. 30本会議同意，参議院3. 31本会議同意）。また，同20日，内閣は，改正前の日本銀行法に基づき（同意人事の対象とすることなく），「日本銀行総裁」，「同副総裁1名」を任命した。

　平成9年の改正日本銀行法は，「日本銀行の通貨及び金融の調節における独立性とその意思決定の透明性を高めるとともに，日本銀行の適正かつ効率的な業務運営を確保する必要性にかんがみ，日本銀行の抜本的な改革を実施するため，日本銀行法の全部を改正」したもので，新たに，日銀総裁・副総裁（1名増）を国会同意人事の対象とし（23条①），また，日銀総裁等に対する，各議院本会議又は委員会への出席要求を規定した（54条③）[14]。改正前の規定に基づく総裁・副総裁の任命が，その背景と適法性[15]は別として，意思決定の透明性を謳う改正日銀法の精神に相応しいものであったとは言いがたいであろう。折しも，3月20日は，平成10年度総予算の衆議院通過が予定された日でもあって，この人事に対する野党の反発から，国会日程に影響を与え兼ねないものとなった。下記142回の議院運営委員会理事会申合せは，この折の事態収拾の一環として設置された「国会同意人事に関

14　(1)　改正目的は，140回大蔵委会議録17号（平9. 4. 25）1頁，大蔵大臣提案理由説明参照。改正日銀法の意味と評価について，清水真人「日銀の「独立性」を読む」（日本経済新聞朝刊2013. 4. 16-19），片桐直人「戦後日本銀行法の展開と憲法」『憲法改革の理念と展開（上巻）』所収参照。
　　(2)　独立機関等の長の本会議出席を直接規定するのは日銀法のみである。国72①（会計検査院長への委員会出席要求）参照。
15　妥当性に対する疑念と，妥当性に関する政府の説明について，予算委員会議録30号11-12頁（142回平10. 3. 30）参照。

第Ⅲ章　事例からの考察

するワーキンググループ」の成果である（注17参照）。

　以後も，金融危機や長期の経済停滞に伴い，日銀の果たすべき金融政策に対する期待（相関して，日銀と政府との連携の在り方をめぐる批判）が増大する中で，任期5年の総裁・副総裁任命の都度，平成10年から5年毎に，国会同意人事の審議[16]のあり方が問われることとなった。ここでは，その経過を辿る。

1　平10年6月9日（142回国会）

「国会同意人事の取扱い等について」[17]議運理事会申合せ

Ⅰ　国会同意人事の取扱い等について

1. 国会同意人事制度は，内閣に対し独立の地位を有する会計検査院や一定の中立性が求められる合議制行政機関，政策審議機関等の構成員の任命につき，両議院の同意を必要とする制度であるが，その趣旨は，「政府の選任基準等がそれぞれの根拠法の趣旨に照らして適切であるかどうか，その基準に適合した人選が行われているか否か等について，政府の判断をチェックすること」であることを確認する。

2. 国会同意人事制度の趣旨が，「審議会等の委員等の任命につき，政府の人選等が根拠法の趣旨に照らして適正，適切であるか否か等をチェックすること」にあることからすると，政府からは，当然のことながら候補者の年齢，職歴等はもとより，根拠法，選任・選考の理由等，政府の判断をチェックするのに必要な諸般の資料が提出される必要がある。具体的には，去る5月28日に政府から同意人事を内示された際，提出された資料【①氏名及び顔写真，②現職，③選定理由，④略歴，⑤審議会委員等の兼職，⑥著書，⑦主な活動，⑧その他の委員名及び給与等，⑨根拠法，⑩出席状況調】[18]と同程度のものが，提出されるべきである。

---

[16] 同意人事の人事案は議運理事会に内閣から内示され，各会派の賛否の態度決定をまって議院に諮るのが例であって，具体的な審議の対象とはなってこなかった。内示の確立過程については，17回昭28.11.2議運委会議録4号2頁，29回昭33.6.23議運委会議録7号2-5頁，同国会33.6.27参議運委会議録8号2-3頁参照。

[17] 「国会同意人事に関するワーキンググループ」が答申（10.6.9）。同日，議院運営委員会理事会の申合せとされた（同WGは，議会制度協議会の下部組織として3.27設置，議運理事会メンバー7名で構成，座長は自民党筆頭理事）。

[18] WGにおける協議の過程で，内示資料の充実・改善を内閣に指示，先行実施された。

3. 各党・会派においてなされる同意人事案件に係る政府の判断に要する時間を十分確保するため，政府は，原則として各議院の議決が必要とされるときまでに10日程度の余裕をもって内示するように努めるべきである[19]。
4. 審議会等につき，その職務，委員等の活動状況，国会同意人事案件としての適否等に関して，各審議会等の設置根拠等を定めた根拠法規を所管するそれぞれの委員会において適宜論議されるべきことを確認する。
5. 同意人事の本会議上程にあたって，参考資料として，同意人事の一覧表（議運理事会において政府から提出される内示資料と同じもの）を議場で配付することとする。
6. 同意人事の本会議採決は，委員個別に行うこととする[20]。

Ⅱ 国会同意人事に係る政府の判断のチェックのあり方について
1. 現在，国会同意人事に係る政府判断チェックについては，各党・会派において独自の方法をもって行われているところであるが，これについて，所管の委員会[21]等に同意の対象となる候補者を招致し，所信等を聴取（面接）すべきであるとの意見が出されたが，他方，国会同意人事に係る政府判断のチェックは，基本的に各党・会派におけるチェックで足りるとの意見もあり，合意に至らなかった。
2. 今後，同意人事の取扱いについて，必要に応じ，議院運営委員会理事会において協議することとする。

---

19 政府に対する指示だけでなく，各会派は内示の日から10日までには態度決定を行い，本会議の議決が遅れることのないようにすべしとの意味が込められている。先366参照。
20 ここまで，衆議院においては，同意人事が，政府の任命行為が適切かどうかを判断するものであるということを重視して，各人に対する個別の賛否がなるべく明らかにならないように，同一機関が複数人の場合は一括採決としていた。会派の態度は，そのうちの一人でも反対であれば，一律反対の結果となっていた（各人に対する態度は，本会議前の議運委員会で事務総長が紹介していた。本件申合せ前について，142回平10.3.30議運委会議録23号1頁，申合せ後初の同意人事について，同国会6.10議運委会議録46号2頁参照）。先365参照。
21 同意人事の委員会付託・審査例は，昭23年／4回，初の人事官任命について，参の人事委員会付託と横並びで付託された人事委員会。参・人事委員会は「衆議院の同意」の優越規定削除要求とからめて，人事官任命同意の審査を行った（注11参照）。

Ⅲ その他同意人事に関し，次の意見が述べられた。
1．各審議会・委員会の給与等のバランス・整合性に問題があるので整理し，職務の実態等にあわせるべきである。
2．委員会の人的構成のバランス等（男女比・有識者の比率，委員の兼職の問題等）を考慮すべきである。

2　平16年2月4日（159回国会）

「国会同意人事に係る候補者の国会招致について」[22]議運理事会合意
1．趣旨　国会同意人事の審査に当たっては，政府からの説明聴取と書類審査により行うことを基本としつつ，特に制度的に内閣からの独立性が求められており，重要な任務を担っている人事院，会計検査院，公正取引委員会及び日本銀行の長については，同意前に衆議院及び参議院の議院運営委員会理事会の場に限って候補者を招致し，直接，所信等を聴取することとする。
2．対象　人事院総裁[23]，会計検査院検査官（注），公正取引委員会委員長，日本銀行総裁
（注）会計検査院長は検査官の互選による
3．手続　議院運営委員会理事会における候補者の内示の際に，政府側からの説明とあわせて，候補者から所信等を非公開で聴取する。

3　平成19年10月31日（168回（臨時）国会）

「国会同意人事のあり方について」衆参議院運営委員長会談合意
今国会より，国会の同意を求める人事案件については，以下のような手順を経て行うこととする。
1．衆参両院議院運営委員長の主催のもと，両院の議院運営委員会理事会

---

[22] 156回（平15.2.28）日銀総裁，副総裁2名内示。野党は，本会議同意議決前の所管委員会意見聴取を要求して対立。結局，任命前の財金委における意見聴取を条件に本会議議決を合意（3.11）。その折の合意に基づき，「日銀等国会同意人事に関するワーキングチーム」が議運理事会に構成されたが協議は先送りされた。翌16年に至り，検査官，人事院総裁の同意人事を控えて，与野党政党間合意（自公民国対委員長申合せ）に基づき，議運理事会においても，本文のとおり合意された。
[23] 人事院総裁の内示を前に，所信聴取の対象は，人事院総裁ではなく，検査官と同様，人事官についても一律の対象とすることに改められた（既に人事官であるものが人事院総裁に任命されることとなるため）。

9 　国家公務員等の国会同意人事

の代表メンバー（各院与野党各1名）から構成される会議［両院合同代表者会議］を開催し，政府より同意人事案件の提示を受ける。
2．各院の議院運営委員会は，この提示をもとに，議院運営委員会理事会において正式の提示を受け，衆参両院におけるこれまでの手続きを基本とし，各党の意向を踏まえ，各院において手続を行う。
3．上記手続を踏まえ，衆参両院議院運営委員会は，本会議に上程し，衆参各院としての結論を得る。上記1.の政府の人事案件提示前に，人事が報道された場合は，原則として当該者の提示は受け付けない。

(1) 上記合意は，ねじれの状態となった平成19年168回（臨時）国会，人事案内示前の事前報道が問題となったことを契機に，笹川・西岡両議院運営委員長会談において合意したもの。
(2) 参議院の西岡議運委員長の意向が強く反映されたものであるが，衆参代表者会議によることとしたのは，情報管理の徹底だけでなく，衆参一括の提示によって，人事案提示の段階から衆参の対等性を強く意識したものであった。なお，報道の自由の問題を離れれば，事前報道とそれをめぐる反発は自社体制の時代から繰り返されてきたものであり，不同意になることはないという安定の中で，時に緩い人事管理が政府与党にあったことは否定できない。一方，本合意に基づく人事案提示の拒絶は，政府の陳謝によって実際には解けるものであったが，政府の人選や与党内手続に萎縮効果をもたらしたことも確かであろう。

4 　平20年2月25日（169回国会）

「国会同意人事特別案件に係る候補者からの所信聴取について」衆参院運営委員長会談合意[24]

国会同意人事に関し，制度的に内閣からの独立性が求められており，重要な任務を担う機関（特別案件）の候補者からの所信聴取については，以下の要領で行うこととする。
1．所信聴取は原則公開とし，衆参それぞれの議院運営委員会において行う。ただし，所信に対する質疑については，懇談形式で非公開とすることができる。
2．所信聴取及び質疑（懇談形式の場合を含む。）の議事録（未定稿の速記録）については，できるだけ速やかに，各党に配付し，公表する。

24 　日銀総裁・副総裁の同意人事を控え，自民・民主国対委員長会談の合意を踏まえ，各議院の議運理事会の協議を経て，衆参議院運営委員長会談において合意したもの。

第Ⅲ章　事例からの考察

3．所信聴取対象者は以下のとおりとする[25]。
　人事院人事官（3名），会計検査院検査官（3名），公正取引委員会委員長，日本銀行総裁及び副総裁（3名）
4．具体的な質疑方法・質疑時間等の詳細については，それぞれの議院運営委員会理事会において協議する。

5　平成25年2月19日（183回国会）[26]

与野党国対委員長会談合意（衆参議院運営委員長合意・各議院運営委員会理事会了解）
　今国会より，国会の同意を求める人事案件については，以下のような手順を経て行うこととする。
1．衆参両院の議院運営委員会は，各院の議院運営委員会理事会において[27]，政府よりそれぞれ同意人事案件の内示を受け，各院におけるこれ

25　(1)　180回成立の原子力規制委員会設置法（平24年法47号）7条により，同国会，同意を求めた「原子力規制委員会委員長」候補者について，衆参それぞれ，議運委員会において所信聴取・質疑（平24.8.1）
　(2)　なお，同国会中，衆参とも，当該委員長候補者及び同委員候補者4名の議決に至らず（9.8会期終了）。閉会後，同法附則2⑤により任命，9.19原子力規制委員会発足。
　(3)　10.29に召集された181回（臨），内閣は，原子力災害対策特別措置法第15条第2項の規定により，原子力緊急事態宣言がされている旨を両議院の議長に通知（同法附則2⑥），事後承認の手続を回避した。
　(4)　上記(2)，(3)となった理由はさておき，同法附則による委員会発足に関する二重三重の特例は，(2)(3)の経過を辿ることを想定した規定ではなかったであろう。
26　(1)　日銀総裁，副総裁（2人）の同意を求めるに当たって，日銀の大胆な金融緩和を織り込んだ経済政策の実現を目指す政府与党は，平成19年以来の事前報道規制（事例中3「国会同意人事のあり方について」参照）による弊害を説いてその撤廃を強く求め，新たな合意に至った。その眼目は，本件日銀総裁，副総裁人事について，メディアの観測報道から主要政党への事前のアナウンスまでのプロセスを，人選から国会同意に至るまでのプロセスの一環として活用し得ることにあったと考える。
　(2)　なお，内閣は，日銀総裁については，前任者辞任による残任期間（3.20～4.8）とその後の再任（4.9から5年）を分けて，二度，同意を求めた（副総裁は3.20から任期5年）。同意を確実なものとするための入念な措置であった。
27　同意人事の提示を受ける両院の議運委合同代表者会議は廃止されたが，注13(3)に記したように，衆参が歩調を揃えるべき事柄の協議の場として貴重な機関で

までの手続きを基本とし，各党・各会派の意向を踏まえ，各院において手続きを行う。なお，同意人事案件の内示は，両院の議院運営委員会理事会において同時に行うものとする。
2. 従来から所信聴取対象とされている候補者については，引き続き各院において所信を聴取することとし，所信聴取の具体的な手続きについては，各院の議院運営委員会理事会において協議する。
　（所信聴取対象者）・人事院人事官（3人）・会計検査院検査官（3人）・公正取引委員会委員長・原子力規制委員会委員長・日本銀行総裁および副総裁（3人）
3. 上記の手続きを踏まえ，衆参両院の議院運営委員会は，本会議に同意人事案件を上程し，各院としての結論を得る。
4. 上記1の同意人事案件の内示までのあらゆる過程で情報管理の徹底を図ることを政府に求める。また，人事案件内示前に人事案が報道された場合，内示後，政府に対し情報漏えいがなかったか否かを調査させ，各院の議院運営委員会理事会に報告させるものとする。

あった。原発事故国会事故調査委員会（Ⅲ−8−3参照）の上部機関として，議院運営委員会の合同協議会が置かれたことには，この代表者会議の存在の影響もあったと考える。

第Ⅲ章　事例からの考察

10　議案の送付と受理

事例　177回国会，平成23年3月1日の衆議院本会議において平成23年度総予算（一般会計予算，特別会計予算，政府関係機関予算の3案）を可決した。衆議院は，国会法83条1項により，直ちに参議院に送付したところ，参議院議長はその受理を保留。翌2日，同議長は，受理を1日ではなく2日としたことを明らかにした[1]。

1　両議院関係制度を繋ぐ手続

上記，参議院の判断の根拠は，①憲法60条2項が「参議院が，衆議院の可決した予算を受取った後」と参議院の受理を主語としている。②議案の送付・即受理は先例である。したがって，参議院に解釈の余地，判断の余地があるということである。

結果として，両院間の議案の移動手続に議院の議決以外の別の参議院の意思が介在することになったのであるが，このことの非妥当性は，①については，憲法60条2項が参議院を主語とするのは，後議の参議院の不作為の結果がもたらす衆議院の議決の優越を規定するためであること。②については，送付・即受理は，憲法の規定の要請に基づく手続であって，先例の問題ではないことによってそれぞれ明らかである。

国会の議決を要する議案の両院関係について，憲法は先議・後議の関係[2]によっている。この先議・後議の速やかな接合を，送付・即受理の手続として，国会法と各議院規則がその上下関係によって具体的に規定し，表現している。

国会法83条1項が「国会の議決を要する議案を甲議院において可決し，又は修正したときは，これを乙議院に送付し」と規定し，衆規249条が

1　経緯について橋本参議院事務総長答弁参照（平23.3.4参予算委会議録2号38頁）。
2　先議・後議の意義について，Ⅲ−1−8参照。

10　議案の送付と受理

「参議院から議案を受け取つたときは，議長は，これを議院に報告する」と規定し，また，参規175条も同様の規定を置いているのは，送付を受けた議院の自動的な受理，つまり両院間移動手続に，議院の議決以外の別の意思が介在する余地がないことを表現しているのである。

先議・後議による送付・即受理の関係は，このように，憲法・国会法・各議院規則の規定の体系によって直接要請される関係であって，先例が介在する余地はそこにはない[3]。自然成立等の衆参起算日の齟齬についての危惧を持ち出すまでもないことである。

送付・即受理は先例よるものと解釈して，そこに判断の余地を見いだすことは，第Ⅰ章「導入」で指摘したところでもあるが，先例という言葉の曖昧性によって，憲法・国会法・各議院規則による明確な規範を，意図して曖昧なものにすることに他ならない。

---

[3]　(1)　先169は「議案の送付，回付又は通知は，議決の当日その手続をとるのを例とする」としているが，「議決後，直ちにその手続をとるのが例であるが，修正議決の場合，議事の終了が午後12時直前に及んだ場合，その他特別の事情があるときは，その手続が翌日になったことがある」との例外を表現するためである。万一に備えた予防的説明であるが，掲載事例［第8回（臨時）国会昭和25年7月22日，本院は地方税法案（内閣提出）を修正議決したが，その送付の手続は，午後12時以後これを行った］においても，参議院は，当然，22日の受理とし，同日，地方行政委員会に付託している（7.24参本会議録8号：諸般の報告欄参照）。

　(2)　また，先335の「本院が議決して参議院に送付後，送付の日から起算して国会休会中の期間を除いて30日以内に参議院が議決するに至らないときは，憲法第60条第2項の規定により30日の期間の経過とともに本院の議決が国会の議決となる」との説明は，衆議院の側から，先議と後議の接合が「送付＝送付・即受理」の関係であることを表している。

　(3)　参先169［議案が発議，提出又は送付されたときは，議長は，直ちにこれを適当の委員会に付託する］は，委員会付託に関する規定（国56，参規29～29の3）につき，発議・即受理，提出・即受理，送付・即受理をそれぞれ当然の前提として，「……送付されたときは，議長は，直ちにこれを適当の委員会に付託する」と説明している。

　参先422［憲法第59条第4項及び第60条第2項に規定する期間の計算は，本院が議案を受領した当日から起算する］は，憲法の各規定と国133条（当日起算）の関係を念押ししているが，「本院が議案を受領した当日」と上記「送付されたとき」が同義であることは言うまでもないであろう。

第Ⅲ章　事例からの考察

しかし，議案の両院間移動手続に判断の余地があるとの考え方が，唐突に生じたという訳ではない。第Ⅲ章－11「両議院関係制度」で，「返付規定の波及」として取り上げるが，昭和30年改正国会法による返付規定の創設に間接的な影響を受けたものと考える。こうした曖昧さは衆参に共通するものとして芽生えたのである。

2　政治判断の意味と限界

本件の参議院の判断がその長である議長の権威に直截によったものであることには注意が払われなければならない。それは，いわば完璧なねじれの状況下，強い指導力を発揮し続けた，西岡参議院議長が高度の判断──参議院における総予算審査を円滑に進めるための配慮，そして実際に自然成立の日が争いになるようなことにはしないという強い意思──を形として示したと推察できるもので，批判だけでなく好意的反応も少なからずあった。加えて，大震災に対処するため予算審議の促進が図られ，この問題は瞬く間に忘れ去られたが，そのことによって，残された小さな傷が忘れ去られて良い訳ではない。

憲法が要請する議案の両議院関係の前提となる手続，つまり先議・後議を速やかに接合する，送付・即受理の関係に，先例という言葉によって曖昧性がもたらされることがあってはならないのである。

【事例の背景と補足】

〈衆議院〉
　政府与党が，歳入法案（財源確保のための公債発行特例法案，国税，地方税の各改正法案）を，総予算の採決スケジュールから切り離した[4]ため，野党は，総予算の裏付けとなる歳入法案は総予算との一体的な処理が原則であるとして，強く反発した。2月28日の本会議は，予算委員長解任決議案否決後暫時休憩（20：07）。その後，予算委員会において総予算可決（予

4　政府与党は，国税，地方税改正法案のうち，年度末をもって期限切れになる部分は「つなぎ法案」によって年度内に成立させる方針であった。その後の経緯についてⅢ－6：注7参照。

算委散会23：07），議運理事会，委員会を経て，本会議を再開（23：42），議長は明3月1日午前2時[5]から本会議を開く旨を発言し散会を宣告（23：43）。当日3月1日は，議運理事会，委員会を経て，本会議開会（2：02）日程1から3の総予算3案を可決（3：38）。直ちに総予算3案は参議院に送付された（午前3時40分）。

〈参議院〉

28日，西岡武夫参議院議長は予め，議院運営委員会理事会での議論を見守るため保留にするようにと指示。1日，同理事会では，野党が分離処理は特別のことではないとする政府与党に謝罪と説明を要求。翌2日には，同理事会で枝野官房長官が遺憾の意を表するも，総予算の受理日は折り合えず，西岡議長に判断を仰ぐことになった。

西岡議長は，記者会見で「事務局からは，これまでは衆議院から送付された時点で受領しているなどと助言を受けたが，1日まで与野党間で議論があったため，今回は私の責任で，2日に受領したことにする」と述べた。また，西岡議長は「憲法上でも，衆議院から送られた予算案を参議院が自動的に受領すると書いてあるとは読めない。ただ，憲法上の解釈で意見が出てくることは承知している」と述べた。

〈衆議院〉

翌3日に至り，横路衆議院議長は「衆議院送付案の取扱いについて」の見解を談話の形式によって発表した。それは，参議院における西岡議長の政治的配慮に水を差すことのないよう，最も間接的かつ穏便な手法によって，参議院の受理が3月1日であることを宣言したものである。このこともまた，参議院議長と同様，いわば完璧なねじれの状況下における，高度な政治的配慮であったと言うことができよう。

横路衆議院議長談話

「衆議院送付案の取扱い」について，日本国憲法，国会法の解釈および過去の先例を踏まえて以下の通り見解を表明する。
1. 日本国憲法第59条および第60条の「受け取」り，国会法第83条以下の「送付」，「回付」，「返付」は，後議院の審査のため或いは両議院関係に進展させるため機械的に行われるもので，何らかの意思によって左右されるものではない。

---

[5] 午前2時とされたのは，自民提出の総予算3案につき撤回のうえ編成替を求める動議（先334）の印刷配付を待つため。延会について，Ⅱ-4(b)イ(1),(4)参照。

第Ⅲ章　事例からの考察

2．日本国憲法における期間計算に当って，何らかの意思によって変動させることは法的安定性を害することになる。
3．過去の事例として予算の自然成立，条約の自然承認，法律案を参議院が否決したものとの見做し行為は，参議院への送付の日を起算日として期間計算が行われている。平成23年度総予算も同様にして，平成23年3月30日満了をもって自然成立する。
4．予算案と予算関連法案とを一体送付するか否かは衆議院の判断によるもので，一体送付の是非を政治的に批判することはあり得るが，基本的には衆議院の自律権の問題である。
5．予算関連法案は衆議院に提出された後，遅滞なく参議院に予備送付されており，送付された予算案と一体審議を行うことは可能である。

参考Ⅲ-11　予算と予算関連法案（特に歳入法案）の一体性
(1)　予算と予算関連法案の一体性は，先例集161号が「予算に関係がある法律案は，おおむね予算とともに提出されるのを例とする」と，また，同160号が「予算に関係がある法律案は，先に衆議院に提出されるのを例とする」と明記するところである。
(2)　国会召集に当っては，衆参それぞれの議院運営委員会理事会に官房副長官が出席して提出予定議案を説明する。常会においては，内閣が自主的な期限を設けており，①予算関連法案[6]の最終閣議期限は，総予算提出から3週間，②その他については，最終閣議期限を①の期限から4週間としている。
(3)　予算関連法案のうち，重要な歳入法案（財源確保のための公債発行特例等法案[7]，国税，地方税の各法案）は総予算提出と同時に提出されている。
(4)　この一体性の及ぶ範囲が採決のタイミング，つまり一体的処理（同時期の採決と同時期の成立）にまで及ぶべきか否かは，本文の衆議院議長談話のとおり，本来的にはそれぞれの議院の自律権の問題である。
(5)　一体的処理の主張は，118回（特別）国会平2年，時の与党幹事長が，平成元年度補正予算と補正予算関連法案との同時処理を，野党の反発を押

---

[6]　常会においては，官房副長官の議運出席時に提示・配付される，提出予定法案「件名・要旨調」の中で，「法律案のうち，それが制定されなければ予算及び予算参照書に掲げられた事項の実施が不可能である」予算関連法案（いわゆる※印法案）を，他の法案と区別している。内閣サイドの包括的説明として，石井道遠「予算関連法案について」（1995 北大法学論集45(6)所収）参照。
[7]　公債発行特例法案について，Ⅲ-5：注12参照。

さえて，主導したことを嚆矢とする。その後，総予算と歳入法案との一体的処理は20年来の一貫した傾向となったが，そこでは，一体的処理の建前とは別に，歳入法案の審査がそれ以前に比して縮減傾向を示したことは指摘しておきたい。

(6) なお，本事例の，野党による一体処理の主張は，与党にマニフェストの見直し，撤回を迫る手段であって，それまでの一体処理の指向とはまた異質のものであった。

第Ⅲ章　事例からの考察

11　両議院関係制度（1）：生成と変遷から現在を読む

　長きにわたる政治の混乱の直接的な要因が衆参のねじれにあったことは間違いのないことであろう。衆参のパワーバランスは，政府与党対野党，そして時には与党同士あるいは与党内の，出口のない屈折した対立に変換され，合意形成へのしっかりとした道筋はなかなか見通せない状況を作り出した。こうしたことの背景には，国会誕生から現在までを貫く通奏低音のような，両院関係の制度そのものが内包する歪みがあるのではないかと考える。ここでは，そうした問題意識の視点から，主に会議録を振り返りつつ，制度の全体像について考えることとする[1]。

◇　第Ⅰ期　憲法，国会法制定時の両議院関係規定の審議　◇

1　憲法改正案59条の貴族院修正
　憲法改正案審議の貴族院修正により，憲法59条2項（法律案の再議決の規定）の次に，第3項として両院協議会の規定が追加されることから始める。

　法律案についての両院協議会は，新憲法制定の過程において貴族院で憲法改正案（衆議院送付）が審議されるまでは，法律レベルで規定という認識にとどまっていた。現行，国会法のレベルで両院協議会を規定しているのは，いわゆる国会議決案件（国87条）と憲法改正手続法によって追加された憲法改正原案（国86の2）である。現実性において有意ではなくとも，両院対等な両院間移動議案であれば国会法のレベルで両院協議の場を設けることに障害はない。しかし，法律案についてとなると話は別で，衆議院の優越との関係の整理が絶対条件となる。

　衆議院の優越下における参議院の権限強化に腐心する貴族院の審議（貴族院帝国憲法改正案特別委員小委員会（90回議会昭21.10.2，小委員会筆記要旨4

---

[1]　本稿は，拙稿「憲法政治の循環性をめぐって」『憲法改革の理念と展開（上巻）』所収の一部を骨格としている。

11 両議院関係制度(1)：生成と変遷から現在を読む

号2，3頁）において，貴族院の要請により政府が提示した，憲法59条に第3項として追加すべき「前項の規定は，法律の定めるところにより，衆議院が，両議院の協議会を開くことを求めることを妨げない」について，「『衆議院が求める』としないで，斯る場合には両院協議会を開く，之で一致しない場合には3分の2で行く，と云ふ趣旨にしては如何」，つまり，衆参先議・後議の関係なく，自動的な両院協議会の開会規定とすべきではないかと主張する貴族院議員に対し，金森国務大臣は「さうすると趣旨が衆議院の議決の精神と非常に違って来る。本文の中に入れることは新憲法の根本精神を破壊することになる」。「衆議院から求める以外の場合は考へられないと思ふ。59条2項は衆議院の先議の場合であり[2]，参議院が先議の場合には之に含まれて居ない。それは国会法に任せる。国会法が自ら両院協議会のことを規定することとし，唯疑のある場合［（筆者補完）再議決と両院協議会の関係］に付て59条2項，3項が解決をつけんとするものである」。「其の他の場合は国会法で行くから参議院が求めても構はない」と説得したのである。

憲法59条3項の両院協議会は，政府提示のとおり，衆議院先議の法律案の枠内に収まったのであるが，貴族院が憲法に両院協議会を規定したことに対して，表面上は異議なく貴族院からの回付案に同意した衆議院と貴族院との間に，過剰な反作用，ある種，意趣返しのような連鎖が起こることになる。

2　国会法案の立案と制定

衆議院国会法案委員会（91回議会昭21.12.19，委員会議録（速記録）第1回7頁）で，大池衆議院書記官長は，国会法案84条について，次のように答弁する。

2　前段として，昭21.7.31臨時法制調査会第二部小委員会第8回議事摘録（赤坂幸一『戦後議会制度改革の経緯㈠』（2004 金沢法学47巻2号）168-175頁），衆議院帝国憲法改正案小委員会議録7号34頁（90回帝国議会昭21.8.1）参照。
　憲59②を衆議院先議法案に関する規定と理解するについては，前提として，重要な法案はすべて衆議院に出すものとの共通理解が政府と衆議院には一貫してあった。

第Ⅲ章　事例からの考察

「憲法第 59 条第 2 項は，衆議院先議の法律案に関する規定であって，参議院先議のものは含んでいない。すなわち，この規定の全然逆な場合については，同条第 3 項の趣旨に従って，参議院から協議会を請求しても差支えないではないかという議論があるのであります。所が同条第 2 項は両院の議決が異なった場合の衆議院の絶対性を規定したものでありまして，先議の場合と限る理由を発見することができません。参議院が先議をいたしまして衆議院に移された場合，衆議院がこれを修正して参議院に送り返したときに，参議院がこれに同意しなかった場合は，同条第 2 項にいわゆる衆議院で可決し参議院でこれと異なった議決をしたものということができるのであります。今かりに衆議院先議案に限るとする時は，内閣提出の法律案は衆議院に先に提出すれば第 2 項の適用がある。参議院に提出すればこの第 2 項の適用がないことになりまして，衆議院にこの絶対性を認めた理由が全然没却されてしまうと思うのであります。そういうわけでこの 84 条の両院協議会をもとめることを参議院に認める場合を除いたわけであります。」

前掲金森国務大臣の答弁のとおり進めば，2 項・3 項セットで衆議院先議法案に限定された状態で，参議院先議法案の両院協議会が国会法に委ねられる。それは，議院法 55 条のまま，参議院からの両院協議会の請求によって両院対等の関係が現出することに他ならない。それでは，衆議院の優越に悖ると考えたのである。

衆議院は，貴族院によって憲法 59 条に第 3 項が追加されたことを契機として，59 条の解釈変更を一方的に行ったのである。そして，衆議院は，国会法案の立案に当たり，憲法 59 条 3 項の「法律の定めるところにより，<u>衆議院が</u>，両議院の協議会を求めることを妨げない」を逆手にとって，下記二点のことを行った[3]。

(1) 参議院先議法案について参議院が衆議院の回付案に同意しなかったときは，衆議院は，両院協議会を求めることができることとし（国

3　参議院先議法案（回付・不同意）の憲法 59 条 2 項への接続を模索していた衆議院にとっては，貴族院の修正による 3 項の付加とその意味は，渡りに船という側面があったと考える。

84)，結果として衆議院の再議決を可能にした。参議院先議条約についても，参議院において衆議院の回付案に同意しなかつたとき，又は衆議院において参議院の送付案を否決したときは，参議院は，両院協議会を求めなければならないことを明記した（国 85 ②）。
(2) 一方で，参議院先議法案について，参議院の両院協議会請求権を排除した（国 84）。

　貴族院は当然のことと思ったことを(2)のとおり反古にされて反発し，国会法案（衆議院送付）を第 91 回帝国議会では廃案にしてしまう（91 回議会昭 21. 12. 24 貴族院国会法案特別委員会議事速記録 3 号 13-17 頁参照）。結局，第 92 回帝国議会，衆議院の解散による帝国議会の終焉を目前にした妥協によって，(2)について，参議院も両院協議会を請求できるが，衆議院はそれを拒むことができる旨規定することによって何とか国会法は成立する（国 84 ② 追加・88 条）（92 回議会昭 22. 2. 25 貴族院国会法案特別委員会議事速記録 2 号 7 頁，3. 18 同 3 号 1，2 頁参照）。
　この妥協の根拠も，衆議院が両院協議会を求めることを妨げないという，59 条 3 項との整合性ということになるが，もはや，腑に落ちるものではなかったのである。

3　曖昧さの始まり
　衆議院は，参議院先議についても衆議院の優越が及ぶということを，憲法 59 条の先議・後議包括への解釈変更と，国会法の両院協議会の規定によって，接続したわけであるが，このことが逆に，憲法の優越規定全体に曖昧性を招き入れてしまったのである。このことの副作用は順次述べるが，こうしたことが起こった理由は，下記の如くであろう。
　○総選挙を経たとはいえ，帝国議会から国会への断絶を自覚しないまま優越を手にする衆議院と，参議院への思いを率直には表現できない最後の貴族院。憲法制定議会は，このような風景の中で，衆議院の優越を両院対等の権限によって審議したのではないか。
　○国会法案について言えば，政府提案としないという選択がなされた限

第Ⅲ章　事例からの考察

りにおいては，両院の綿密な立案協議があって然るべきところ，貴族院は貴族院であるが故に受け身に終始せざるを得なかったこと。
○更に，衆議院による立案，送付となって，貴族院での答弁を引き受ける政府は既に当事者たり得ず，第三者となって，衆議院と貴族院との間接的な応酬に拍車をかけてしまったのではないか。

　衆貴両院間の向き合うことのない応酬を，陰となり日なたとなって主導したのが，衆議院事務局と衆議院書記官長OBである貴族院議員であったとすれば，後に触れる両議院関係規定をめぐる昭和30年の国会法改正が，実務者的な発想に終始するのは，むしろ当然であったと言うことになる。

4　二つの副作用

　一連の応酬がもたらした副作用の一つは，衆議院の優越規定全般と両院協議会との関係をめぐる対立である。

　前述金森国務大臣の答弁は，衆議院先議法案限定という前提によって「唯疑のある場合に付て59条2項，3項が解決をつけ」，3項が2項の下位にあること，両院協議会を開いたとしても再議決が優先することを明確にしていたのであるが，解釈の変更による前提の解体によって，結局，2項と3項の関係に「疑」，つまり相対化が生じることになった。

　この相対化は，衆議院の議決の優越と両院協議会の関係の相対化であって，法律案にとどまるものではない。衆議院の議決の優越の下位にあることが明確であった筈の予算や総理指名の両院協議会についても，両院協議会の重視によって，衆議院の議決の優越に歯止めをかける解釈が導かれ，一定の説得力を持つこととなったのである[4]。衆議院が，自ら招き入れてしまったこの曖昧性を，再び国会法の規定を使って解消しようとしたのが第Ⅱ期昭和30年の改正である。

　もう一つの副作用が，両院協議会の制度設計の検討不足である。法律案について，憲法で両院協議会が規定されても，衆議院は一貫して両院協議会に冷淡であった。このことは既に述べたところでも明らかであるが，更

4　Ⅲ-13-2参照。

に，国会法案の衆議院送付案が，両院協議会における成案の要件を全会一致としたこと（国92①），そしてその外は帝国議会の両院協議会をそのまま踏襲したことが象徴的なことである。衆議院が貴族院と対峙する中で，両院協議会を使い勝手の悪い，あるいは使いたくない二次的な回路と考え，また，再議決による優越に素朴な感情を抱いていたのである。

5 国会法92条1項の意味

国会法案92条1項は次のように提案の理由が説明された。

「従来両院協議会においては多数決をもつて成案を議決したものでありますが，そうしますと，その時の議長が出ていた側が必ず負けて，他の院の主張が通るということになりますので，かくのごとき不公平を除く上からも，また新憲法が衆議院に優位を認めた上から行きましても，両院の意見が一致した時に限つて成案を議決するのが適当と考えまして，この第一項の規定を設けたのであります。」（91回衆議院国会法案委員会昭21.12.19）

帝国議会においては，両院の対等性から，両院協議会の対象は議案の修正回付・不同意の場合のみで，かつ，必須のものであった（議院法55条：修正に同意しなかった院が請求）。「両院協議会規程取扱方ニ関スル件」（18回議会明36.5.30両院議長協定）が「両院協議会ノ議事ハ両院議決ノ一致セサル事項及当然影響ヲ受クヘキ事項ノ外ニ渉ルヲ得サルコト」としたのも，両院の対等性による，修正回付・不同意という限定の故である。また，その対等性と限定の故に，両院協議会の案が成るについて特別多数を要件とするものでもなかった（議院法59条）。このことに関連して，上記両院議長の協定は，「成案ニ関シ新ナル意見ノ提出ナキカ又ハ之ヲ否決シタルトキハ先ツ協議会ヲ求メタル議院［回付案に同意しなかった議院］ノ議決案ニ付採決シ其ノ結果否決セラレタルトキハ協議会ノ請求ニ応シタル議院ノ議決案ニ付採決スルコト」と整理した。

こうした取極めができたのは，その日の議長が（クジで）どちらになったか，そして，どちらの案を採決するかで，混乱を生じたことの反省からでたものである[5]。

前述の両院議長の協定では，同時に「両院協議会規程第6条ノ取扱ヲ左

第Ⅲ章　事例からの考察

5. 貴族院議事速記録 12 号 137 頁（16 回帝国議会明 35.2.14）。明治 35 年度歳入歳出総予算案両院協議会成案（両院協議会協議委員議長報告）

「○小澤両院協議会協議委員議長……尚ホ御報告ヲ申シテ置キタイ一事ガゴザイマスガ, 此採決ニ当ッテノ議題ノコトデゴザイマス, 昨日ノハ衆議院ノ決定シタル所ノ案ヲ協議会ノ議場ノ修正案トシテ提出ニナッタモノト看做シテ採決ヲ致シマシタ, ソレハ採決ノ際ニ於テ衆議院ノ委員ニモ諮リマシタ処ガ, 前例モ紛々ニナッテ居ル, 随分関係ノ大ナルコトデ, 此場合ニ之ヲ取極メルト云フコトハ困難デアルニ依ッテ今日ダケハ議長ノ意見ノ通ニ従フト云フコトデゴザイマシタカラ今申述ベタ通ニ衆議院ノ案ヲ修正案トシテ採決致シタ訳デゴザイマス, 尚ホ此事ニ附イテ前例ヲ申述ベテ置カナイト御不分リカモセ知レマセヌガ, 二八年二月九日第八回議会新聞紙法案ノ両院協議会ヲ開カレマシタ節ハ衆議院ハ衆議院ノ案ヲ修正説トシテ提出ニナッテ, ソレガ議題トシテ採決ニナッテ居ルノデゴザイマス, 然ルニ三二年三月九日一三回議会ニ於テ衆議院議員選挙法改正法律案ノ節ハ協議会ニ於テハ貴族院ノ修正案ヲ否決シテ仕舞ッテ, 跡ニ修正案ト云フモノハ出テ居ラナカッタノデアル, 其主意ハ貴族院ノ修正案ガ両院協議会ノ議案デアルカラ, ソレガ否決シタ以上ハ当然衆議院案ガ復活シタルモノデアルト云フコトニナッテ貴族院ニ送付ニナッタノデゴザイマス, 此報告ガ議場ニ現レマシタトキニ本院ノ議長ハ之ヲ不当ト認メテ否認スルモノデアラウト云フコトヲ議場ニ問ワレマシタ処ガ, 悉ク賛成ヲ表サレタ, 尚ホ続イテ議員ノ一人ヨリ一院ガ一院ニ対スル不当ノ事デアル, 今申シタ主意ハデスネ, サウ云フヤウニ貴族院案ヲ否決シテ衆議院ハ当然衆議院ノ先キノ議決ガ復活シテ両院協議会ノ成案トスルヤウニスルノハ, 一院ガ一院ニ対スル所ノ処置トシテ甚ダ不当デアルト云フ動議ガ提出ニナッテ可決サレテ居リマス, ソレデ二八年ノトキニハ昨日ノト凡ソ同ジ形ヲ以テ採決ニナッテ居ル, 三二年ニハ全ク違フ貴族院ニ於テハソレハ不当デアルト決議ニナッテ居リマスガ, 今日衆議院ニ於テハ矢張此三二年ノ例ヲソレガ適当ナノデアルト認メテ居ラレルヨウナ模様デゴザイマス, ソレデ茲ニ於テハ全ク貴族院ノ見ル所ト衆議院ノ見ル所ガ相反シテ居リマスルガ, 此度ノ事ニ於テハドウ致シマシテモ貴族院ノ案ガ可決サレテ見レバ衆議院ノ決議案ガ直キニ復活スルト云フコトハ認メラレマセヌカラシテ, 前キニ申上ゲタ通ニ協議会ノ委員ニ相談ノ上, 此度ニ限ッテ衆議院案ヲ修正案トシテ提出ニナッタモノト見テ採決ヲスルコトニ同意サレマシタガ尤モ以後之ヲ以テ先例トスルト云フコトハ御断ヲスルト云フ条件附デサウナッタ訳デアリマス, 此事柄ハ今度ノ両院協議会ノ有様デゴザイマスルガ, 是ハ斯様ノ採決ノ場合ニ於テ此方法ヲ極メルト云フコトハ甚ダ困難ナ次第デゴザイマスカラ, 或ル機会ニ於テ両院ノ間ニ然ルベキ方法ヲ協定ニナッテ置イタ方ガ宜カラウト本員ハ希望スルノデアリマス」

注：上記報告中の「明治 32 年 3 月 9 日 13 回議会, 衆議院議員選挙法改正法律案」は, 先例彙纂付録 11 両院協議委員選挙方法及両院協議会成績一覧表によれば, 「両院協議会ニ於テ原案（貴族院議決案）ヲ否決シタルニ衆議院ハ衆議院議決案ヲ成案トシテ貴族院ニ送付シ貴族院ハ之ヲ違法ノ議決トシテ否認セリ」とある。

ノ通リ定ムルコト　一，両委員出席委員ノ数ヲ対比スルニ当リテハ当日ノ議長ヲモ委員数中ニ加ヘテ計算スルコト　二，減除スヘキ委員ヲ定ムルニ当リテハ当日ノ議長ヲ除キテ抽選ヲ行フコト」も定めている。旧両院協議会規程6条は「甲議院ノ出席委員乙議院ノ出席委員ヨリ多キトキハ表決ノ際抽選ヲ以テ其ノ超過シタル数ノ委員ヲ減除ス但議長ハ其ノ数ニ算入セス」という調整規定であった。

　このことは，両院協議会において新たな合意がない場合，それぞれの院の協議委員が院の議決から離れて独自の判断をしない限り，同条のとおり議長を委員中に加えないで計算すると，両方の委員は同数となり，その日の議長が議院法59条によって決裁権を行使する場面となるのであるが，それでは両院対等の関係にあっては相応しくないので，「その時の議長が出ていた側が必ず負ける」ようにすることによっていわば自動的，機械的に成案が得られる道を選んだということであろう。

　いずれにしても，帝国議会の両院協議会は，修正回付・不同意という限定の故に，新たな合意ができなければ，甲乙いずれの議院の案をとるかの問題に帰結する。そして最終的には「その時の議長が出ていた側が必ず負けて，他の院の主張が通るということ」をセイフティーネットとして運用されたのである。

　蛇足であるが，この過半数の問題は，成案以外の議決，つまり議事進行上の議決において，現在でも頭を悩ませるものである（Ⅲ－13：注18参照）。国会法案92条にあったものは成案を得るという意欲ではなくて，議事の躓きの回避のための配慮であったのである。

　衆参非対称という全く異なる憲法下で，新しい両院協議会が運用されるのであれば，そして，参議院の否決，法律案のみなし否決をも対象とするのであれば，そして何よりも，合意形成の場と期待するのであれば，成案の要件についても，両院協議会の構成と運営そのものについても入念な検討があったはずである。残念ながらそのような形跡を見つけることはできない。

　この全会一致の要件は，貴族院において修正されるのであるがそこでは，全会一致で「はつきり固定させますと，そこで一つの利益は得られま

すけれども，逆に今後の議会は可なり種々なる人の各党が入り混ざることになりますから，僅かに一人，二人の少数の人が異論を言つた為に，両院協議会案が成立しないと云ふことも辛いぢやないか，斯う云う風で，単純に多数決と云ふと，議長を出した方が損をすると云ふことが起りますし，全部の一致と云ふことになると，少数派が一人文句を言ふと，ものが出来ない，そこで折衷的に，三分の二が賛成したら成立する，斯う云ふ風に御作りになつたのかと了解して居ります」（金森徳次郎国務大臣。92回昭22.2.25貴族院国会法案特別委員会議録2号7頁）。「過半数を以て決するとしても院議尊重等の関係からして，矢張り成案を得ない結果になる，両院が各各其の案を持ち帰つた際には，院議尊重を以て不成立になる場合も有り得ませうし，又満場一致と云ふことになると，両院協議会自体が纏らないと云ふ場合が起り得る可能性が多い訳でもあります，従つて其の中間を取つて，過半数と満場一致の間を取つて，三分の二程度以上の賛成があれば，成案として成立すると云ふのが穏当である」（貴族院議員大木操。3.18同委員会3号2頁）と説明されたのである。貴族院の両院協議会重視のスタンスがここにも見て取れるのであるが，それでも，過半数にまで要件を下げるという発想は，「何時も両院協議会がある時，衆議院と貴族院が半々になつて」しまって窮する場面を慮ればあり得なかったのである。

6　旧憲法38条・39条と議院法55条の関係

ところで，帝国議会の両院協議会が修正回付・不同意の場合のみで（議院法55），乙議院否決の議案をその対象としないのは，両院対等の関係の中では，一院で否決されれば，最早，両院の意思の合致の可能性はゼロということを意味するからである。

旧憲法39条の「両議院ノ一ニ於テ否決シタル法律案ハ同会期中ニ於テ再ヒ提出スルコトヲ得ス」という規定も同様であって，同一会期中は，①どちらかの院で否決されれば，政府はもう一方の院には提出できない。②また，否決した院に対して，もう一方の院は同一法案を院として提出することができない，ということ。つまり，両院対等の関係と，一つ前の旧憲法38条［両議院ハ政府ノ提出スル法律案ヲ議決シ及各々法律案ヲ提出ス

ルコトヲ得］の，政府と各議院の法律案提出権・審議権との関係を調整することに主眼があったのではないだろうか。この39条が一事不再議を正面から規定したものではないといわれる[6]のはそういうことかと考える。後で触れる問題であるが，一事不再議は，旧憲法40条が各議院の「建議」の一事不再議について規定するように，同一会議体，つまり議院の意思についての原則なのであって，一事不再議を，両議院関係の問題にあてはめることは適切でない。両議院関係の問題については，一事不再議にあたるか否かそれ自体を最終的に判断し決定する場がないからである（Ⅲ－7－1参照）。このことは，後の「第Ⅲ期ねじれ下の現象」で詳述する。

◇ 第Ⅱ期　昭和30年改正国会法 ◇

　昭和20年代の両院協議会と再議決がそれなりに両立して機能していたことは，その実績をみても間違いのないところである。ここでの延長戦は20年代の実際の両院関係の不都合，反省を踏まえての延長戦というよりも，観念上の対立を巡る延長戦であったという意味である。話はそれるが，衆参双方の議院運営委員会議録等を読んでいると，20年代には，政党云々，緑風会云々というだけではなく，衆議院は衆議院，参議院は参議院という，それぞれ素朴な他院への対抗意識をしばしば読み取ることができる。一つの典型が，衆議院の一院制的決定によっていた，国会同意人事の規定をめぐるものであろう（Ⅲ－9－2参照）。一院制的決定の法定は，再議決の対象ともなったのである。

1　返付規定の創設

　第Ⅰ期において生じさせてしまった，衆議院の議決の優越と両院協議会をめぐる曖昧さを，衆議院の立場から，それも第Ⅰ期において曖昧性の発生に大きな役割を果たした衆議院事務局が，けじめをつけようとしたのが両議院関係規定に関わる昭和30年の国会法改正だったのではないだろう

6　『議事解説』120頁参照。

か。改正の狙いは，議案所持主義を根拠とする返付規定を使って間接的に，衆議院の議決の優越をめぐる両院の対立に決着をつけ，衆議院優越の絶対性を回復することにあったと考える。

「議案所持主義」は，一言で言えば，議案のあるところに議決があるという統一性を求めることである。返付規定の必要性もそのように説明されたが，ここには別の意図が込められていた。構想された返付規定の全容は以下のように分類できる。

＊返付対象　A：衆議院の優越に関して異論のないもの
・衆議院先議法案を参議院が否決した場合［通知83条②］（返付83条の2①）
・衆議院先議法案を参議院が否決したものとみなした場合［通知83条の3①］（返付83条の3③）
・予算，衆議院先議条約を参議院が否決した場合［通知83条②］（返付83条の2③）
・予算，衆議院先議条約が自然成立した場合［通知83条の3②］（返付83条の3③）

＊返付対象　B：国会法制定時に，衆議院の優越に道筋がつけられたもの
・参議院先議法案の衆議院回付案を不同意とした場合（衆議院に両院協議会を求めたが拒否された場合／衆議院に両院協議会を求めない場合）［通知83条④］（返付83条の2②）84条②
・参議院先議条約の衆議院回付案を不同意とした場合，両院協議会を開いても意見が一致せず，衆議院の議決が国会の議決となったとき［通知83条④，83条の3②］（返付83条の3③）85条②

＊返付対象　C：合意に至らず，衆議院が断念（83条の2①及び83条の3③の当初案，20回昭29.12.4議運委会議録5号5頁，21回30.1.21同会議録8号6-9頁参照）
・参議院が法案の両院協議会成案を否決した場合の衆議院への返付規定（当初案）83条の2① 参議院は，法律案について，衆議院の送付案<u>又は両院協議会の成案</u>を否決したときは，その議案を衆議院に返付する。（＊下線部削除）

222

・みなし否決，自然成立の通知を受けた場合の両院協議会成案の衆議院への返付規定
（当初案）83条の3③　前2項［①は憲59④のみなし否決，②は予算・条約の自然成立］の通知があつたときは，参議院は，直ちに衆議院の送付案又は回付案（成案を含む）を衆議院に返付する。（＊下線部削除）

2　挫　折

　このA，B，Cを見れば，AとBは確かに統一性によるといわれればそのとおりであるが，Cは明らかに別物であって，返付規定により議案を戻すことについての了解以前に，前提となる憲法解釈そのものに合意が無いものであった。正式な提出の前に実務レベルの協議で，参議院から衣の下の鎧を指摘されて，Cは頓挫したのである。

　Cの二つのケースが若し規定されていれば，すべてのケースにおいて，間接的に，衆議院の優越が担保されるものであった。衆議院の議決の優越と両院協議会をめぐる想定可能な最果ての地の，この二つについて返付を規定するということは，そこに至る前の段階の，両院協議会と再議決の関係，両院協議会と自然成立等の問題は全て，衆議院の優越で結着ということを意味するからである。

　主眼としたCを除外して正式提出とする際，大池真事務総長の「私の方では，これを入れた方が一段論拠が強くなると思って入れたのでございますが，これを入れなければ，現在よりも悪くなるということではございません。現在と，まずその点は同じ状態が横ばいになるわけでございます。従いまして，これはむしろ本院としましては，［憲法］第59条の3項というものは，59条の2項を行使する前提にこういう道を開くことを認めてあるのであって，両院協議会に移したからといっても，それがただ妥協を得ればそれに従う，得ない場合には3分の2議決ができるという強い信念で，本院の権威のためにお進み願いたい，こう考えております」[7]との答弁

7　21回昭30.1.21同会議録8号6-9頁。なお，10回昭26.5.17の本会議において，議長席の副議長（岩本信行君）は，食糧管理法改正案両院協議会議長の報告を求めた後，「ただいま報告されました通り両院協議会においては成案を得なかつた

は，挫折感を語るものであろう。

　取り残されたA，Bのうち，Bについては，現実性がほとんどなく意識にのぼることもないが，現実性のあるAの返付規定は潜行して，ねじれの時代に至って，返付そのものに何か特別の意味があるかの如くの認識が派生することになる。返付規定の中途半端な付加によって，かえって，両議院関係制度そのものに無用の曖昧性を付加することになったのである。

　そして，衆議院の議決の優越と両院協議会をめぐる意見の相違も，どちらの議院がどういう立場でどのように相違したかということ自体ほとんど忘れ去られていった。そうした中で，唯一このことを，両院協議会の性格付け——衆議院の立場が「審査委員会」，参議院の立場が「起草委員会」——によって分析・説明するのが，今野或男『国会運営の法理』所収の「両院協議会の性格——審査委員会か起草委員会か」である。

　それは，『国会運営の理論』（鈴木隆夫・聯合出版1958）と『註解参議院規則（新版）』（佐藤吉弘・参友会1994）という，並び立つ議会運営の古典を対比・分析して，衆議院の立場を，議案所持主義によって間接的に担保される，優越に至るプロセスとしての「審査委員会」と表現し，一方，参議院の立場を，既に新たな案の起草に入っているとして「起草委員会」と表現する。起草委員会の段階に至っては，審議のプロセスは既に遮断されて優越に歯止めがかかることになるのである。

　この分析は，衆議院の議決の優越と両院協議会の関係についての両院の立場を，両院協議会という切り口で表現し，再構成したものである。両院協議会が「審査委員会」であるというのも，挫折したCの系譜の別表現なのである。一方の「起草委員会」説は，その反射として，徹底した両院協議会の優先を表現しているに過ぎない。

　　のであります。別に御発議もありませんから，食糧管理法の一部を改正する法律案は成立するに至りません」と発言している。これは，両院協議会と再議決が二者択一ではなく，もし両院協議会不首尾の後，再議決の発議があれば，当然にそれを諾ることを言外に述べたものである。
　　蛇足であるが，上記にとどまらず，予算，条約についても，両院協議会は，一切，衆議院の優越（自然成立）の妨げとはならないというのが，衆議院の一貫した考え方である。総理指名についても同様である。

両院協議会の性格付けが憲法解釈に影響を及ぼすということに特別の意味がある訳ではない。実際の両院協議会は，そのような性格づけとは無縁のものである。

中途半端に終わった返付規定も両院協議会の審査委員会としての性格付けも，結局のところ，議案所持主義という間接的な下位概念によって，憲法上の優越関係を整えようとしたもので，同根である。こうした曖昧な不文の概念が，憲法解釈に決定的な影響をもたらすとの考えには違和感を禁じ得ない。次に取り上げる，一事不再議の両議院関係への当て嵌めの問題も同様であるが，両議院関係は，こうした下位概念に，上下逆転した憲法解釈創造力を求めるべき性格のものではないであろう。両議院関係の規定の意味は何かという根源に向き合うべきなのである。

◇ 第Ⅲ期　ねじれ下の現象 ◇

1　憲法59条と国会法56条の4をめぐって

ここでは，169回国会平成20年のガソリン税の暫定税率維持／廃止の攻防の中の，衆議院送付の閣法と参法対案をめぐる対立，憲法59条と国会法56条の4をめぐる対立を取り上げる。対案とは一つの法律が成立するともう一方が成り立ち得ないという関係にある野党案といったところのものである（Ⅲ-7-5参照）。また，昭和30年改正により国会法に追加された56条の4は，「同一の内容の議案が相互に他の議院に送付されると，両者が競合して種々の問題を生じるので，これを防ぐため，他の議院から議案の送付又は提出を受けたときには，同一内容の案について既に審議していた場合においても，他の議院から受け取った議案について審議するべきことにした」（『議会制度百年史』411頁衆参両院編・議会制度編，1990）ものであり，「当時の主たる立法趣旨は，衆議院・参議院が同一の議案を議決し，これをお互いに送付し合うと，他院から送付（提出）された議案について一事不再議の原則が適用される結果，ともに審議できないこととなり，両院の意思が実質的に一致しているにもかかわらず，当該議案が成立しないという不都合が生ずることを回避することにあった」とされる

第Ⅲ章　事例からの考察

(『新・国会事典』98 頁，有斐閣，2008)。

2　対立と論争

　対立は，参議院において民主党が，(衆議院送付の閣法はそのままにして)閣法から暫定税率部分を抜いた参法対案を可決する動きを見せ，これに対抗して与党は，もし参法対案が可決・送付されたら，そのことをもって閣法(衆議院送付)の否決とみなし，再議決する構えを見せたことにあった。

　政党同士の対立とは別に，この憲法をめぐる論争の，実質的に唯一のピークとなったのが，3月19日，衆議院財務金融委員会における民主党議員と衆議院事務総長の質疑応答である[8]。この憲法，国会法，議院規則，そして両院の先例が交錯する問題に答え得る，唯一の当事者として事務総長が答弁を求められ，また，この質疑と答弁があったから，双方の非憲法的な戦術が放棄されたとも考える。参議院の予算委員会において衆参法制局長が，同様の問題で「応える立場にない」と答弁しているが，これは，議事運営に関わる法の解釈について事務局と法制局との機能の相違を截然と表すものである。

　事務総長の答弁は，政治家の答弁ではないので，与野党双方，そして参議院の立場も傷つけることがないよう，実際にはオブラートに包んだ答弁になっているが，その答弁のポイントは次の二つであったと考える。

(1)　参議院がこれまで参法対案を採決の対象としたことが一度もなく，すべて審査未了としてきたことの背後には，憲法 59 条 1 項による先議・後議の規律[9]があり，それを参議院が厳格なものと認識してきたからではないか。ねじれの中で，一歩進めて，参議院が参法対案を採

---

[8]　169 回平 20. 3. 19 財金委会議録 10 号 5，6 頁，原田一明・「衆議院の再議決と憲法 59 条──新たな「ねじれ国会」の中での両院関係を考える」(議会政治研究 86 号 2008)，同『「ねじれ国会」と両院関係』(横浜国際経済法学 17 巻 3 号 2009，高見勝利『「ねじれ国会」と憲法』(ジュリスト 1367 号 73 頁，2008)，宍戸常寿『憲法解釈論の応用と展開』229，230 頁，日本評論社，2011) 参照。

[9]　憲 59 の先議・後議の規律について，拙稿・『憲法改革の理念と展開(上巻)』677 頁参照。

決の対象にするのであれば，先議・後議の規律のもと，まず閣法（衆議院送付案）の議決が前提になるべきではないかということである。
(2) もしこの前提が果たされずに，参法対案だけが衆議院に送られてくるようなことがあれば，まさに衆議院送付案について憲法59条1項の問題に直面するのだから，議長は参法対案の取扱いについて議院運営委員会に諮問せざるを得ない。諮問の根拠は同委員会の所管である「議長の諮問による議案の取扱い」と「国会法及び議院の諸規則等に関する事項の解釈運用」の協議（先141）にあり，そして所管の根拠としての疑義決定権（衆規258）にある，ということである。

一般的にいえば，こうしたことはあくまでも衆議院の自律の範囲内に限られ，他議院の議決に係るものを云々することはあり得ることではない。しかしこの場合，参法対案の受理を議院に報告（衆規249）する議長が，併せて，その受理によって了知した「衆議院送付案」の参議院での滞留を踏まえて，議院運営委員会に参法対案の取扱いについて諮問すること，つまり衆議院の審議の対象として相応しいものかどうかということは，衆議院の自律以外の何ものでもないのであって，むしろ自律を全うするものなのである。

翌年，平成21年の常会（171国会）においては同様のケース[10]について，(1)で指摘のとおり，参議院は，衆議院送付案を否決の後，参法対案を可決し，衆議院送付案を返付し，参法対案を衆議院に提出・送付したところである。

3 対案が「同一の議案」ではないということの意味

民主党の戦略の根拠になったものが，対案は国会法56条の4の「同一の議案」ではない。要するに一事不再議の問題はないという両院の取り扱

---

10 衆議院送付案（内閣提出）「平成20年度における財政運営のための財政投融資特別会計からの繰入れの特例に関する法律案（内閣提出）」（3.4返付，当日再議決）／参法対案「平成20年度における財政運営のための財政投融資特別会計からの繰入れの特例及び同年度における生活・経済緊急対策の実施についての制限に関する法律案」（3.4送付，未付託未了）

第Ⅲ章　事例からの考察

いである。対案が一事不再議の対象外であるならば，参議院が（衆議院送付案をそのままにして）参法対案を可決することに問題はなく，衆議院から異を唱えられる筋合いは無さそうに一見みえる。前掲『新・国会事典』には，一事不再議の問題として 56 条の 4 を説明した後，「争いがあったが，最近では衆参両院ともこれを含まないと解している」とあり，これを読めば参議院多数会派の戦略もあり得るものと思えるわけである。

　しかし，対案が「同一の議案」ではないということは，運営上の自律の問題，つまりその議院限定のものだということを暗黙の前提にしているのである。論点の明確化という観点から，対案と政府与党案の一括審議が有意義なのは，先議／後議の別を問わない。後議となることが日常的な参議院が，対案を 56 条の 4 の「同一の議案」から解放して，送付案についての先議・後議の規律の範囲で一括審査を可能にしてきただけのことなのである。参議院が参法対案を一貫して採決対象とせず，審査未了にしてきたのはそのためであって，参議院は参法対案を議決不要[11]とすることもなかったのである。

　平成元年の初期ねじれにおいて，衆議院も，後議についても配慮する必然性が生じたため，対案は同一の議案ではないという，参議院と同様の取扱いとしたのである。

　自律上の問題であるから，両院間に「争いがあった」という問題ではないし，自律上の問題が他院に侵出して，先議の議院の議決を犯すこと，つまり他院の自律を犯すことは，本来あり得ないことなのである。

4　国会法 56 条の 4 は一事不再議の問題なのか

　なぜ，議院の自律の範囲に留まる「対案の審議」が，両議院の関係に漏出し，両議院の関係と混濁するのか。そもそも，国会法 56 条の 4 を（衆議院・参議院が同一の議案を議決し，これをお互いに送付し合うと，他院から送付された議案について一事不再議の原則が適用される結果，ともに審議できないことになるという）一事不再議の問題として説明したことに原因があ

11　Ⅲ - 7：注 7 参照。

11　両議院関係制度(1)：生成と変遷から現在を読む

ると考える。

　同条は，前年の昭和29年，実際に同一内容の法案を送付しあってしまった不手際[12]の反省として，30年改正により追加されたものである。

　ところで，同条の当初案は，「一つの議院において議事日程に記載された議案と同一の議案は，その議案が否決又は廃棄されるまでは，他の議院においては，議事日程に記載することができない。但し，両議院の議決を要しないものは，この限りでない」というものであったが，その趣旨は制定された現行の規定においても同様である。

　この当初案は，帝国議会の旧衆議院規則86条及び旧貴族院規則67条によってそれぞれ規定されていたものをそのまま合成したものである。『議事解説』（102頁）によれば，旧衆議院規則86条が「貴族院ニ於テ既ニ会議ニ付シタル議案ト同一ナル事件ヲ議事日程ニ記載スルコトヲ得ス但シ両議院ノ議決ヲ要セサルモノハ此ノ限ニ在ラス」と規定するのは，「一事不再議ノ原則カラ来ル規定デ貴族院デ既ニ会議ニ付セラレタ議案デ衆議院ニ送付セラレルモノニ付予メ会議ニ付セラレルトキハ送付セラレタ際ハ一事不再議トナッテ困ルカラ一院ダケノ議決ノモノ以外ハ日程ニモ掲載スベカラズトノ規定ト解セラレテキル」ためとされている。

　この解釈が国会法56条の4の制定趣旨にそのまま踏襲された訳である。しかし，議院規則は自律権の体系であって両議院関係を直接規定することはない。旧議院規則も両議院関係を自律権としての運営上の議事の問題（読会制であるため議事日程の問題）に閉じ込め，また，その解釈においても，後議の議院においては，先議の議院からの送付案が，後議の議院の同一内容の議案よりも優先するという先議・後議の単純な両議院関係を，一事不再議の問題に変換していたのである。

12　(1)　衆法「特定の公務員の営利企業等への関与の制限に関する法律案」[29. 2. 19提出，2. 22人事委付託，5. 12人事委修正，5. 20本会議修正議決・参議院送付（同日内閣委付託，未了）]／参法「国務大臣等の私企業等への関与の制限に関する法律案」[2. 17提出，2. 19内閣委付託，5. 14内閣委修正，同日本会議修正議決・衆議院送付（同日人事委付託，未了）]
　　(2)　国56の4規定及びその趣旨について，20回昭29. 12. 4議運委員会議録5号4頁，21回昭30. 1. 21議運委会議録8号6頁参照。

第Ⅲ章　事例からの考察

両院を一律に，国会法の規定として規律するにも拘らず，このことに自覚の無いまま，或は，自覚はありながら前年の不手際を越えた問題とするために，送付を受けた後の一事不再議の問題，やってしまったことの先にある問題として説明したのではないだろうか。送付案に対する先議・後議の規律は表面上どこかに行ってしまったのである。後議の議院の「対案」が「同一の議案」に当たるか否かの解釈問題にひたすら陥ったのもこのためである。国会法 56 条の 4 は，憲法 59 条 1 項による，先議・後議の規律を確認的に規定するものである。後議の議院における「対案」は当然にこの規律の下にある。

5　返付規定の波紋

返付規定に戻るが，前述した財務金融委員会の質疑では，参法対案の可決送付を衆議院送付案の否決とみなされても，返付がないのだから再議決はできないだろうと問われた。その後，議長を議長室に閉じ込めるという大混乱を伴って，衆議院送付案について憲法 59 条 4 項のみなし否決の議決が行われた際[13]には，参議院は返付に応じるなとの動きもあったところである。逆に，返付されなかった場合はどうするかという懸念をもつ向きもあったわけで，返付規定に何らかの意思の介在余地を，互いに想像していたと言わざるを得ないのである。

こうした返付規定をめぐる揺らぎは一過性のことかと思われたが，返付規定だけでなく，議案の両院間移動手続全体の理解に弛緩が及んでいることが明らかとなる。このことの経緯と評価は，前節「議案の送付と受理」で述べたとおりである。

6　おわりに

ここまで述べてきたことは，憲法制定議会の歪みが国会法制定過程に及び，特に両議院関係規定に凝縮されてしまったのではないか。国会法の実質的完成を目指したはずの昭和 30 年の改正も，些事に走って逆に，両議

13　Ⅲ－12［背景と補足］参照。

11　両議院関係制度(1)：生成と変遷から現在を読む

院関係制度そのものの曖昧さだけでなく，制度を繋ぐ解釈の余地のない事柄にさえも，曖昧さを拡散させてしまったのではないかということである。

　ねじれのもとの政治が，こうした歪みを内包した制度に拘束されたとすれば不幸なことであるが，裏を返せば，率直さに欠けるという意味では，現在に連なる政治文化，政治心理と交わりやすいものとも言えるのである。更に言えば，両議院関係だけでなく，制度を，あるべき制度として運用するという率直さと大らかさを見失い，制度の歪みや先例という言葉に固執しあえば，政治から大局は失われてしまいかねないこととなる。

　ここでは両議院関係制度の歪みばかりを取り上げることとなったが，筆者が言いたいことは，与野党双方が，徒に政治闘争に向かおうとすれば，残念ながらそのことと強く共鳴・共振する歪み，制度創設以来の歪みを内包しているということである。

　与野党双方が，先議・後議という両院の関係によって審議を積上げ，国会の意思を作り上げるという普通のことを普通に認識することがまず何よりも肝要なのであって，そのことをさして問わずにおいて，いわば政局と政治の逆転をほとんど首肯したまま両議院関係制度の不備を難ずることは，原因の本質を問わずに結果を原因とするようなもので，そこにもまた，無意識の逆転が潜んでいると言わざるを得ないのである。

第Ⅲ章　事例からの考察

12　両議院関係制度(2)：再議決

事例　169回国会平成20年4月30日の本会議において，2月29日参議院に送付した地方税関係3法案を参議院が否決したものとみなすべきとの動議，同じく参議院に送付した国税関係2法案を参議院が否決したものとみなすべきとの動議，両動議[1]を一括して議題とし，討論の後順次採決の結果，両動議とも可決した（暫時休憩）。

本会議を再開して，議長は返付議案受領を報告，地方税関係3法案の再議決動議[2]を議題とし，討論[3]の後これを可決，本院議決案3案を一括して記名採決の結果，3分の2以上の多数をもって再び可決した。続いて，国税関係2法案の再議決動議[4]を議題とし，討論の後これを可決，本院議決案2案を一括して採決の結果，3分の2以上の多数をもって再び可決した。

1　「内閣提出，地方税法等の一部を改正する法律案，地方法人特別税等に関する暫定措置法案，地方交付税法等の一部を改正する法律案は，いずれも，2月29日に参議院に送付の後，60日を経過したが同院はいまだ議決に至らず，よって，本院においては，憲法第59条第4項により，参議院がこれを否決したものとみなすべしとの動議」，「内閣提出，平成20年度における公債の発行の特例に関する法律案，所得税法等の一部を改正する法律案は，いずれも，2月29日に参議院に送付の後，60日を経過したが同院はいまだ議決に至らず，よって，本院においては，憲法第59条第4項により，参議院がこれを否決したものとみなすべしとの動議」の2件（ともに大島理森君外102名（自公）提出）。
2　「憲法第59条第2項に基づき，地方税法等の一部を改正する法律案の本院議決案，地方法人特別税等に関する暫定措置法案の本院議決案及び地方交付税法等の一部を改正する法律案の本院議決案の3案を一括して議題とし，直ちに再議決すべしとの動議」（大島理森君外102名提出）。
3　本件討論について，Ⅲ－7：注4参照。
4　「憲法第59条第2項に基づき，平成20年度における公債の発行の特例に関する法律案の本院議決案及び所得税法等の一部を改正する法律案の本院議決案の両案を一括して議題とし，直ちに再議決すべしとの動議」（大島理森君外103名提出）。

12　両議院関係制度 (2)：再議決

【背景と補足】

　平成21年の政権交代前のねじれを象徴するものは再議決をめぐる攻防である。ねじれがいったん解消された，この政権交代後1年間の攻守所を変えた混乱の窮みは，まぎれもなく，こうした政権交代前の言わばホットなねじれの反動でもあった（Ⅲ-7［事例1補足参照］）。ホットなねじれの天王山となった平成20年の常会（169回国会）を貫いたものが，揮発油税の暫定税率の存廃をめぐる与党と野党第一党との攻防である。憲法59条4項と2項の行使による衆議院の優越をめぐる闘いではあったが，外見の両院間の闘いとは異なり，その本質は，（参議院の主導権を握り来るべき総選挙によって政権奪取を狙う）野党第一党と政府与党間の，両院関係に仮託した攻撃と防御の応酬に他ならない。

　こうしたことは，第Ⅰ章「導入」でも述べたが，両院が一体化して議院内閣制が動いているとも言い得るもので，接近を続けた二つの選挙制度とも融合した両院の包摂化あるいは同根化，両院制の一院制的運用とでもいうべきものがもたらした必然に過ぎない。長きにわたって，両院制は一つの機関の中の二つの関所の如くに機能してきたのである。

　再議決の能力を喪失した与党が対峙することとなった，平成22年の通常選挙の結果に伴う，政権交代2年目以降のねじれが，前置きした与野党協議に身を委ねて極度に粘着化したのも，ねじれにおける一院制的運用の必然であって，ホットなねじれ下の状況とは双子のようなものである。「強すぎる参議院」が今日の混迷をもたらしたのではなく，寧ろ，積み重ねたシステムと行動様式が「強くある参議院」を「強すぎる参議院」として表出させたのである。

　それはさておき，本事例の前段となった二つのピーク，会期当初1月末のつなぎ法案撤回に至る攻防は，第Ⅲ章-5「議案の本会議趣旨説明」［事例1の背景と補足］において，また，年度末を控えた参法対案をめぐる攻防は，同-11「両議院関係制度」［第Ⅲ期ねじれ下の現象］においてそれぞれ既に述べた。両院議長の斡旋合意に基づくつなぎ法の対象外となった揮発油税の暫定税率は年度末をもっていったん失効し，歳入関係5法案は，衆議院送付後60日を経過するまで封印された。

第Ⅲ章 事例からの考察

年度末及びその後の経過は次のとおりである。

◇ 3.27（木）　福田総理が記者会見において，税法の年度内成立・道路特定財源の一般財源化（翌々年度から）を表明。与党幹事長が，道路関連を除く1カ月間のつなぎ法案の成立による税法の年度末処理について提案。

◇ 3.28（金）　前日の提案不調（民主党は，つなぎ法案による措置が，衆議院が送付した閣法の否決とみなされ再議決に直結することを懸念（参法対案をめぐる攻防の影響），つなぎ期間の延長を主張）。衆参正副議長が与野党幹事長・書記局長に，国民生活の混乱回避のため，道路関連をのぞき合意できるものを年度内に処理すべき旨要請。

河野・江田衆参両院議長の斡旋を受けて各幹事長，書記局長が合意，署名した内容は次のとおり。

① 道路特定財源に係わる国税・地方税を除き，本年3月末に期限切れを迎える各税については，5月末まで平成19年度税法の適用期限を延長する。（その際，閣法に係る所用の整理規定を設ける。）

② 上記①については，衆議院財金委員会，総務委員会において，委員長提案の取扱いとして，直ちに審議，採決の上，参議院に送付し，参議院でも年度内に処理する。

③ 上記①については，衆議院議了，参議院送付の閣法とは異なる法案であり，両院議長において確認していただいたとおり，憲法59条第2項の適用はない。

④ 関税定率法等その他の日切れ法案については，年度内に参議院において採決する。

なお，両院議長が口頭により以下2点について確認。
・5月末という時期が，参議院の審議時間，採決時期を拘束するものではない。直ちに参議院の審議に入る。
・速やかに政党間の修正協議に入る。

◇ 3.31（月）　衆総務委，財金委がそれぞれ，国民生活混乱回避のための地方税法改正法案，租税特別措置法改正法案を委員会提出，本会議可

決。同日，参議院においても可決・成立。

　そして，送付後60日目を迎えた4月28日（月），与党は，党首会談を開き憲法59条（4項及び2項）による成立方針を確認。議院運営委員会理事会においては，与党が祝日明け30日に本会議を開いて5法案のみなし否決と再議決を行うことを提案。協議が整わず，議院運営委員長の職権[5]により本会議が設定された。

◇ 4月30日 の経過を辿る[6]。
(09：41)　与党国対委員長が事務総長にみなし否決の動議2件提出[7]。
(11：00)　議運理事会[8]決裂。議長応接室，議長室等と本会議場の間の廊下
　　　　　一帯は既に混乱

5　議運委員長の職権による本会議設定について，Ⅱ－4(b)イ(4)参照。
6　(1) 返付規定（30年改正国会法により追加，Ⅲ－11［第Ⅱ期］参照）によって，国会初期の事例と異なり，みなし否決の議事と再議決の議事が，返付を待つ必要性から，休憩によって分断されることとなった。
　(2) (1)に伴い，再議決の動議は議案の返付を待って提出するよう与党に要請した（ただし，みなし否決の動議提出者にとっては，みなし否決可決後に何を求めるかその意思も一緒に明らかにする，つまり，みなし否決の動議とともに再議決の動議も同時提出とする選択肢もあり得たであろう）。
　(3) (1)の分断の影響は，返付とは関係のない参議院回付案不同意・再議決となる場合にも及んだ。金融機能強化特措法改正案の回付不同意・再議決においては，回付不同意の後，いったん休憩して，再議決の動議の提出，議運理事会，委員会協議の運びとした（170回平20. 12. 12）。（ただし，再議決動議の提出者にとって，回付案に反対するということと動議の提出そのものは当然に一体的なものであって，事前の再議決動議提出による，切れ目のない議事の流れが考慮されるべきものであったと考える。）
7　(1) 本件議事の重要性に鑑み，5法案一括の動議とすることによって議事の簡略化を図ることなく，参議院への送付順に地方税関係，国税関係を分けて提出するよう要請したところである。
　(2) 環境衛生関係営業適正化法案の参議院回付不同意・再議決（26回昭32. 5. 19）を最後とする国会初期の事例は，みなし否決，再議決ともに，すべて議運委員会の協議決定に基づいて議事進行係から動議が出され，異議なく議題とされた。一方，本事例を含め平成20年，21年の一連の再議決及び25年6月24日のみなし否決による再議決（0増5減法に基づく区割り法案）が，すべて与党提出の動議によって行われたことは，本文「背景」その他で述べたような両院制の変容を象徴するものであろう。

第Ⅲ章　事例からの考察

(12：00)　議運委員会[9]みなし否決動議の議事を決定（民主，社民欠席）。
(13：12)　本会議本鈴。議長は議長室から退室を試みるも不能。その後，並びの議運委員長室から，議運委員長，事務総長とともに議場に向かい与党側扉から入場[10]。
(14：00)　本会議開会（民主，社民欠席）他の日程3件可決後，みなし否決動議2件をそれぞれ起立多数で可決（直ちに参議院に通知），その後そのまま約30分経過の後[11]，議長暫時休憩を宣告（14：55）。
(14：59)　参議院から返付議案受領[12]
(15：03)　再議決動議2件提出。その後，議長応接室で，議運理事会・委員会

8　議運理事会は，議運理事会室ではなく，委員会が行われる議長応接室での開会に変更された。Ⅲ－5：注15(2)参照。

9　議員傍聴を認めず（議長応接室を内側からロックアウト）。

10　(1)　議長は，本会議の開会に先立ち「かかる行為は甚だ遺憾である」旨発言した。
　(2)　なお，議長入場の阻止行為に関連して，会期終了前日（6.19），議運理事会は下記の申合せを行った（これに伴い，自民，民主が提出しあった懲罰動議3件は撤回）。
　「国会が国権の最高機関として国民の信託にこたえ，その使命を十分に果たすためには，「言論の府」にふさわしい審議の充実を図る必要がある。よって議員は，つねに言論をもって主張し，節度を欠く示威行動等院内の秩序をみだしまたは議院の品位を傷つける行為を厳に慎むとともに，国権の最高機関たる国会の長である議長に対し，深い敬意の念をもって接するよう努めなければならない。以上申し合わせる。」

11　休憩した場合再開をめぐって再び混乱することを懸念する与党は，開会状態のままとすることを野党出席会派に強く働きかけたが，結局，本会議前の理事会で既に提案したとおり「いったん休憩して，返付議案受領後の再議決動議提出，議運理事会・委員会開会」の運びとなった。なお，議長は議運委員会に常時出席するのが例（先126）であるが，議運委員長の要請を踏まえ，議場内にとどまった。

12　江田参議院議長HP参照［13時から，衆議院の動きを院内テレビで見守りました。本会議の本鈴の後に開会が50分ほど遅れ，参議院で否決とみなす動議を可決の後に休憩となるまで時間が掛かり，緊迫した状況が伝わってきました。参議院議長として取り得るアクションを検討してみましたが，いずれも相当でなく，見守るほかありません。参議院の議院運営委員会と本会議は，取り止めとなりました。……参議院は25日の本会議で，中間報告動議を大差で否決して，さらに審議を続ける意思を表明しているので，返付の扱いとされたことは残念です］。

(15：42) 本会議再開（民主，社民，国民欠席）議長，返付議案受領を報告。地方税関係3法案の再議決動議を議題とし，討論の後起立多数で可決し，本院議決案3案を3分の2以上の多数（賛成336，反対12）で再び可決。続いて，国税関係2法案の再議決動議を議題とし，討論の後起立多数で可決し，本院議決案2案を3分の2以上の多数（賛成337，反対12）で再び可決。

(16：45) 暫時休憩，そのまま流会[13]。

---

13 （1） 臨時閣議を経て，5法律を即日公布（揮発油税の暫定税率は5.1から適用），利益遡及のための政令も同時公布。

（2） 関係する「道路整備費財源特例法改正案」は，5.12（月）（送付61日目）に参議院否決・返付。翌13日，衆議院の再議決により成立した。同日の議事においては，再議決動議より先決性を有する「両院協議会を求める動議（民主提出）」（先288第2(5)参照）を先議し，趣旨弁明，討論の後これを否決。続いて，再議決動議を議題とし，討論の後これを可決，本院議決案について再議決を行った。

13 両議院関係制度（3）：両院協議会

1 両院協議会協議委員選任の先例

11『両議院関係制度』の補足として，両院協議会の機能不全の要因の一つとして指摘される，協議委員選任に関する両院の「先例」について述べる。両院協議会は，各議院において選挙された各々10人の委員で組織され（国89），その手続はそれぞれ議院規則が規定するところであるが[1]，先例の大要は以下のとおりである。

（先473）両院協議委員の選挙は，その手続を省略して，議長の指名によるのを例とする。本院議決案に賛成した会派に属する議員の中から指名するのが例である[2]。

（参先415）協議委員の選挙は，議長の発議……により，その手続を省略してその選任を議長に委任するのを例とする。議長は両院協議会に付される案件の院議を構成した会派にその所属議員数に応じ協議委員を割り当て，会派から推薦された議員を指名する。

衆参いずれにおいてもこれらの先例によって議院の意思を形成した会派の議員から指名される[3]。ねじれ下の状況を踏まえ，こうした選任方法ではそもそも合意形成は困難であると指摘されてきたところであるが，まずは先例の法的意味が問われるべきであろう。この衆参双方の先例がよって立つのは，それぞれの議院規則であり，その解釈は以下のようなものである[4]。

1　概要は次のとおり。（衆規250条）[①協議委員の選挙は，連記無名投票でこれを行う。②投票の最多数を得た者を当選人とする。③議院は，選挙の手続を省略して，その指名を議長に委任することができる。] ／（参規176条）[①協議委員の選挙は，連記無名投票でこれを行う。②投票の最多数を得た者を当選人とする。③議院は，協議委員の選任を議長に委任することができる。]

2　本院議決案に賛成した会派に属する議員の中からその所属議員数の比率を考慮して指名（委先295）。

3　憲法59④によるみなし否決によって衆議院から両院協議会を求められたときは，各会派にその所属議員数に応じ協議委員を割り当て指名（参先415）。

13 両議院関係制度(3)：両院協議会

「院の多数の意思というものを，いろいろ党派がございますが，院の多数の意思というものはこれを可決したとか，否決したとか，或いは修正したとかいうことを考えますと，その団結とか，その結合がそのまま継続して，この協議委員の選挙に臨むということが普通だと，法律的には一応言えると思うのです。そういう場合に選挙を行なつたとすれば，その反対の人だけが独占をするということが考えられるのじやないか，」……「協議委員の数だけを連名で全部 10 名書く，その法案を可とするなら可とする方が昨日勝つたその方が全部協議しまして，10 人の人を拵えて，ぞろつと 10 名投票された場合には，絶対それが 10 名を独占されて，他の会派は 1 名も入る人がなくなるというようなことに［参議院規則］176 条ができておる。」

会派の存在という現実に則って規則を解釈しているとも考えられるのであるが，それを抜きにしても，規則そのものが前提とするのは，「両議院の協議会」は両院の最終意思が合致しない場合の（衆議院の優越規定の作動あるいは発動という着地点を踏まえた上での），「院議尊重」というベースを持った者同士による，それぞれの意思の確認と調整の場であるという憲法理解に外ならないのではないだろうか[5]。無条件に「憲法が両院協議会における合意の形成を尊重し」ていると理解しない限り，この先例が「先例による拘束が，かえって憲法の趣旨を損なっている[6]」ものの範疇に入

4　7回昭25.5.2 近藤参議院事務総長答弁（参議運委会議録66号2頁）参照。衆規250の解釈も同様である。参考Ⅱ-7（国89）参照。

5　(1)　Ⅲ-11［第Ⅰ期5］参照。
　(2)　なお，衆規23は次のように規定している，①裁判官弾劾裁判所の裁判員［7人］及びその予備員［4人］の選挙は，単記無名投票でこれを行う。②投票の最多数を得た者について順次定数までを当選人とする。但し，得票数が同じときは，くじで当選人を定める。③前項の当選人は，投票総数を定数で除して得た数の4分の1以上の得票がなければならない。④当選人が定数に達しないときは，前3項の規定によつて更に選挙を行い，これを補充しなければならない。⑤議院は，選挙の手続を省略して，その指名を議長に委任することができる。
　(3)　上記が，単記投票により最多数を得た者から順次定数までを当選人とすることを本線とするのは，按分的要素を選挙に入れてのことである。このことと比較すれば，両院協議会協議委員選挙の規定の意図は明白であろう。

第Ⅲ章　事例からの考察

ることはない。憲法が尊重するものは，両院協議会における合意の形成ではなく，その機会であって，合意そのものはひとえに両院の合意形成への意思に懸るものである。国会法92条1項が，協議案の議決要件を出席協議委員の3分の2以上とするのもその故である[7]。

前節「両議院関係制度(2)」で述べたように，両議院関係の前提となる両院の意思の独立性が半ば形式化しており，その結果が，両議院関係，なかんずく両院協議会の機能不全として見えるのである。現状にあっては，両院協議の段階に至って合意形成への意思を生む土壌は乏しい。この土壌は各議院の立法機能の実質化によってこそ育まれるものであろうが，そのことを欠いたままでは，両院協議会のメンバーの選定方式を変更しても，メンバーに実質権限をもたらすことはできないであろう[8]。

また，成案を得やすくするため，国会法を改正して，「協議案の議決要件を出席協議委員の過半数（絶対多数）とすること」も併せて提起される[9]。「各院における各会派の議席の構成比により協議委員を選出すること」と「協議案の議決要件を出席協議委員の過半数（絶対多数）とすること」が，

---

[6] 「衆議院参議院それぞれにおいて，委員会構成のように議員の人数に応じてそれぞれの政党からも出て，メンバーに実質権限を持たせるようにして，妥協の道を探る場として機能させるようにしなければ，憲法が両院協議会における合意の形成を尊重している趣旨を果たせなくなっている。これも，先例による拘束が，かえって憲法の趣旨を損なっているにもかかわらず，今まで検討されてきていなかったとすれば，与野党間で見直しが必要とされるものである（西垣淳子『今回のねじれ国会の経験が残した憲法上の課題』17頁（2009 世界平和研究所レポート）参照）」。

[7] Ⅲ-11［第Ⅰ期5］参照。

[8] 注6の論考17頁参照。

[9] 「これは先例として行われているに過ぎず，国会法や各院の議院規則に定められた選任手続ではない。したがって，衆参各院で成案を得やすい協議委員の構成を工夫し（各院における各会派の議席の構成比により協議委員を選出すること，各会派の政策責任者を協議委員に加えることなど），両院協議会を実際に機能させる環境を整えることが望まれる。両院協議会を活性化するために国会法改正まで視野に入れるということであれば，協議案の議決要件について出席協議委員の過半数（絶対多数）とするといったことも考えられよう」野中ほか・『憲法Ⅱ（第5版）』137頁。

13 両議院関係制度(3)：両院協議会

ともに実現すれば確かに，衆議院の議決をベースとして，成案を得やすくはなるが，「強すぎる参議院」を挫くための両院協議会の活性化となるのであれば，大方の成案は参議院で否決されるばかりとなろう。

2 衆議院の議決の優越と両院協議会の関係

衆議院の議決の優越と両院協議会の関係について，「両議院関係制度」において指摘した概略は以下のことである。

1. 貴族院の修正によって憲法59条に第3項（両院協議会）が追加規定され，2項・3項一体として衆議院先議限定とされたことに強く反応した衆議院は，それまでの解釈（貴族院の修正の前提でもあった，第2項は衆議院先議法案限定という解釈）を覆して，第2項は当然参議院先議法案を含むとの解釈に転じた。そして，第3項の「法律の定めるところにより，衆議院が，両議院の協議会を開くことを求めることを妨げない」を根拠として，国会法によって，参議院先議法案について参議院の両院協議会請求権を排除することで——衆貴両院の抜き差しならない対立と妥協を経て——そのことを明らかにした。しかし，このことは，衆議院先議法案限定という前提によって整理されていた，第3項の第2項に対する従属性を曖昧にするものでもあった。

2. 両院協議会の再議決に対する従属性が曖昧になったことの副作用によって，衆議院の優越規定全般と両院協議会の関係に曖昧性が生まれ，59条だけでなく，衆議院の議決の一方的優越が担保されている60条及び67条についても，両院協議会重視の建前によって，両院協議会と衆議院の優越規定を同列に置くことで，衆議院の優越の作動あるいは発動に歯止めをかける解釈が呼び込まれ，一定の説得力を持つこととなった。

3. 返付規定の創設（昭和30年改正国会法）によって衆議院の優越[10]を補強し，解釈の揺らぎを封じ込めようとした衆議院の意図は挫折し，逆に両議院関係を，一層，曖昧で解りづらいものにした。

---

10 鈴木隆夫『国会運営の理論』巻末：両議院関係の諸図参照。

第Ⅲ章　事例からの考察

　解釈の対立について一例をあげれば，「『参議院で衆議院と異なつた議決をした場合』と『参議院が，衆議院の可決した予算を受け取つた後，国会休会中の期間を除いて30日以内に，議決しないとき』は択一的にしか起こり得ない[11]」との憲法60条2項の解釈は，両院協議会が衆議院の議決の優越の下位にあるものであっては存在し得ないものである。両院協議会が下位にあるならば，「参議院で衆議院と異なつた議決をした場合」が「……三十日以内に，議決しないとき」の拘束を受けること，例えば，両院協議会の結論が出ないまま衆議院送付後30日目を経過すれば，予算が成立したと判断することは当然のことである[12]。

　両院協議会を衆議院の議決の優越と並立のものと位置づける立場にあっては，そのことによって衆議院の優越規定の作動あるいは発動のすべてに歯止めをかける[13]のであるが，この両院協議会重視の姿勢が求めているものは，結局のところ両院協議会の不首尾ではないだろうか。両院協議会そのものを重視している訳ではないという一点においては，両院協議会を衆議院の議決の優越の下位に置く解釈と異なるところがないと考える。たとえ，こうした両院協議会の位置取りをめぐる解釈の相違によって対立が惹起されたとしても，対立のための対立以上の意味を生み得ない。衆参双方によって追求されるべきは，既に述べたように，それぞれの衆議院の優越規定の本質的な意味を踏まえた，両院協議会の有意性であって，そこでは，合意形成への政治の意思が問われるのである。

11　「衆議院流と参議院流〜議事運営をめぐる考え方の相違〜（森本昭夫）」『立法と調査』311号124，125頁参照。
12　171回平21年，同年度総予算が衆議院送付後30日目の前日，参議院否決（3.27）。米海兵隊グアム移転協定が衆議院送付後30日目当日，参議院不承認（5.13）。それぞれ同日，両院協議会において成案を得ず，衆議院の議決が国会の議決となった。協議会が結論を得ないまま30日目を経過するようなケースが起これば，間違いなく，衆議院は（議運等で自然成立を確認した上で），速やかに国65により内閣に送付することとなったであろう（参議院にその旨通知）。なお，183回平25年においても，同年度総予算が衆議院送付後30日目当日，参議院否決（5.15），同日，両院協議会において成案を得ず，衆議院の議決が国会の議決となった。
13　この立場を一貫して踏襲するものとして，松沢浩一『議会法』ぎょうせい1987参照。

13　両議院関係制度(3)：両院協議会

【事例とその補足】（後掲の図も参照）

> 事例　171回国会平成21年1月26日，参議院は，平成20年度一般会計補正予算（第2号）及び同特別会計補正予算（特第2号）を修正，同政府関係機関予算（機第2号）を否決し，一般及び特別の両予算を衆議院に回付，政府関係機関予算を衆議院に返付した。同日，衆議院は，一般，特別の両参議院回付案に同意せず，補正予算3案について参議院に両院協議会を求めた。当日，一般・特別両予算の両院協議会が行われたが結論を得ず翌日に持ち越しとなり，翌27日，両案ともに成案を得ない結果となった。次いで政府関係機関予算の両院協議会が開かれ，成案を得ない結果となった。以上により，同日，衆議院本会議において，両院協議会協議委員議長報告の後，議長は，3案とも，両議院の意見が一致しないので憲法60条2項の規定により，本院の議決が国会の議決となった旨を宣告した。（参議院本会議においても，両院協議会協議委員議長報告の後，議長は，衆議院の議決が国会の議決となった旨宣告）

　本補正予算は，経済金融危機に緊急に対応するため，召集日（1.5）に提出され，総予算に先行して審議が行われたものである（総予算提出1.19，政府4演説1.28）。争点となったのは「定額給付金[14]」であり，参議院において，一般会計補正予算及び特別会計予算両案について，定額給付金関係予算を削除する修正が，民主，社民の賛成によって行われた。また，政府関係機関補正予算は，民主，共産，社民の反対によって否決された。

　衆議院においては，与党（自民，公明）議員が補正予算3案の協議委員に指名され[15]，一方，参議院においては，院議を構成した会派が，一般・特別と政府関係機関で異なるため，一般・特別の協議委員と政府関係機関

14　市町村が自治事務として実施する総額2兆円の給付事業（地財法16条参照）。財源を担保する「平成20年度財政運営のための財投特会繰入れ特例法案（閣法1号）」は，参議院否決，衆議院再議決により成立（3.4）。

15　協議委員は，会派からの推薦届に基づいて指名。自民8，公明2。（協議委員議長は衛藤予算委員長）

第Ⅲ章　事例からの考察

の協議委員が別のものとして指名[16]された（参先417）。

　両院の協議委員議長・副議長打合せ会においては，両院協議会が二段階に分かれる[17]ことが確認されたが，両院協議会の運営[18]をめぐり対立，先行する一般及び特別の両院協議会の開会[19]は大幅にずれ込み（21：11），結局，協議の途中で，議長[20]（参議院の協議委員議長）は，翌27日に協議を継続することとして散会を宣告した[21]（22：43）。

　翌日[22]の同協議会は，議長を衆議院の協議委員議長が務め，双方議論の後，一般及び特別の両予算ともに成案を得ないことを決定した。

　次いで，政府関係機関の両院協議会が，協議委員議長・副議長打合せ会に続いて開かれ，同様に，成案を得ないことを決定した（議長はくじにより衆議院の協議委員議長）。

16　一般・特別の協議委員は，民主9，社民1。政府関係機関の協議委員は，民主8，共産1，社民1（共産，民主マイナス1以外は同一議員）。（協議委員議長は両方とも，北澤民主党副代表）

17　13回国会昭27.7.29の事例参照。衆議院は通産省設置法外9法案について協議委員を選任。参議院は，通産省設置法案外4法案について協議委員を選任，保安庁法案外4法案について協議委員を選任（委先296，参先417）。

18　参議院側は，両院協議会の活性化が必要であるとして，①懇談部分も速記を付して公開すべきこと，②国96条によって財務大臣等の出席を求め協議すべきこと，③議長を出している側は事実上動議も出せないことは不合理（国89，92②参照），等を主張。衆議院側は，参議院側の主張に協議遷延の意図を読み取り反対（①についてはそのとおり実施され，以後の両院協議会においても同様となった）。

19　初会の設定は，両院の議長が協議してこれを定める（両院規程2）。両院の議長は即日速やかな開会を電話協議により確認し，それぞれ協議委員議長互選後，協議委員議長にその旨を指示。

20　初会の議長は，くじにより参議院の協議委員議長が務めた（国90参照）。

21　衆議院側協議委員が「動議として，成案を得るに至らなかったと，そのことを各議院においてそれぞれ報告されることを，ここで打ち切って，望みたいと思います」と発言するも，議長（参議院の協議委員議長）は，「まだ発言の機会を待っておられる方も多数おります。また一方で時間を大変気にされておられる発言もございました。衆参両院の全議員がお待ちになっているという状況からいたしますれば，本日はこれにて散会をして，明1月27日午後1時に再開するということで決定をさせていただきます」と発言して散会を宣告。

22　注19の協議及び指示を踏まえ，28日朝，河野・江田両議長が会談し，当日中に両院協議会の結論を得るべきことを，それぞれ協議委員議長に要請。

13 両議院関係制度(3)：両院協議会

【参考：両議院協議会のモデルケース】
（総理指名はⅢ-1-7を参照）

参議院　予算否決の例

衆　議　院	参　議　院
	予算委員会　予算否決 議運理事会，議運委員会 [本会議1]　予算否決
← 否決の通知・返付	
議運理事会，議運委員会 [本会議1] 　議長，参議院否決・返付を報告， 　両院協議会を求める旨宣告， 　協議委員10名を議長指名	
両院協議会請求／協議委員通知 →	
協議委員議長・副議長互選会	議運理事会，議運委員会 [本会議2]　両院協議会を求められた 　　　　旨宣告， 　協議委員10名を議長指名
	← 協議委員通知 協議委員議長・副議長互選会
両院の協議委員議長・副議長打合せ会 （初回の議長を衆参どちらが務めるかくじ引き／協議会の議事について協議） **両院協議会** 　衆参双方議決の趣旨を説明，協議，懇談，協議， 　成案を得ないことを決定	
[協議委員議長，議長に報告書提出] 議運理事会，議運委員会 [本会議2] 　協議委員議長，両院協議会の結果 　を報告，議長，本院の議決が国会 　の議決となった旨を宣告	[協議委員議長，議長に報告書提出] 議運理事会，議運委員会 [本会議3] 　協議委員議長，両院協議会の結果 　を報告議長，衆議院の議決が国会 　の議決となった旨を宣告

事 項 索 引

◆ あ 行 ◆

安保条約 ……………………… *12, 34, 185*
委　員
　——の辞任，補欠 ……………… *31*
　——の選任（会派割当）… *5, 9, 31, 86*
　——の任期 ……………………… *31*
委員会
　——基本的質疑 ………………… *82*
　——参考人招致 ………………… *91*
　——審査省略 …………………… *53*
　——制　度 …………………… *18, 28*
　——閉会中審査 …… *7, 34, 43, 67～79, 139*
　——理　事 …………………… *40, 41*
　——理事会 …………………… *26, 41, 42*
委員会議録 ……………………………… *89*
委員長
　——の決裁権 ………………… *159*
　——の中間報告 ……… *28, 34, 55, 62, 73,*
　　　　　　　　　　74, 76, 87, 157, 167
一事不再議 …………… *161, 169, 171, 173,*
　　　　　　　　　　　　225, 227, 228
院　内 …………………………………… *74*
追っかけ改正 ………………………… *161*

◆ か 行 ◆

会期・会期延長 ……………………… *88, 123*
　——参議院が議決しないとき ………… *88*
　——衆議院の議決の優越 …………… *126*
　——の回数制限 ……………………… *126*
会期の召集日議決 ……………………… *128*
会期不継続（の原則）………… *66～79, 141*

会　派
　——の異動 ……………………… *29*
　——の自治・所属議員の管理 …… *29, 134*
　——による議案提出 …………… *133, 137*
回付案 ……………………………… *162*
各派交渉会 ……………………… *8～10*
　——の全会一致原則 ……………… *9*
確立された先例 ………………… *133～136*
過半数
　出席議員の—— ………………… *104*
　投票の—— ……………………… *104*
仮議長 ……………………………… *36*
議　案
　——の緊急上程 ………………… *49, 53*
　——の趣旨弁明 ………………… *62*
　——の審議過程の不継続 ……… *71, 72, 78*
　——の送付，受理 ……………… *206*
　——の存続要件 ………………… *139*
　——の付託替え ………………… *93*
　——付託保留 …………… *27, 147～150*
　——返付規定 …………… *221～225, 230*
　——本会議趣旨説明 … *18, 27, 87, 141, 142*
　——本会議趣旨説明要求 … *18, 27, 43, 147*
議案所持主義 …………… *110, 222, 224*
議案提出（発議）権 ………………… *57*
　——の機関承認（要件）……… *53, 57, 132*
　——の賛成者要件 ……… *133, 134, 138, 139*
議案提出者，賛成者の訂正 ………… *138*
議　員
　——の欠席 ……………………… *30*
　——の歳費 ……………………… *66*
　——の辞職（勧告決議案）……… *64～66*
　——の請暇 ……………………… *30*

事 項 索 引

議員控室 …………………………………6
議院運営委員会 ……………10, 18, 25, 26,
　　　　　　　　　　28, 85, 92, 186, 187
　　──の緊急開会 …………………43
　　──理事会 ………12, 18, 25～28, 42, 85, 92
　　──の合同協議会………………186, 187
議院運営委員長
　　──の職権による本会議設定 ……47, 235
議院運営小委員協議会………………9, 12
議院内閣制………………………………5, 23
議院の構成 ……………33, 47, 102, 127
議院の成立 ……………………………101, 102
議院法伝統 ………………………………3
議　決 ……………………………100～102, 104
議決不要 ……………………165, 169, 228
棄権（表決権の不行使，放棄，自制）…104,
　　　　　　　　　　　　　　158, 177
議　事 ……………………………………102
議事協議会………………………………12
議事進行係 ……………………………45, 47
議事進行に関する発言………………62, 177
議事日程………………………………47, 87, 91
　　──の順序変更 ………………47
　　──の追加 ……………………47
議場内交渉……………………45, 46, 62, 63, 90
議場内交渉係 …………………………45, 52
議場閉鎖 ………………………………105, 177
議席指定 ……………………………………6, 9
議長斡旋・議長裁定 ……13, 34, 50, 55, 72,
　　　　　　　　　　73, 88, 152, 171, 233, 234
議長が必要と認め ………44, 45, 47, 48, 105
議長警察権………………………………74
議長決裁権 ……………………………155
議長候補者，副議長候補者の選挙……101, 102
議長不信任決議案 ………36, 54, 171, 172
議長，副議長 …………………………9, 26, 42

　　──の選挙 ………………33, 104, 107
　　──の党籍離脱 ………………33
基本的質疑 ……………………20, 82, 149
牛　歩 ……………………………………28, 63
緊急質問………………………………58, 174
警察官職務執行法改正法案 …………12, 33
警察法案（警察法）……………12, 36, 73, 146
決議案（議員辞職勧告）………………53
決議案（国政に関する）………………53
決選投票…………………………………99
憲法改正原案……………………………22, 140
憲法審査会 ……………………………140
　　──の両院合同審査会 ……………22
原子力規制委員会委員長・委員 …195, 204
公債発行特例法（案）……119, 149, 208, 210
公選法寄付禁止規定……………………66
国務大臣…………………………………83
　　──不信任決議案 ……………54
国会審議インターネット録画中継………91
国会審議活性化法 …………………80, 81
国会同意人事 ……………………84, 190
　　── 一院制的な決定 ……………194
　　── 一院制的な決定の排除 …………192
　　──候補者所信聴取……………203, 205
　　──事後承認 ……………………195, 196
　　──事前報道規制……………………203, 204
　　──職務継続規定……………………195, 196
　　──内　示 ……95, 190, 196, 200, 201, 204
　　──日銀総裁……………………………199
　　──不同意による欠員……………………195
　　──両院合同代表者会議………………203, 204
　　──両議院の同意…………………190, 197
国会の決議………………………………98, 100
国家基本政策委員会（合同審査会） ……80
国政調査（権）………………179, 182, 185, 186
国対（会派執行部） ………12, 17, 18, 25, 133,
　　　　　　　　　　　147, 148, 185

248

事項索引

55年体制 ……………………… 17, 18, 147

◆ さ 行 ◆

再議決 ……………………… 226, 232
採　決
　──異議の有無 ……………… 104〜106
　──押しボタン ……………… 104〜106
　──記　名 ………………… 104〜106
　──起　立 ………………… 104〜106
再質疑 ……………………………… 51
参議院
　──の継続性 ……… 77, 78, 85, 139, 140
　──の準立法期 ………… 77, 85, 139, 140
暫定衆議院規則 ……… 8, 103, 104, 127
質問主意書 ……………………… 58
事務総長 ………………………… 102, 103
諮問・答申 ……… 10, 42, 45, 47, 92, 145
衆議院の解散 …………………… 113
　69条及び7条による── ……… 115, 116
　──7条解散 ………… 113, 118, 173
　──の効果 ……………………… 113
　──詔書 ……… 113, 114, 118, 120, 121
　──抜打ち解散 ………… 115, 173
　──話合い解散 ………… 115, 118
　──郵政解散 ………………… 121
衆議院議員小選挙区法案
　（公選法改正法案）24回国会
　（※ハトマンダー）………… 12, 49, 55, 146
衆議院議員小選挙区（の格差是正）
　0増5減法案 ……………………… 119
　──区割り法案 ………… 48, 84, 235
衆議院議員定数削減法案（公選法改正
　法案）146・147回国会 ……… 72, 87
自由討議 ………………………… 59, 87
重要広範議案 ………………… 82, 150
常置委員会 ……………………… 7, 67
常任委員会の所管 ………… 39, 184

常任委員長
　──解任（決議案）……… 55, 86, 172
　──の選挙 ……………………… 37
書記官長 ……………………… 101, 103
食糧確保臨時措置法改正法案 ……… 75
処分要求 ………………………… 94
新教育委員会法案 ……………… 12, 74
身上に関する発言 ………………… 62
身上弁明 ………………………… 62
新制度に関する両院合同協議会 …… 80, 82
税制問題等に関する両院合同協議会 …… 22
政党間協議 ……………………… 21
政府委員制度 …………………… 81
政府参考人 ……………………… 81
政府特別補佐人 ………………… 81
政府の演説 ………… 20, 21, 80, 174
　──代表質疑 ………… 20, 80, 174
　──の衆参一本化 ……………… 80
全員協議会 ……………………… 73
先議（案件）……… 50, 54〜57, 127, 172
先議・後議（の関係）……… 109, 110, 162,
　　　　　　206, 207, 226, 228, 230, 231
選　挙 ……………… 98〜107, 157
先決問題 ………………………… 62, 68
全部修正 ………………………… 170
臓器移植法改正4法案 ………… 62, 176
相対多数 ………………………… 99

◆ た 行 ◆

対　案 ……………………… 168, 226〜230
逐条審議 ………………………… 164
懲罰事犯 ……………………… 73〜75
　──の閉会中審査（継続）……… 34, 73
つなぎ法案 ………… 13, 159, 160, 208
帝国憲法議院法体系 ……… 4, 8, 25
同一の議案 ……………………… 227
登院停止 ………………………… 74

249

事項索引

党議拘束 …………………105, 164, 176, 177
東京電力福島原子力発電所事故調査
　委員会（国会事故調査委員会）………186
当日起算 ………………………………15
党首討論 ……………………………80, 82
投票時間制限（議長の）………………89
投票数の超過 …………………………107
討論を用いない ………………………88
特別委員会
　——の設置 …………………………38
　議案審査の（ための）——…………180
　調査の（ための）——………………180
特別委員長の互選 ……………………40
読会制度 …………………………143, 144

◆な 行◆

内閣(不)信任決議案 ………54, 55, 105, 115,
　　　　　　　　　　　　117, 171, 173, 174
内閣総辞職 ……………………………97, 117
内閣総理大臣
　——が欠けたとき …………………98
　——が辞表を提出したとき ………98
　——指名の両院協議会 ……………111
　——の指名 …………………………97, 108
　——問責決議案 ……………………174
内閣の法律案提出権 …………………83
二院制 …………………………………23
　——の一院制的運用 ……………21, 22
日米安保条約 ………………12, 34, 185
日本国憲法の改正手続に関する法律
　（憲法改正手続法）…………22, 140, 170

◆は 行◆

破壊活動防止法案（破防法案）………75, 88
発言権 …………………………………57
発言時間 ………………………………60
　——の制限 ……………………62, 86, 88

　——の申合せ ……………………60, 62
発言者の数，順序（順位）……………60
表決権 …………………58, 93, 104, 177
　——の放棄 …………………93, 104, 177
不穏当発言 ……………………………90
副議長不信任決議案 ………………36, 54
複数の修正案 …………………………164
副大臣，大臣政務官 …………………81
部　属 ………………………………4, 5
併合修正 ………………………………170
本会議
　——延　会 ……………44, 46, 63, 92
　——設　定 …………………………44
　——定足数 ……………15, 102, 178
　——予鈴・本鈴 ……………………153

◆ま 行◆

みなし否決 ……………………226, 230, 232
名刺数の超過 …………………………107

◆や 行◆

予算の提出・付託 ……………………20
予算関連法案 …………………………210
与野党筆頭理事間協議 ……………18, 19

◆ら 行◆

両院間手続 ……………………………66
両院協議会 …………………108, 109, 238
　——議　題 …………………………111
　——協議委員 ……………86, 238, 239
　——衆議院の議決の優越との関係……241
　——審査委員会，起草委員会………224
　——成　案 …………………………162
　——請　求 …………………………109
両院協議会規程取扱方ニ関スル件…111, 163
両議院関係（制度）…76, 100, 212, 232, 238
臨時石炭鉱業管理法案………28, 87, 89, 143

250

法令索引

憲　法
- 7 ……………*113, 114, 122*
- 53 ………………………*85*
- 56 …*15, 64, 99, 100, 101, 102, 104, 155, 157, 176*
- 57 ……………*90, 91, 105*
- 58 ………………………*75*
- 59 …*76, 79, 83, 100, 151, 207, 209, 212, 213, 214, 215, 216, 223, 224, 226, 227, 230, 232, 233, 238, 241*
- 60 ……*76, 83, 100, 206, 207, 209, 241, 242, 243*
- 61 ………………*83, 100*
- 62 …………*182, 183, 185*
- 63 …………*83, 150, 174*
- 66 ………………………*83*
- 67 ……*76, 94, 99, 100, 102, 241*
- 68 ……………………*122*
- 69 …*50, 54, 97, 114, 173*
- 70 ………………………*97*
- 72 ………………………*83*
- 73 ………………*83, 100*
- 86 ………………*83, 100*
- 90 ……………………*193*

国会法
- 1 …………………………*38*
- 2 ……………*38, 115, 157*
- 2の3 ……………*77, 85*
- 6 …………………………*33*
- 8 ………………………*127*
- 10 ………………………*77*
- 11 …………………*123, 126*
- 12 …………………*123, 126*
- 13 ……*88, 123, 126, 129*
- 14 ………………………*16*
- 19 …………*10, 26, 42, 89*
- 21 ………………………*26*
- 22 ………………………*36*
- 23 ………………………*33*
- 25 ………………………*37*
- 30の2 ………………*54, 86*
- 41 ………………………*26*
- 42 …………………*31, 32, 74*
- 44 ………………………*80*
- 45 …………*31, 32, 38, 39, 40, 180*
- 46 …………*8, 9, 31, 32, 86*
- 47 ……*34, 67, 68, 69, 70, 71, 73, 74, 77, 141*
- 48 …………………*26, 42*
- 50 ……………………*159*
- 50の2 ……………*170, 186*
- 51 ……………………*182*
- 52 ………………*26, 90, 91*
- 53 …………*49, 62, 141*
- 54 …………………*141, 184*
- 54の2 …………………*77*
- 55 …………*44, 46, 49, 87*
- 55の2 ………………*9, 10, 12*
- 56 ………*27, 28, 52, 53, 132, 140, 141, 142, 161, 168, 207*
- 56の2 ……*18, 27, 28, 42, 62, 87, 142, 144, 145, 150*
- 56の3 …*28, 87, 140, 167*
- 56の4 ……*162, 225, 227, 228, 229, 230*
- 57 ……………………*132*
- 57の2 ………………*132*
- 57の3 ………………*141*
- 59 ……*147, 160, 170, 180*
- 60 ……………………*141*
- 61 ……*60, 62, 86, 88, 127*
- 63 ………………………*89*
- 65 …………*109, 110, 242*
- 64 …………………*97, 98*
- 68 ……*67, 68, 69, 70, 71, 73, 74, 77, 141*
- 68の2 ………………*140*
- 第7章（69～73）…*141*
- 72 ……………………*199*
- 70 ………………………*83*
- 71 ………………………*84*
- 74 …………………*59, 60*
- 75 …………………*59, 60*
- 76 ………………………*59*
- 80 ……………………*141*
- 83 ……*110, 162, 206, 209, 222*
- 83の2 ………………*222*
- 83の3 …………*222, 223*
- 83の4（現行83の5）………*66, 67, 75, 78, 79*
- 84 …………*213, 215, 222*
- 85 …………*110, 215, 222*

法令索引

86 ……………… 109	28 の 2 …… 132, 166	116 ……………… 62
86 の 2 …………… 212	28 の 3 …… 132, 166	117 ……………… 62
87 ………………… 212	33 … 38, 39, 87, 180, 181	125 ……………… 60
88 ………………… 215	34 ………………… 39	132 ……………… 62
89 ……… 86, 238, 244	36 ………… 63, 138, 152	137 ……………… 61
90 ………………… 244	36 の 2 ……………… 139	134 の 2 ……… 51, 92
92 …… 217, 219, 240, 244	37 ………………… 31	138 ……………… 54
93 ………… 110, 162	38 …………… 26, 40	140 ……………… 61
96 ………………… 244	39 …………… 31, 32	141 ……………… 61
102 の 8 …………… 22	40 ………………… 32	142 ………… 62, 88
102 の 9 …… 78, 79, 140	44 ……… 20, 71, 87, 88	143 …………… 132
105 ………………… 195	45 の 2 …………… 84	144 …………… 164
106 ………………… 91	45 の 3 …………… 81	145 ……… 164, 176
107 ……… 64, 65, 66	47 の 2 …………… 40	151 …………… 105
109 ………………… 66	55 ………………… 43	152 …………… 105
116 ………………… 89	63 …………… 26, 89	154 …………… 105
120 ………………… 94	66 ………………… 42	155 の 2 …… 89, 105
121 ………………… 34	67 ……… 42, 43, 47	157 …………… 105
121 の 2 ……… 74, 77	67 の 2 …… 42, 43, 91	158 ……………… 60
121 の 3 …………… 74	71 …………… 89, 91	159 ……………… 51
125 ………………… 194	76 ………………… 182	160 ……………… 59
126 ………………… 194	78 ………………… 43	181 ……………… 30
133 ………… 15, 207	83 ………………… 91	182 ……………… 30
附則①〜⑤ ……… 103	85 の 2 …………… 91	185 ……………… 30
附則⑥〜⑪ ……… 186	92 ……… 10, 26, 42, 92, 184, 187	186 ………… 64, 65
衆議院規則	94 ……… 184, 187, 189	187 …… 64, 65, 66
4 …………… 107	101 ………………… 40	188 ……………… 65
6 …………… 107	103 …………… 44, 94	206 ………… 89, 90
8 …………… 104	105 ………… 46, 129	207 ……………… 90
14 ……………… 6	106 ………… 15, 64	236 ………… 88, 89
15 ………………… 37	108 ………………… 44	237 ……………… 88
17 ………………… 36	109 ………………… 47	243 ……………… 74
18 …… 98, 99, 100	110 …………… 44, 91	249 ……… 206, 227
20 … 123, 124, 126, 127	111 …………… 52, 161	250 ……… 238, 239
21 ………………… 123	112 …… 47, 48, 49, 88	253 ……… 162, 163
23 ………………… 239	113 ………………… 46	257 ……………… 81
28 ………… 132, 166		258 …………… 227

法令索引

(暫定衆議院規則)
- 13 …… *127*
- 17 …… *98*
- 附則① …… *104*
- 附則② …… *8, 104*

参議院規則
- 5 …… *107*
- 6 …… *107*
- 9 …… *104*
- 20 …… *98, 99, 100*
- 22 …… *124, 126, 127*
- 24 …… *166*
- 29 …… *39, 181, 207*
- 29の3 …… *39, 181, 207*
- 33 …… *183*
- 38 …… *43, 91*
- 39 …… *87, 88*
- 42の2 …… *84*
- 42の3 …… *81*
- 51 …… *89*
- 53 …… *72*
- 58 …… *89*
- 60 …… *182*
- 73 …… *87*
- 74 …… *184, 187*
- 74の3 …… *184*
- 81 …… *46*
- 82 …… *37, 46*
- 84 …… *15*
- 86 …… *92*
- 87 …… *49*
- 88 …… *49*
- 89 …… *46*
- 90 …… *47*
- 94 …… *61*
- 110 …… *92*
- 138 …… *106*
- 140 …… *105*
- 140の2 …… *106*
- 140の3 …… *106*
- 154 …… *59*
- 175 …… *207*
- 176 …… *238, 239*
- 178 …… *162, 163*
- 186 …… *81*
- 187 …… *30*
- 253 …… *92*

両院協議会規程
- 2 …… *244*
- 8 …… *111, 163*

衆議院憲法審査会規程
- 26 …… *141*

参議院憲法審査会規程
- 26 …… *141*

国会議員の歳費,旅費及び手当等に関する法律
- 2～4の2 …… *66*
- 附則⑭ …… *66*

議院事務局法
- 附則② …… *104*

帝国憲法
- 7 …… *114*
- 33 …… *101*
- 34 …… *15*
- 38 …… *220*
- 39 …… *220, 221*
- 40 …… *221*
- 43 …… *127*
- 46 …… *15, 101, 102*
- 47 …… *101, 102, 104, 157*

旧議院法
- 2 …… *6*
- 3 …… *101*
- 4 …… *4, 5*
- 5 …… *16, 102*
- 15 …… *102*
- 16 …… *101*
- 20 …… *5, 39*
- 25 …… *7, 69*
- 28 …… *5*
- 29 …… *59, 134*
- 31 …… *110*
- 39 …… *90*
- 40 …… *15, 16*
- 48 …… *58, 59*
- 49 …… *58*
- 50 …… *58*
- 55 …… *111, 163, 214, 217, 220*
- 56 …… *86*
- 59 …… *217, 219*
- 87 …… *90*
- 93 …… *94, 95*
- 94 …… *75*

旧衆議院規則
- 3 …… *101*
- 4 …… *102*
- 7 …… *102*
- 8 …… *102*
- 15 …… *9*
- 16 …… *4*
- 44 …… *5*
- 45 …… *5*
- 51 …… *26*
- 64 …… *5*
- 86 …… *229*
- 94 …… *5*
- 128 …… *104*
- 144 …… *90*
- 146 …… *58*
- 147 …… *58*

253

法令索引

201 ……………………75
203 ……………………89
218 ……………………86
219 ……………………162

旧各派交渉会規程
　2 ……………………41
　6 ……………………9

旧貴族院規則
　3 ……………………101
　4 ……………………6
　5 ……………………4
　67 ……………………229

旧両院協議会規程
　2 ……………………86
　6 ……………………219

旧統計法
　旧6の4 ……………193

財政法
　27 ……………………38

私的独占の禁止及び公正取引の確保に関する法律
　旧29……………………193

会計検査院法
　4 ……………………190
　旧4 ……………192, 195

公職選挙法
　5の2 ……………………198
　32 ……………………154
　90 ……………………65, 66
　199の2 ……………………66

政治資金規正法
　19の32 ……………198

日本銀行法
　23 ……………………199
　54 ……………………199

東京電力福島原子力発電所事故調査委員会法
　3 ……………………186
　第3章（10〜17）…186

原子力規制委員会設置法
　7 ……………………204
　附則2 ……………………204

先 例 索 引

衆議院先例集

2	*123, 124, 128, 129*
4	*123, 124*
6	*129*
12	*157*
21	*6*
25	*114, 116, 120*
26	*114*
27	*114*
37	*6, 102*
40	*106*
43	*107*
44	*107*
46	*107*
56	*36*
57	*36*
58	*37, 38*
63	*34, 36, 54*
64	*34, 36*
65	*33*
67	*106, 107*
71	*97, 98*
83	*30*
84	*30, 93, 132*
85	*64, 65*
86	*64, 66*
98	*29*
99	*29*
112	*38, 180, 183*
113	*179*
114	*31*
115	*40*
116	*40*
121	*32*
122	*32*
123	*32*
126	*26, 236*
127	*92*
128	*92*
129	*184*
133	*92*
135	*93*
136	*28, 83*
137	*72*
138	*83*
139	*40*
141	*10, 26, 42, 92, 227*
142	*128*
143	*10, 12*
144	*195*
147	*43*
156	*138*
160	*210*
161	*210*
165	*54, 55, 57*
169	*207*
193	*71, 148, 179*
194	*76*
199	*47, 49, 50*
200	*46*
205	*49*
206	*166, 168, 169*
207	*47*
210	*47, 48*
211	*44*
213	*45*
214	*45*
215	*45, 94*
216	*44*
222	*15*
228	*92*
230	*93, 179*
232	*92*
240	*49*
241	*152*
242	*28, 176*
243	*183*
245	*140*
251	*142*
253	*61*
254	*51*
256	*51*
266	*61, 127, 153*
268	*60*
270	*60*
271	*62*
272	*62*
274	*62*
275	*90*
283	*51, 170*
288	*28, 237*
291	*50, 54*
292	*36, 54, 123, 127*
293	*54, 56*
294	*28, 54, 56*
295	*61, 62*
296	*62*
297	*93, 105, 106*
299	*105*

先例索引

300 …………75, 300	473 …………238	131 …………20
305 …………28, 89	481 …………83	132 …………20
307 …………156	487 …………58	178 …………182, 183, 185
311 ……64, 155, 156, 157	502 …………7	179 …………184
316 …………164	**衆議院委員会先例集**	184 …………183
317 …………164	3 …………38, 39, 180	200 …………83
319 …………51, 170	4 …………39	201 …………83
320 …………51, 166, 167, 168, 169	5 …………40	267 …………176
	7 …………179	271 …………183
324 …………45	11 …………179	274 …………72
325 …………45	12 …………31, 32	275 …………72
334 …………209	13 …………31, 32	295 …………238
335 …………207	14 …………32	296 …………244
365 …………95, 190, 201	15 …………32	315 …………124
366 ……92, 95, 190, 201	17 …………37	317 …………124
368 …………198	18 …………37	付録3表 …………39, 183
371 …………52, 53, 92	19 …………40	付録5表 …………40, 179
372 …………53	21 …………40	付録6表 …………37, 38
373 …………57, 92	22 …………40	付録7表 …………41
392 …………88	24 …………40	付録15表 …………20
395 …………28	27 …………26, 27, 42	付録24表 …………82
396 …………92	28 …………40	**衆議院先例彙纂**
408 …………74	29 …………40	4 …………102
411 …………92, 94	33 …………43	11 …………6, 9
415 …………59	42 …………61	111 …………65
416 …………59	45 …………61	139 …………5
417 …………60	55 …………84	145 …………6
418 …………60	63 …………91	247 …………44
422 …………58	67 …………90	258 …………15
423 …………58	72 …………71	274 …………86
424 …………51	81 …………71	292 …………86
440 …………28	98 …………133, 170	311 …………90
441 …………28	116 …………164, 165	363 …………170
444 …………12	118 …………158	392 …………105
447 …………12, 34, 46, 73	119 …………158	411 …………155, 156
461 …………91	123 …………161	455 …………126
472 …………111	127 …………133, 169	508 …………58

511 …… 86	76 …… 77	338 …… 106
532 …… 90	77 …… 38,87	341 …… 106
555 …… 9	87 …… 106	346 …… 83
581 …… 90	88 …… 107	347 …… 83
559 …… 89	90 …… 107	348 …… 84
601 …… 163	101 …… 93	349 …… 84
602 …… 86	111 …… 30	351 …… 83
605 …… 86	117 …… 77	352 …… 83
610 …… 4	120 …… 77	356 …… 58
611 …… 4	137 …… 77, 140, 154	377 …… 58
657 …… 6	145 …… 77, 139	378 …… 58
658 …… 29	169 …… 207	415 …… 238
663 …… 41	172 …… 181	417 …… 244
附録11 …… 218	173 …… 181	418 …… 111
衆議院委員会先例彙纂	174 …… 181	422 …… 16, 207
98 …… 90	175 …… 181	427 …… 16
参議院先例録	176 …… 181	456 …… 74
17 …… 125	186 …… 165	参議院委員会先例録
18 …… 128	194 …… 75	14 …… 38
20 …… 129	207 …… 46	18 …… 38
27 …… 129	209 …… 46	24 …… 85
31 …… 114	233 …… 15	27 …… 41
46 …… 77, 85	246 …… 130	28 …… 41
49 …… 106	247 …… 47	37 …… 43, 91
52 …… 107	278 …… 145	45 …… 43, 91
53 …… 107	299 …… 140	246 …… 84
55 …… 36	300 …… 61, 83	296 …… 71
61 …… 36	302 …… 81	297 …… 72
62 …… 77	304 …… 145	326 …… 41
66 …… 107, 157	326 …… 165	367 …… 112
68 …… 36	329 …… 106	諸表20 …… 83
69 …… 36	335 …… 89	
74 …… 36, 47	337 …… 155, 157	

〈著者紹介〉

白井　誠（しらい　まこと）
元衆議院事務局議事部長
議事部議案課，議事部議事課，委員部調査課等を経て，議事課長，議事部副部長，庶務部副部長，秘書課長，議事部長，総務調査室長。
2011年8月 退職

〈主な論文〉
「憲法政治の循環性をめぐって」『憲法改革の理念と展開（大石眞先生還暦記念）』上巻（信山社・2012年）所収

法律学講座

◆ ◆ ◆

国 会 法

2013（平成25）年11月25日　第1版第1刷発行
8038-01011:P280　¥3800E-012:012-003

著　者　白　井　誠
発行者　今井 貴・稲葉文子
発行所　株式会社 信山社
　　　　編集第2部

〒113-0033　東京都文京区本郷 6-2-9-102
Tel 03-3818-1019　Fax 03-3818-0344
info@shinzansha.co.jp
笠間才木支店　〒309-1611 茨城県笠間市笠間 515-3
Tel 0296-71-9081　Fax 0296-71-9082
笠間来栖支店　〒309-1625 茨城県笠間市来栖 2345-1
Tel 0296-71-0215　Fax 0296-72-5410
出版契約 No.2013-8038-8-01011 Printed in Japan

Ⓒ白井誠，2013　印刷・製本／ワイズ書籍・牧製本
ISBN978-4-7972-8038-8 C3332　分類323.400-a106 国会法

JCOPY 《(社)出版者著作権管理機構　委託出版物》
本書の無断複写は著作権法上での例外を除き禁じられています。複写される場合は，そのつど事前に，(社)出版者著作権管理機構（電話 03-3513-6969, FAX 03-3513-6979, e-mail: info@jcopy.or.jp）の許諾を得てください。

◇ 法律学講座 ◇

◆ **憲法講義（人権）**
赤坂正浩 著

◆ **行政救済法**
神橋一彦 著

◆ **信託法**
星野 豊 著

◆ **国際労働法**
小西國友 著

◆ **実践国際法**
小松一郎 著

◆ **外国法概論**
田島 裕 著

◆ **防災法**
生田長人 著

◆ **アメリカ契約法**
田島 裕 著

信山社

大石眞先生還暦記念

憲法改革の理念と展開（上・下）

曽我部真裕・赤坂幸一 編

学界、実務界から第一線の執筆者が集った、研究・実務に必読の論文集。憲法と憲法典を取り巻く諸々の成文法規（憲法附属法）の重要性と、それらの改革（「憲法改革」）の意義を、信頼の執筆陣が、理論的かつ実践的に検討。全51章（上巻1～23章、下巻24～51章）を収載。

判例プラクティスシリーズ

判例プラクティス憲法

憲法判例研究会 編

淺野博宣・尾形健・小島慎司・宍戸常寿・曽我部真裕・中林暁生・山本龍彦

信山社

議事解説
〔翻刻版〕
昭和17年4月帝国議会衆議院事務局 編集
解題：原田一明

（衆議院ノ）議事解説
〔復刻版〕
昭和17年4月帝国議会衆議院事務局 編集

◆ドイツの憲法判例〔第2版〕
ドイツ憲法判例研究会 編　栗城壽夫・戸波江二・根森健 編集代表

◆ドイツの憲法判例Ⅱ〔第2版〕
ドイツ憲法判例研究会 編　栗城壽夫・戸波江二・石村修 編集代表

◆ドイツの憲法判例Ⅲ
ドイツ憲法判例研究会 編　栗城壽夫・戸波江二・嶋崎健太郎 編集代表

◆フランスの憲法判例
フランス憲法判例研究会 編　辻村みよ子 編集代表

◆フランスの憲法判例Ⅱ〈2013年最新刊〉
フランス憲法判例研究会 編　辻村みよ子 編集代表

◆ヨーロッパ人権裁判所の判例
戸波江二・北村泰三・建石真公子・小畑郁・江島晶子 編集代表

信山社

◆当事者から語られるリアリティー◆

各著者に直接インタビューした貴重な記録

赤坂幸一・奈良岡聰智 編著

◆オーラル・ヒストリー◆

国会運営の裏方たち
衆議院事務局の戦後史
今野彧男 著

立法過程と議事運営
衆議院事務局の三十五年
近藤誠治 著

議会政治と55年体制
衆議院事務総長の回想
谷 福丸 著 （最新刊）

◆実践的視座からの理論的探究◆

国会運営の法理
衆議院事務局の視点から
今野彧男 著

――― 信山社 ―――

昭和54年3月衆議院事務局 編

逐条国会法

〈全7巻〔＋補巻（追録）【平成21年12月編】〕〉

◇ 刊行に寄せて ◇
　　　　鬼塚　誠　（衆議院事務総長）
◇ 事務局の衡量過程Épiphanie ◇
　　　　赤坂幸一

衆議院事務局において内部用資料として利用されていた『逐条国会法』が、最新の改正を含め、待望の刊行。議事法規・議会先例の背後にある理念、事務局の主体的な衡量過程を明確に伝え、広く地方議会でも有用な重要文献。

【第1巻～第7巻】《昭和54年3月衆議院事務局 編》に〔第1条～第133条〕を収載。さらに【第8巻】〔補巻（追録）〕《平成21年12月編》には、『逐条国会法』刊行以後の改正条文・改正理由、関係法規、先例、改正に関連する会議録の抜粋などを追加収録。

信山社